大连大学历史学青年博士文丛

主编：姜德福

英国宗教史

邵政达 著

中国社会科学出版社

图书在版编目（CIP）数据

英国宗教史／邵政达著 . —北京：中国社会科学出版社，2017. 10

（大连大学历史学青年博士文丛／姜德福主编）

ISBN 978 - 7 - 5203 - 1338 - 4

Ⅰ . ①英…　Ⅱ . ①邵…　Ⅲ . ①宗教史—研究—英国　Ⅳ . ①B929. 561

中国版本图书馆 CIP 数据核字（2017）第 269410 号

出 版 人	赵剑英
责任编辑	孔继萍
责任校对	王 龙
责任印制	李寡寡

出　　　版	中国社会科学出版社
社　　　址	北京鼓楼西大街甲 158 号
邮　　　编	100720
网　　　址	http：//www. csspw. cn
发 行 部	010 - 84083685
门 市 部	010 - 84029450
经　　　销	新华书店及其他书店

印刷装订	北京君升印刷有限公司
版　　　次	2017 年 10 月第 1 版
印　　　次	2017 年 10 月第 1 次印刷

开　　　本	710 × 1000　1/16
印　　　张	18. 5
插　　　页	2
字　　　数	304 千字
定　　　价	78. 00 元

序

    大连大学历史学科是一个相对年轻的学科。说其年轻，一是说大连大学的历史学学科建设起步较晚，直至进入 21 世纪方才迈出了踯躅前行的脚步，二是说大连大学历史学科的师资队伍较为年轻，现有教师队伍中近一半的人年龄在 40 岁以下。这些青年教师来自北京大学、南京大学、南开大学、山东大学、北京师范大学、华东师范大学等国内知名高校，都具有博士学位，有着良好的教育背景与学术素养。在大连大学这座年轻的校园里，他们迅速成长起来，成为教学科研工作的一支生力军。在他们当中有多人获得大连大学教师讲课大赛奖励，获得"连大最美教师"等光荣称号，历史学科承担的国家社科基金项目中一半以上是由青年教师主持的项目。这些青年教师在繁忙的教学工作之余，笔耕不辍，在各自的研究领域中不断探索，其求真知、为真学的刻苦精神尤为可嘉。为扶持青年教师成长，我们专门设立了青年博士出版基金，资助青年博士出版学术著作，于是有了这套"大连大学历史学青年博士文丛"。值此文丛出版之际，作此短序以为记。

姜德福

2017 年 10 月于连大校园

目　录

绪　　论

　　2016 年英国举行了脱欧公投，超过半数的英国人决定脱离欧盟。这当然不是英国第一次给欧洲一体化的理想泼冷水。自不列颠这片土地上出现文明曙光伊始，它就闪烁着异样的光芒，这既因为地理上的特殊性，也源于其在历史长河中生发出的不列颠人的别样性格。英国宗教的历史也有其不同于欧洲大陆各国的独特方面。宗教作为文明的载体之一，有极其特殊的重要性，对宗教史的探讨不可能只限于对教义和组织等纯宗教问题的探讨。事实上，宗教在文明的发展过程中，与政治、经济、社会、文化等各方面存在着极其错综复杂的互动关系。因此，探讨英国宗教的历史，需要从不同的维度出发，换言之，它是多线发展的。

　　其一，基督教在英国与欧洲大陆关系中角色的演变。可以说，基督教是英国能够融入欧洲整体文明进程的钥匙和纽带。罗马帝国叱咤风云的时代，不列颠是由于军事征服被纳入欧洲整体文明进程的，但罗马文明并没有在英国留下深刻的印迹，罗马军团撤走后，英国重回"蛮荒"时代。直到公元 6—7 世纪盎格鲁－撒克逊人重新引入基督教，英国才在基督教文明的影响下被接纳为中古欧洲文明的正式成员。此后，除了教廷迁到法国阿维农（Avignon）和百年战争的一段混乱时期外，在 16 世纪以前，英国始终作为基督教大世界的一员，保持着"欧洲成员"的身份。

　　亨利八世（Henry Ⅷ，1509—1547 年在位）宗教改革后，英国与罗马之间划清了界限，从而标志着英国与欧洲大陆的关系迎来了一个新时代。宗教改革后建立的安立甘宗国教会（圣公会）既不同于传统的天主教，又与大陆的诸新教派别存在极大差异，从而使英国在宗教上"光荣孤立"了。此后，英国的宗教政策基本围绕着反天主教进行，为此，英

国支持欧洲大陆的新教国家或各国的新教势力，打击和反对欧洲的天主教
强权。这种宗教意识形态影响下的外交政策基本贯穿了16—18世纪的英
国。在此期间，西班牙和法国是英国的主要劲敌。至19世纪宗教多元化
时代，英国已经在世界范围内击败了两大敌手，确立了世界第一帝国的地
位。习惯于世界帝国角色的英国忙于经营海外庞大的殖民地，对于"欧
洲成员"的认同感大大减弱了。直到20世纪中叶以后，"日不落帝国"
的荣光黯淡下去，英国迫于形势，在保持特殊地位的同时，也做出了回归
欧洲的努力。这一时期，世俗化的时代已经到来，宗教已经不再能够对英
国与欧洲大陆各国的关系产生实质影响。

其二，宗教与政治关系的变迁。宗教与政治关系的演变是贯穿整个英
国历史发展的主线之一，当然也是英国宗教史发展的重要线索。它在中世
纪主要表现为教权与王权从合作共赢到此消彼长的权力冲突的关系演变；
近代，它呈现的是教会与王国政治变革之间相互影响的关系。早在古代凯
尔特时期，督伊德教（Druid，又译"德鲁伊教"）在凯尔特人中就享有
特殊的政治地位，督伊德祭司不仅是凯尔特社会主要的文化群体和秩序守
护者，也是凝聚凯尔特人跨部落政治的主要载体。在罗马征服不列颠的时
代，正是由于督伊德教的这种政治属性，其才遭到罗马征服者的血腥迫
害，直至消亡。基督教正式传入不列颠始于盎格鲁－撒克逊时代，奥古斯
丁一行得到东南部肯特王国王室的热烈欢迎。世俗王权如此热心，乃是寄
希望于得到海峡对岸基督教世界认可的政治目的。肯特王室的做法很快被
其他王国效仿。值得注意的是，同时在北方传播发展的爱尔兰派基督教因
其与罗马的疏远关系而最终遭到北方世俗王权的抛弃，不能不说这一事实
本身正反映出政治因素在宗教发展上的重要地位。在整个盎格鲁－撒克逊
时代，罗马派基督教在世俗王权的积极配合下迅速扩张。基督教事业与英
格兰的统一事业一起相互推动，最终成功塑造了一个崭新的、文明统一
的、基督教化的英格兰王国。

诺曼征服（Norman conquest）是英国历史发展的转折点，它标志着英
国统一而强大的世俗王权的兴起，这一强大权力将最终打破盎格鲁－撒克
逊时代教权与王权亲密无间的合作关系。在强大世俗王权崛起之时，罗马
教皇的权力也在日益壮大，并宣称对整个欧洲的基督教大世界拥有宗主
权。这样，权力的"大饼"被分割完后，教皇权与王权合作的空间也大

大减少了，双方都开始试图侵占对方的权力，冲突由此开始。12 世纪以后，双方的权力之争从教会控制权延伸到世俗的司法权和经济特权。直到 16 世纪宗教改革运动中，王权最终依靠民族主义的力量强行排斥教皇权，这一冲突才终于告一段落。

宗教改革后，国王成为教会和世俗权力的共同首脑，中世纪长期的二元政治格局被"新君主制"取代。值得一提的是，在排斥教皇权的过程中，国王利用了议会所代表的民族主义力量，而议会借此得到了广泛的立法权力。议会权力的兴起埋下了 17 世纪政治革命的引线。当斯图亚特王朝君主试图打破王权与议会合作的"都铎模式"，以图建立个人专制时，革命就爆发了。两场革命的结果是王权被置于法律和议会之下。在这一权力更迭中，英国教会又换了新的"主人"，当然，教会本身也是"议会主权"政治中的权力分享者。政教联盟构成了 18 世纪英国最基本的政治原则，甚至可以视为盎格鲁 – 撒克逊时代以后教会与政府的第二个"蜜月期"。

19 世纪初，自由主义大潮以摧枯拉朽之势推翻了政教联盟体制。1828 年《市政法》和《宣誓法》的废除及 1829 年《天主教解放法案》的通过使英国迎来了一个宗教多元化和政治世俗化的时代。国教会尽管仍旧享有礼仪上的国教地位，但在法律和现实中已不再享有传统上的政治特权，成为英国诸多教派中的普通一员。直至今日，宗教与政治已经分道扬镳，宗教成为社会和个人的事，其对政治的影响力已经微乎其微。

其三，新教主义（Protestantism）的发展也是英国宗教史的一条重要线索。英国是接受基督教最晚的欧洲国家之一，其独特的地理位置使英国成为异端主义的天然温床，中世纪一直存在的反天主教主义和岛国孤立的民族主义萌芽在 14 世纪汇成一股新宗教思潮。约翰·威克里夫（John Wycliffe，1328？—1384）最早提出了具有近代新教主义性质的宗教改革思想。英国的罗拉德派（Lollards）和捷克的约翰·胡司（John Hus，1369—1415）继承了威克里夫的宗教思想，并通过民间的异端运动将之延伸到 16 世纪，成功汇入宗教改革运动的新教主义思潮之中。不过，注重传统的英国人尽管是新教异端思想的"始作俑者"，但宗教改革运动中践行一种相对保守的新教道路。伊丽莎白一世时期的《三十九条信纲》将新教主义与天主教传统糅合在一起，成为安立甘宗最重要的经典。此后数百年间，英国政府和国教会在致力于反天主教事业的同时，又压制新教主义的进一步发展。16—17 世纪的清教运动是新教主义持续发展的结果，但在残酷的宗教迫害下消亡。18—19 世纪，福音运动继承清教运动的衣钵，但在强大的保守势力的打压下，也未能实现革新教会的理想。19 世纪以后，宗教多元化和世俗化时代到来，推动英国教会的彻底新教化丧失了意义。无论新教非国教派还是天主教徒，都获得了信仰自由和平等权利。新教主义与充斥于自由主义社会的各种各样的思潮并存，甚至更加异己的犹太教和伊斯兰教也在英国社会文化形态上拥有了自己的一席之地。

其四，英国宗教多元化的历史。几乎所有宗教或教派都希望能够"一统天下"，这是宗教信仰本身的天然排他性使然。宗教多元化并不是新近的产物，它贯穿于整个英国宗教发展史。一般来讲，主流教派总是试图实现"宗教划一"，而非主流教派则追求"信仰自由"。在某种意义上，英国宗教史甚至可以视为多元化和反多元化力量斗争的历史。根据比德（Bede）的记述，早在公元 5 世纪，不列颠就出现了不同于主流教会的贝拉基主义（Pelagianism），为此还发生了高卢教士渡过海峡与贝拉基派公开辩论的事件。基督教内部这种主流教派与非主流教派的斗争没有间断。在 17 世纪末叶以前，主流教派从未停止消灭一切"异端"的努力。光荣革命后确立的"新教体制"可以说是英国宗教多元化时代的开篇，诸多新教非国教派尽管放弃谋求与国教会平等的政治地位，但被赋予了长期追求的信仰自由。

有限的自由与多元政策在 19 世纪被全面的自由与多元取代。《天主教解放法案》的通过使宗教改革以来三百年的反天主教传统被法律所禁止。接踵而至的是 1858 年犹太人和犹太教的解放。至 19 世纪末，英国取消一切宗教限制。当代英国，基督教仍具有特殊地位，2011 年人口普查显示，宣称自己是基督徒的人数仍占半数以上（59.3%）。同时，不同宗教信仰的英国公民享受平等的政治权利和充分的信仰自由，当然也有不信仰任何宗教的自由。基督教的圣公会、天主教、卫理公会、浸礼会和非基督教的伊斯兰教、犹太教、锡克教、印度教、佛教以及日益增多的无信仰者共同构成了一幅文化多元的画卷。

其五，人们信仰观念的变迁。盎格鲁 - 撒克逊时代以来，英国有了连续、稳定的民族历史。在长达一千多年的历史进程中，人们的信仰大体经历了三个大的阶段。第一个阶段始自罗马派基督教的传入，终于 16 世纪宗教改革的启动。自公元 664 年惠特比宗教会议（Synod of Whitby）以来，罗马派基督教确立了在英国的绝对优势地位，这种局面一直持续到 16 世纪宗教改革的时代。从某种程度上可以说，这一时期是基督教信仰的黄金时代，除了个别异端思想和萌芽时期民族主义的微弱挑战，人们对基督信仰的认知主要来自罗马教廷的教导，没有发生大的变化，上至国王和贵族，下至普通民众，对基督信仰的信靠总体是坚定而唯一的。

第二个阶段始自宗教改革，终于 19 世纪中前叶。宗教改革割裂了罗马教廷与英国人的联系，教皇不再是人们翘首以盼的普世牧灵者，世俗的君主成为教会的首脑，这大大降低了教会的神圣性。教会本身和宗教形式尽管没有发生大的变化，但其在信仰中的地位却下降了，人们在信仰上出现从外在向内在，从集体向个人的转化。改革后建立的安立甘宗国教会一再试图重振教会的神圣权威，但其对政治的依附属性使其不可能真正恢复中世纪罗马教廷曾树立起的神圣形象。18 世纪国教会依靠政教联盟维系了表面的崇高，但衰落的迹象已经非常明显，人们对信仰的淡漠态度伴随工业革命的到来愈发成为普遍现象，回归内心的信仰也发生了动摇。一时之间，自然神论、泛神论、无神论、阿里乌主义冲击着传统的基督信仰，自由化的倾向充斥于英国社会。深感痛心的约翰·卫斯理正是在这样一个时代发出了重振信仰的呼声。卫斯理领导的福音运动的确在一定程度上复兴了人们的信仰热情，但是，宗教复兴运动并没有复兴教会的权威，而是推动大众信仰继续沿着个人化、内在化的方向持续前进。

第三个阶段自 19 世纪至当代，英国人的信仰朝多元化和世俗化的方向发展。19 世纪初期，自由化的辉格党政府顺应时代的大潮撕毁了政教联盟的协议，其结果是国教会的特权被废除，不再有所谓的某一居于统治地位的教派存在，试图挽回人们对教会敬畏之心的牛津运动也以失败告终。在自由化的时代，人们可以自由选择自己的信仰，甚至也可以选择"不信仰"。不仅多元化成为社会文化的主导价值观，而且在本质上，宗教精神已不再是主导社会思潮的主流意识形态，人们的心灵被工业革命以来汹涌的自由主义、科学主义及接踵而至的现代主义所"腐蚀"。

至 20 世纪以后，特别是 20 世纪 60 年代以来，世俗化成为时代大势。宣称自己是基督徒的人数连年持续下降，无信仰者的比例逐年上升。2011

年人口普查显示，英国无宗教信仰者占总人口的比例已超过四分之一
（25.1%），在诺威奇（Norwich）、布莱顿（Brighton）、霍夫（Hove）和
威尔士的一些地区已超过40%。越来越多的人自出生起就对信仰没有归
属意识。这样，经历了19世纪初的政治世俗化后，社会的世俗化已不可
阻挡，在信仰面前，人们变得越来越冷漠，这正是当代英国社会转型中基
督教面临的严峻现实。当然，基督教以外的其他少数派宗教也面临同样的
问题，但境况要好得多。

当然，在不同的历史阶段，英国宗教发展的主线或面临的主要问题是
不同的。因此，本书在不同的历史时期侧重于对其中的主要维度进行讨论。
对于各部分内容所涉及的具体时期、研究对象和基本思路简要介绍如下。

本书第一章讨论早期不列颠的宗教状况，主要包括两个时期的内容，
即古代凯尔特人的督伊德教和罗马不列颠时期宗教的基本状况。这部分内
容涉及时段较长，但资料方面受到较大限制，特别是古代凯尔特人的信仰
与督伊德教在不列颠的状况，只有零星的考古证据和凯撒等少数罗马作家
涉及一二。罗马统治时代关于宗教方面的资料也不多，一些考古证据和比
德在《英吉利教会史》中的记载只能约略勾勒出基本的状况。因而，本
书只简要呈现早期不列颠宗教的基本状况，主要包括：督伊德教的基本教
义、礼仪及其衰落；罗马的万神信仰、帝王崇拜及基督教在不列颠活动的
基本状况。

第二章讨论中世纪基督教的发展。当然，这一时期基督教并非英国唯
一的宗教，犹太教和乡村地区其他原始自然崇拜也存在，本章只涉及占绝
对主流地位的基督教，对于中世纪犹太教的状况会在第七章讨论宗教多元
化中论及。至于其他非基督宗教只在英国社会零星存在，并未产生任何重
要影响，因而不再讨论。本章主要围绕盎格鲁－撒克逊时代基督教的传入
与扩张、基督教会组织体系、教俗关系的变迁三个小节讨论。第一节论述
盎格鲁－撒克逊时代基督教的发展，这一时期罗马派基督教迅速扩张，中
世纪英国基督教会的基本模式正是在这一时期奠定的。比德的著述和
《盎格鲁－撒克逊编年史》等的记载是研究这一时期基督教发展的重要材
料。第二节主要涉及教区体系、主教制度、修道院制度和托钵修会制度等
内容，概览全盛时期英国基督教会不同组织系统和权力关系。第三节教俗
关系的变迁是基督教发展史的主线之一，本节主要围绕教权与王权关系变

化，论述教皇权及王权对英国教会控制权、经济特权、司法权等的争夺及相互之间此消彼长的权力关系。

第三章论述英国宗教改革的历程，以宗教改革思想的萌发、新教主义的演进和安立甘教会的形成为线索，主要涉及 14 世纪宗教改革思想的萌发至伊丽莎白一世（Elizabeth Ⅰ，1558—1603 年在位）时期安立甘国教会形成的历程。第一节讨论 14—15 世纪威克里夫宗教改革思想及其继承者罗拉德派运动的历史。第二、三、四节论述都铎王朝宗教改革的历程。亨利八世的改革以"离婚案"为导火索，以中世纪反教权传统、民族主义精神萌发和欧洲宗教改革为背景，以王权为主导，并得到了议会的积极配合。本部分内容强调亨利八世宗教改革的政治性和"自上而下"的特点。亨利八世改革后的英国教会只是摆脱了罗马教皇的遥控，成为国王控制下的"民族教会"，但就其教义、教仪和组织体系等方面来说，并没有发生本质变化。

正是由于亨利八世发动宗教改革的政治性而非宗教性，在爱德华六世（Edward Ⅵ，1547—1553 年在位）和玛丽女王（Mary Ⅰ，1553—1558 年在位）时期，改革出现了一进一退的反复。爱德华六世时期，在萨默塞特公爵（Duke of Somerset）和诺森伯兰公爵（Duke of Northumberland）的先后主政下，宗教改革沿着新教主义的方向不断推进，使其具有了真正的新教性质。但在玛丽一世时代，由于女王个人的天主教倾向，改革成果被废除，英国重新被拉回天主教世界。玛丽复辟天主教的成功正是英国宗教改革"自上而下进行"这一特点的弊端使然。不过，玛丽的宗教复辟并没有维持下去，这既和她统治时间过短有关，也缘于她在复辟天主教的过程中深深伤害了英国人的民族感情。伊丽莎白女王继位后，英国民众要求彻底推翻玛丽一世宗教复辟的呼声与民族主义情绪结合，形成一股强大的建立新教国家的民族力量，伊丽莎白一世顺应民众要求，将英国重新引领上新教道路，最终推动安立甘国教会的形成。伊丽莎白一世本人并非一个激进的新教徒，她推行宗教政策的出发点主要是维护民族统一和王国利益。正因如此，安立甘国教会既吸收了爱德华六世时期新教改革的主要成果，又保留了大量的天主教残余，从而使国教会具备了介于天主教与大陆新教之间的折中主义特征。

第四章论述清教运动和清教革命，以清教主义发展为线索，结合宗教和政治之间错综复杂的互动关系，分析清教运动的兴起和清教革命的历程，并对清教运动最终消亡的原因进行总结。本部分涉及内容上至16世纪中叶清教主义的产生，下至清教革命的失败与斯图亚特王朝的复辟。清教主义源自玛丽一世统治时期流亡欧洲大陆的新教徒，他们在日内瓦等地接受了激进的新教主义，回国后呼吁彻底清除天主教残余的新教改革。伊丽莎白时期的清教运动先后经历了长老会运动和分离运动两个阶段，为17世纪的清教运动和清教革命奠定了理论和组织基础。早期斯图亚特王朝时期，清教运动发展进入高潮，并开始借助议会为舞台同专制王权作斗争，但也遭到君主和高教会派的宗教迫害。1640年，具有政治和宗教等多重性质的革命爆发，清教徒通过控制议会登上了最高政治舞台，由此获得推行清教运动的有利政治条件。但是，清教运动的过度政治化和内部分裂使之丧失了宗教上的纯洁性，加之革命时期清教徒推行严酷的宗教政策也使其逐渐丧失了民众基础。最终，清教运动伴随着革命的失败而失败。

第五章讨论英国新教体制的形成和国教霸权时代的宗教发展，内容涉及1660年斯图亚特王朝复辟至整个18世纪国教会占统治地位的时代。自宗教改革以来，传统天主教、走中间道路的安立甘国教会与激进新教主义（清教运动）之间的冲突就没有中止过。玛丽一世和詹姆斯二世时期天主教的复兴和清教运动推进彻底新教改革的努力都以失败告终，激进派（清教徒）、中间派（国教徒）与保守派（天主教徒）经过多轮激烈的冲突与斗争，最终仍以一种深具英国特色的结果——中间道路的胜利而终结。光荣革命后，议会通过法律确立了"新教体制"的原则，既巩固了中间道路的胜利结果，也向同属新教的盟友——激进派新教徒让渡了"信仰自由"的权利。这一体制涵盖三个方面的鲜明特点：其一，新教内部实现和解与宗教宽容，无论是国教徒，还是激进派新教徒都获得了信仰自由；其二，国教会和国教徒享有各方面的特权；其三，彻底的反天主教主义。18世纪以后，国教会的特权统治地位得到进一步强化与巩固，但国教会体制日益僵化，教会危机也日益凸显。与此同时，安立甘教会还要面对天主教的詹姆斯党人和国内各种新兴宗教思潮的威胁。

此外，由于1701年后，苏格兰并入英国，因此，第五章还讨论了英苏合并问题及苏格兰长老制教会的状况。苏格兰长老制教会的建立始于16世纪中叶苏格兰的宗教改革运动。保持宗教上的独立是苏格兰同意并入英国的政治条件，这也造成一种特殊情况的出现，即"一个王国，两个国家教会"。但从本质上说，这种特殊情况是不存在的，因为苏格兰宗教上的独立是服从于政治上的不独立的，真正享有英国"国家教会"地位的只有安立甘教会。一个简单的事实便可看出——安立甘教会的主教们是对整个王国行使政治权力的议会上院的当然议员，而苏格兰长老制教会没有这种政治权利。

第六章探讨18—19世纪两场宗教复兴运动，承接上一章讨论的18世纪国教会的霸权与危机。在各种新兴社会思潮的冲击下，日益腐朽僵化的国教会渐渐无力向社会大众承担与其特权地位相应的宗教服务，人们对宗教的信仰日益淡漠。面对信仰危机，卫斯理等人发出重振信仰的呼声，他以一套完善的福音主义为思想武器，以亲力亲为的户外布道为方式发起了一场声势浩大的福音运动。这场宗教复兴运动在国教会内外都产生了深远影响，诞生了国教福音派和独立的循道宗。牛津运动也是一场宗教复兴运动，但与福音运动不同的是其运动方式主要是文化性质的，其影响主要在社会和文化界上层，并非一场大众运动。本部分对牛津运动的产生、主要观点及主要影响都做了探讨。

第七章论述19世纪以后宗教的多元化与世俗化发展，包括天主教与非基督宗教的解放与发展及当代英国涉及宗教的几个热点问题。宗教多元化始于光荣革命后颁布的《宽容法案》，基于这一法律，新教各教派在英国实现了信仰自由。但这一时期宗教多元化非常有限，仅存于新教徒内部。19世纪以后，基督教内部的主要变化是天主教的解放和各教派平等公民权的实现。天主教的解放一般被认为是英国宗教多元化真正到来的标志，这与爱尔兰问题有着密切关系。在一定程度上，长期困扰英国的爱尔兰问题就是天主教徒问题。本部分并没有局限于探讨爱尔兰并入英国后的宗教问题，而是追溯了爱尔兰问题的由来，对16世纪英国在爱尔兰新教殖民和此后绵延数百年的宗教冲突进行了全面讨论。1801年，爱尔兰并入英国，天主教的解放正是爱尔兰问题的直接结果。以天主教解放为标志，基督教各个教派在英国获得了平等地位。同时，基督教以外的宗教也在多元化和自由化的趋势下逐渐获得解放。本章还进一步讨论了以犹太教和伊斯兰教为代表的非基督宗教在英国的解放和发展。当然，诸如印度教、锡克教、佛教等也应是本章讨论的内容，但上述宗教在英国信众较少或影响力较小，本书不再讨论，期待学界同人予以关注和补足。

本章讨论的三个热点问题是 20 世纪以来英国涉及宗教的焦点问题。作为英国近代殖民活动的遗留问题，北爱尔兰问题是天主教徒和新教徒两大族裔之间的冲突与共融的问题。与英国穆斯林融合问题一样，宗教与民族问题相互交织，并同样衍生出非常棘手的社会难题——宗教激进主义。值得注意的是，21 世纪以后，北爱尔兰问题得到一定程度的遏制，两大宗教和民族的冲突日渐减少，而穆斯林融合问题存在一定变数。伴随着中东地区的持续动荡，英国国内民粹主义抬头，主流社会对坚持多元文化政策的信心下降。英国社会的世俗化也是一大热点问题。它表现为无宗教信仰者人数的迅速上升和信仰在社会生活中地位的急剧下降。世俗化的背后既有当今世界全球化、科技发展和物质文化流行等因素的作用，也缘于英国社会转型带来的负面影响。

本书在最后附有三个历史时期英国历任坎特伯雷大主教与教皇或君主的对照表。第一阶段即盎格鲁－撒克逊时代，始于公元 597 年首位大主教奥古斯丁来到英国至盎格鲁－撒克逊时代最后一位大主教斯蒂甘德。由于这一时期英国基本处于分裂局面，因而只列出历任坎特伯雷大主教与对应的罗马教皇。第二阶段即诺曼征服至宗教改革时期，英国形成统一的中央集权的王国，君主和教皇都对英国教会行使权力，因而，附表既列出了坎特伯雷大主教与对应的教皇，也列出了二者对应的君主。第三阶段即宗教改革至今，这一时期英国教会脱离了天主教世界，君主成为教会的至尊首脑，因而，附表中列出了国教会历任坎特伯雷大主教与对应的君主。

本书中关于"英国"一词的使用，遵循学术界通行的用法，在不同的历史阶段其涵盖的范围确有差异。一般来讲，盎格鲁－撒克逊时代及 13 世纪威尔士被征服以前的"英国"指的是英格兰地区；1284 年，爱德华一世征服威尔士全境，并颁布"威尔士法"后，"英国"涵盖了英格兰与威尔士两个部分；1707 年，苏格兰王国并入英国，"英国"涵盖了英格兰、威尔士与苏格兰三个地区；1801 年，爱尔兰也被正式并入英国，"英国"指的是大不列颠和爱尔兰联合王国，包括英格兰、威尔士、苏格兰和爱尔兰四个部分。1948 年，爱尔兰共和国成立后，北爱尔兰地区六郡继续留在英国，直到现在，"英国"指的是大不列颠与北爱尔兰联合王国。值得注意的是，英格兰以外三个地区未来归属存在不同程度的变数。

苏格兰 2014 年的独立公投显示，赞成"脱英"的人口比例（44.7%）已经非常接近于反对者的比例（55.3%）。伴随着苏格兰人对英国"脱欧"问题的普遍反对立场，在可以预见的未来，苏格兰"脱英"恐成定局。同样，北爱尔兰局势的变化，特别是新教徒人口与天主教徒人口的此消彼长所预示的，北爱尔兰也有可能走上脱英的道路。此外，独立的呼声在威尔士也同样存在。但无论如何，这都不会影响英国以英格兰为主体的历史连续性。这主要基于英格兰及英格兰民族始终是英国主体地区和民族这一事实。截至目前，英格兰人口占联合王国总人口的比例超过 83%，经济总量与人口比例大体相当。另外，需要说明的是，除了特别指出的情况，本书中所提到的"欧洲"主要指基督教东西大分裂后信仰罗马公教的西欧地区。

邵政达

2016 年 6 月于大连

第 一 章

早期不列颠宗教概况

　　根据目前的考古推断，欧洲人祖先的近亲尼安德特人在约23万年前就已在不列颠活动，被认为起源于非洲的现代人的祖先来到不列颠应不晚于3万年前。不过，由于气候的变化和大陆桥的存在，早期生活在不列颠的人类可能像许多大型动物一样存在周期性迁徙行为，往返于不列颠和南部大陆之间。一般认为，约在1万年前，由于气候变得温暖，不列颠成为长年宜居的地方，来自欧洲大陆的先民定居下来。不列颠文明中与宗教有关，又有迹可循的事物要数巨石阵了，这些规则排列的巨石阵像神迹一样矗立在英格兰东南索尔兹伯里平原地带，这一"奇迹"往往与不列颠先民对太阳的祭祀活动关联起来。① 有学者指出："建造这样的巨大工程其前提条件是政治权力的相对集中，同时，还需要一个相对稳定和有一定物质基础的社会环境。"② 因而，巨石阵的存在证实了不列颠先民时代已形成较为完备的政治和社会组织，宗教方面更应有所发展。遗憾的是，有关先民时代社会宗教发展状况的线索和佐证材料太少。不列颠文明要等到铁器时代的凯尔特文明发展起来后，宗教状况才约略呈现出来。

第一节　古代凯尔特人与督伊德教

　　公元前800年前后，来自欧洲大陆的铁器文化影响到不列颠。伴随着凯尔特人连续不断的民族迁徙，人们更为熟知的凯尔特文明渗透进不列

---

① ［英］F.E. 霍利迪：《简明英国史》，洪咏珊译，江西人民出版社1985年版，第2页。

② 钱乘旦、许洁明：《英国通史》，上海社会科学院出版社2002年版，第8页。

颠。一些学者倾向于认为凯尔特文化是通过凯尔特人对不列颠的大规模入侵传入的，但这种观点正遭到质疑。更令人接受的观点或许是，在数百年的漫长时间里，凯尔特人小规模的入侵与迁徙给不列颠带来了铁器文明，而这种更高水平的文明会自然地"征服"不列颠落后的青铜文明。至公元前 1 世纪凯撒率军侵入不列颠时，至少在凯尔特入侵和融合的沿海地区，凯尔特文化已广为盛行。凯撒在《高卢战记》中记载：不列颠岛上生活的人大体有两支，生活在内陆的一支是原住民；另一支生活在沿海地区。生活在沿海地区的凯尔特人"为了劫掠和战争"，从大陆迁居于此，"打完仗之后，他们就在这里居住下来，并且开始耕种田地"。① 凯撒的记述应该较为准确地反映了公元前 1 世纪不列颠凯尔特人及其文明的分布状况。这一时期，与欧洲其他凯尔特人地区相似，督伊德教应是凯尔特不列颠人中的主流宗教。对于督伊德教的基本状况，古典时代的作家如亚里士多德、西塞罗、凯撒的著作中留下了一些相关史料。

关于"督伊德"（Druid）之名的起源，有学者认为，它与督伊德教中享有神圣地位的"橡树"有关，起源时间应不晚于公元前 6 世纪。目前已知最早提及"督伊德教"的古典文献出现在公元前 4 世纪。值得注意的是，一些学者认为督伊德教可能受到某些古希腊哲学流派的影响，如其"灵魂不灭"的基本教义就与毕达哥拉斯学派的哲学观点极为相似。② 在凯尔特人范围宽广、历时漫长的迁徙和发展过程中，这是极有可能的，正像古希腊一些作家探察和记载了凯尔特和督伊德教一样，凯尔特人中的学者也会研究和吸收希腊思想。对于起源的地点，有学者推测不列颠正是其主要起源地之一。对于督伊德教传播的范围，通过古典作家的介绍和考古资料的佐证，大体能得出如下结论：督伊德教伴随着古代凯尔特人迁徙的脚步，主要盛行于高卢、爱尔兰和不列颠地区。从这个角度上看，在基督教传入之前，督伊德教应是不列颠存在过的发展最完善、影响最大的宗教之一。

罗马入侵不列颠时期应是不列颠督伊德教发展的盛期。尽管凯撒在

① ［古罗马］凯撒：《高卢战记》，任炳湘译，商务印书馆 1979 年版，第 105 页。

② Stanley Ireland, *Roman Britain*: *A Sourcebook*, 2nd ed., London and New York: Routledge, 1996, p. 183.

《高卢战记》中的记述主要是以高卢地区的凯尔特人作为对象，但他也提到居住在不列颠滨海地区的凯尔特人"习俗与高卢人没有多大差别"①。此外，值得注意的是，凯撒在征服高卢的过程中，发现他的敌人总能从不列颠得到支持，这也反映了海峡两岸的族群在语言、宗教和文化上应存在一些共通之处。因而，凯撒的记述与其他作家的佐证基本能够反映出这一时期不列颠凯尔特人督伊德教发展的基本状况。

首先，督伊德教建立了自己的宗教组织。根据凯撒的记载，督伊德教存在一个祭司阶层，他们"专管有关神灵方面的事情，主持公私祀典，以及解释教仪上的问题"。同时，由于在文化上享有垄断性地位，他们还在凯尔特人的日常社会生活中充当教师和法官，受到普遍的尊重。② 通常来讲，他们享有免税、免服兵役的权利，因而构成一个特权阶层。正是督伊德祭司的特殊地位，凯尔特人中的有志青年往往会聚集在他们周围，通过学习历史文化、社会习俗和宗教仪礼，从而在日后成为凯尔特社会中的文化和政治精英阶层。

其次，凯尔特人的宗教主张反映在督伊德教的基本教义中。"灵魂不灭"是其中最突出与最基本的信仰。凯撒在《高卢战记》中记载，督伊德教徒"第一要反复论证的信条是灵魂不灭，人的死亡不过是灵魂从一个身躯转入另一个而已"③。这一主张尽管并非古代凯尔特人的专属，但它确实深刻地影响到了督伊德教徒的社会生活方式，他们的现世生活往往服务于对美好来世的渴望。这种对虚无"来世"的追求与诸多宗教的"彼岸"观念是一致的，通过这种方式可以麻醉人们对现世生活的苦难感受，将希望寄托于死后的未知神秘。此外，督伊德教徒还认为"万物有灵"，"灵魂不灭"不仅适用于人类，而且对自然界万物都是适用的。一个典型的例子是，作为督伊德教象征的橡树被认为是圣树，它们拥有神圣的灵魂，当冬天到来后，长在橡树上的槲寄生依然保持绿色，这被认为是橡树灵魂转移的证明。这种认为人与自然一体共融的虔敬教义使督伊德教成为古代诸多宗教中最具现代环保意

① ［古罗马］凯撒：《高卢战记》，任炳湘译，商务印书馆 1979 年版，第 107 页。

② 同上书，第 139 页。

③ 同上书，第 140 页。

识的一支。

再次，多神信仰是督伊德教的重要特征。在最初的发展阶段，凯尔特人的神祇主要是各部落的守护神，但随着凯尔特人的流动和相互联合，一些神祇就超越了部落的狭隘范畴，而具有了"泛凯尔特"的性质。这些共同的神包括"贝莱诺斯、卡穆洛斯、奥格米奥斯、埃苏斯"等。[①]凯撒借用罗马神的名字来称呼在职能上相近的神祇。可以约略看出，这些神中有掌管战争的、工艺的、商业的、疾病和瘟疫等的不同。[②]在督伊德教诸神"谱系化"的过程中，其信仰体系也日益成熟。

最后，督伊德教的宗教礼仪具有鲜明的特点。督伊德祭司的日常祭祀形式是温和而隐秘的。根据老普林尼在《自然史》中的介绍，祭祀的地点一般选在"神圣"的橡树林中。祭祀时间也具有神性色彩，一般选在一轮新月开始后的第六个晚上，据说此时是能量的上升阶段，适于与神交流。在祭祀中，督伊德祭司会身穿白色的祭服，用金镰刀割下槲寄生枝条，再用白色衣服包裹。最受古罗马作家关注和诟病的礼仪是其以"人祭"为特征的"献祭"。每当一些重要人物患疾病、部落准备战争或重大的公事活动时，一般由督伊德祭司主持一场献祭活动。他们认为"要赎取一个人的生命，只有献上另一个人的生命，不朽的神灵才能俯允所请"。这种献祭在以"文明"自诩的罗马人眼中是野蛮和血腥的。献祭的具体操作流程如下："一些人制成硕大无朋的人像，四肢用柳条编就，其中装进一些活人，放到火中去，让那些人被火焰包身，活活烧死。"对于献祭人的选择，他们认为"如能够用在偷窥、抢劫、或犯别的罪行时被捉住的人作为牺牲作供献，格外能讨好不朽之神，但如果这种人无法提供，便用无辜的人来充数"[③]。当然，人祭活动是否真的像古典时代的作家记载的那样真实存在也受到一些现代学者的质疑。[④] 1984 年，英国柴郡威姆斯洛一带的泥炭沼泽中确实发现了一具疑似死于献祭的古尸，被称为"林道人"（Lindow Man）。这位被暴力杀害的男性大体生活在公元前 1 世

---

① ［苏联］谢·亚·托卡列夫：《世界各民族历史上的宗教》，中国社会科学出版社 1985 年版，第 253 页。

② ［古罗马］凯撒：《高卢战记》，任炳湘译，商务印书馆 1979 年版，第 140—141 页。

③ 同上书，第 140 页。

④ Ronald Hutton, *The Druids*, London: Hambledon Continuum, 2007, pp. 133 – 134.

纪至公元 1 世纪之间，在其胃里发现了督伊德教的圣物槲寄生的花粉。[1]
在学者们对其死因的解释中，一种观点认为他可能死于一场宗教献祭。[2]

总之，督伊德教在发展过程中，逐渐形成了自身的基本教义，宗教组织和礼拜仪式也日臻成熟。在不断向外传播的过程中，它日益在整个凯尔特人社会中拥有广泛的影响力。但是，随着公元 1 世纪罗马的再次大规模征服及罗马帝国在不列颠统治的巩固，督伊德教的传播和发展日益受到限制和迫害。奥古斯都时期，督伊德教的合法地位被取消，至其继任者提比略时期，高卢的督伊德教受到残酷迫害，许多督伊德教徒被处死。有资料显示，约在公元 1 世纪中叶，高卢地区的督伊德教已经基本被肃清而消亡。不过，不列颠的督伊德教仍然盛行。随着罗马人对不列颠的入侵，宗教迫害也接踵而至。公元 1 世纪后半叶，在罗马大将阿古利可拉任不列颠总督时期，不列颠督伊德教的最后据点也被征服，督伊德教走向衰亡。

对于罗马帝国实施迫害督伊德教政策的缘由，我们可以从现存的一些古典作家的文献中得到大体了解。其一，罗马人对凯尔特人文明怀有歧视态度，督伊德教中的一些残酷野蛮行径，如人祭等被罗马人认为是野蛮的。其二，督伊德教是凯尔特人反抗罗马征服和统治的精神武器，即这种信仰"呈现民族主义的倾向"，为了进行有效的统治和征服，消灭这种凝聚凯尔特人的精神信仰是帝国的必然政策。[3] 结合罗马帝国初期在帝国其他地区相对宽容的宗教政策，我们有理由相信，第二点应是主要原因。

确实，从凯撒入侵至不列颠被彻底征服的一个世纪里，不列颠的反罗马运动从未止歇。凯撒入侵后，不列颠东南部地区被纳入罗马帝国的势力范围，泰晤士河沿岸的一些地方还需向罗马交纳贡金。但是，这种关系并不具备可持续性。有学者推测罗马在征服高卢的过程中，有一些督伊德祭司逃到不列颠，"他们试图在不列颠通过联合各部落而强化当地反罗马的情绪……督伊德僧侣在不列颠的持续存在，很可能构成东南部的部落政治中一个主导因素"[4]。的确，督伊德祭司阶层应是不列颠反罗马运动中的

---

[1]　Don Brothwell, *The Bogman and the Archaeology of People*, London：British Museum Publications, 1986, pp. 95 - 96.

[2]　Jody Joy, *Lindow Man*, London：British Museum Press, 2009, p. 45.

[3]　孙艳萍：《原始督伊德教初探》，《安徽史学》2006 年第 6 期。

[4]　钱乘旦主编：《英国通史》第一卷，江苏人民出版社 2016 年版，第 26 页。

主导力量，他们利用自身的宗教和文化影响力，在一定程度上能够控制不列颠凯尔特人的政治，至少能产生比较重要的影响，使之倾向于反对罗马的政治和军事压迫。在这一过程中，不列颠的反罗马势力和亲罗马势力也存在较量，而一旦督伊德祭司支持的反罗马一方获得绝对优势，罗马方面必然会亲自干预。事实上，这正是克劳狄皇帝即位后重启征服不列颠事业的诱因之一。在征服的过程中，站在反罗马一方的督伊德祭司自然成为被迫害的对象。

　　不过，当今的一些学者对于罗马征服不列颠前后的诸多历史事实有诸多争论，甚至我们主要依据的古典作家的记载是否属实也值得商榷。正如塔西佗在《阿古利可拉传》中所说："早先的作者们用健笔华辞所润饰的种种记载仍多系揣想之辞。"[1] 但是，这并不妨碍我们用合理的方式去考证和"揣想"这一时期督伊德教发展的基本状况。值得一提的是，18 世纪英国兴起了一股研究和讨论督伊德教的文化运动，19 世纪以后，这场文化运动被赋予了宗教意义。20 世纪以来，督伊德教仍然在英国社会中拥有一定影响力。但是，必须指出，现代督伊德教与铁器时代凯尔特人的督伊德教并没有直接继承关系。现代督伊德教徒主张人与自然的和谐及对自然的崇拜，特别是与现代环境保护运动结合在一起，有时表现得更像是一种哲学派别或思想流派，而非宗教。[2]

第二节　罗马统治时代的宗教状况

　　公元 43 年，罗马皇帝克劳狄（Claudius，公元 41—54 年在位）派其亲信大将奥鲁斯·普劳提乌斯（Aulus Plautius）率领四个罗马军团重启征服不列颠的计划。经过数年征伐，不列颠大部被纳入罗马帝国的版图，这块土地更加清晰地呈现在文明世界的视野中。至公元 1 世纪末，经过长期经略，罗马帝国已经基本控制了今天的英格兰和威尔士地区。这一时期不

---

[1]　［古罗马］塔西佗：《阿古利可拉传·日耳曼尼亚志》，马雍、傅正元译，商务印书馆 1985 年版，第 19 页。

[2]　Graham Harvey, *Listening People*, *Speaking Earth*：*Contemporary Paganism*, London：Hurst & Company, 2007, p. 17.

列颠的宗教受到罗马帝国各支宗教的强烈影响。一方面，正如我们上节讨论的，凯尔特人原有的督伊德教在罗马征服和巩固统治的过程中衰亡；另一方面，罗马帝国盛行的宗教形式传入不列颠，如罗马的"帝王崇拜"（Emperor Worship）及其传统的"万神信仰"。当然，作为罗马诸多宗教的一支，基督教也在这一时期最早进入不列颠。

罗马的"帝王崇拜"发源于帝国的东部。公元前12年，奥古斯都的继子德鲁苏斯（Drusus）在里昂（Lyon）建立了供奉奥古斯都的祭坛，将这种帝王崇拜的礼仪带到了西部。克劳狄在征服不列颠的过程中，为了强化自己的权威，也不断宣扬自己的帝王神性，他在英格兰东南部的科尔切斯特（Colchester）建立了自己的祭坛。在本质上，"帝王崇拜"并非一种现代意义上的宗教，而是一套由国家组织的对皇帝的奉颂仪式，目的是彰显帝国和皇帝的荣威。有学者指出："在前基督教时代，宗教并不与内在的、个人的德行（如信念）存在必然联系，而是与外在的行为和态度相关联。"[1] 从这个意义上说，帝王崇拜就是一种国家宗教。在罗马统治不列颠的时代，帝王崇拜仪式一般每年都会举行，全国性的祭礼通常由选举产生的大祭司长在克劳狄神庙前主持。借助这次崇拜仪式的契机，整个不列颠行省召开了一次由各主要城市贵族选出的议员大会，以讨论一些涉及整个行省的重大事宜。不过这个议员大会并没有实际的权力，仅仅是一次政治集会，提供一些地方上的建议和意见，以供行省总督上呈罗马参考。无论如何，这一崇拜仪式都凸显出较多的政治性，而非宗教性。

除了行省层面的崇拜仪式，在不列颠的主要城市和民间也存在着"帝王崇拜"现象。在城市中，由当地一些出身低微但非常富裕的释奴组成祭司团，他们为崇拜仪式出资，并主持祭祀。这种仪式的意义是双重的，它既有助于弘扬罗马皇帝在民众中的权威和神性，也驱使不列颠人中的上层分子形成对帝国的向心力。祭祀后，各地还会进行一系列公共娱乐活动，使更多的底层民众也参与进来。民间的帝王崇拜更加多样，典型的崇拜方式是供奉皇帝的塑像。这些塑像在帝王崇拜发展的过程中逐渐标准化和统一化。

---

① Ittai Gradel, *Emperor Worship and Roman Religion*, Oxford: Clarendon Press, 2002, p. 4.

　　通过全国和地方、城市和乡村不同层面对罗马皇帝的崇拜仪式，原本由督伊德祭司垄断的信仰体系逐渐瓦解并消亡了，更加罗马化和官方化的俗人祭司填补了督伊德祭司阶层消失留下来的引导民众团结的政治和精神真空。客观地说，人们对皇帝的崇拜也更多的是被一种对帝国的归属心理驱使，而皇帝是帝国的"象征"。正如有学者指出的"臣民之于帝王崇拜，就仿佛爱国者尊敬国旗"。借助于这种仪式化的崇拜，皇帝和帝国的权威得到提高，对不列颠的统治也更加巩固。不列颠的帝王崇拜当然只是整个帝国推行的一种政治和精神统一计划的一个部分。

　　即便消灭了督伊德祭司阶层，通过宣扬罗马皇帝的伟大神性建立官方信仰，但不列颠的普通民众仍需在日常生活中借助多种超自然的神来解释各种自然现象，显然，世俗和人性的皇帝无法满足这一点，罗马官方宣扬的帝王神性中也并不包括各种超自然能力。可以说，用超自然的诸神来解释自然是基督教诞生以前除犹太人以外大多数文明的选择，而"创造"或者说"臆想"各式各样、或单一或众多的"神明"来答疑解惑也是现代科学主义诞生以前人类面临的必由之路。尽管督伊德教不再合法，但普通民众对传统信仰的延续不会立即中断，他们通过口耳相传的方式，仍旧保留着由祖先"创造"出的各种神明构建的独特世界观和自然观。一向奉行实用主义政治哲学的罗马人对于不妨碍他们统治的各种信仰一般不强加迫害，但作为统治者的罗马人向不列颠引入了他们的神明体系。这样，在不列颠人中就出现了一种"众神同辉"的现象，凯尔特传统的神明们与来自海峡彼岸遥远的罗马诸神们一起被供奉。事实上，正如罗马作家们可以在日耳曼诸神中找到与罗马诸神职司相近的神以命名一样，凯尔特诸神中也有许多神明与罗马的神明一样掌管着类似的职能，这也促成了两种多神信仰体系可以"相安无事"，在不列颠民间社会中共享祭祀。事实上，相对落后的不列颠人在罗马人的祭祀中学会了许多成熟的祭礼，如"书写献祭词和雕塑神像"等。①

　　罗马统治者当然不遗余力地推广罗马人的万神体系。今天的英国城市

----

① ［美］克里斯托弗·A. 斯奈德：《不列颠人：传说与历史》，范勇鹏译，北京大学出版社 2009 年版，第 54 页。

巴斯（Bath）就是为祭祀罗马三大主神之一米涅尔瓦（Minerva）修建的。[①] 考古学者在这里发现了许多罗马时代的遗迹，其中包括刻在金属板上呈给女神米涅尔瓦的用以诅咒敌人的铭文（curse tablets）。[②] 此外，在伦敦、约克和奇切斯特等地也有一些供奉罗马神的庙宇遗迹或铭文。这种状况与遍布整个罗马帝国境内对罗马诸神的祭祀是一致的。在公元 2 世纪以后，不列颠乡间兴起一种典型罗马式的石砌长屋，一般被称为"乡间别墅"。值得注意的是，这些建筑中有大量以罗马神话为主题的马赛克绘画和罗马神的塑像，在一定程度上表明了不列颠农村地区受罗马宗教的影响。此外，不列颠乡村的宗教信仰也体现了本土宗教与罗马信仰体系的混合。这不仅体现在神庙的建筑风格和陈设上，也体现在本土众神与罗马众神的混合祭祀上。[③]

就整个不列颠而言，罗马的帝王崇拜和多神信仰的影响程度是存在很大差异的，东南部作为罗马统治的中心，宗教上的罗马化进行得比较顺利和深入，但在北部和西南部、威尔士一带，传统的信仰仍是主流。无论如何，罗马人是一个注重实用主义的民族，宗教在罗马人的认知中并非如其他一些民族那般享有至尊的地位，这也正是罗马在帝国境内奉行宗教宽容政策的主要原因。他们的统治是基于实用主义政治的，各个被统治民族的宗教只有妨碍了罗马的政治统一才会被迫害，督伊德教、犹太教和基督教都是如此。就宗教发展来讲，罗马统治时代的不列颠在帝国中并没有比其他行省享有什么独特的政策，对督伊德教的迫害、对帝王崇拜和罗马诸神的宣扬都是罗马实用主义政治哲学一以贯之的政策使然。

对不列颠影响最深远的宗教事件无疑是基督教的传入。相对于欧洲大陆国家，英国接触基督教较晚，这与不列颠与欧洲大陆之间隔着一湾海峡有密切关系。岛国的地理特点使其长期处在欧洲文明中心之外，直到罗马军团的到来，给这片土地带来了处于鼎盛时期的罗马古典文化，将不列颠纳入了欧洲整体文明的发展进程。伴随着罗马帝国统治的逐渐深入，不列

---

① 罗马人在征服不列颠的过程中，在埃文河（River Avon）的河谷中发现了温泉，视之为罗马三大主神之一的女神米涅尔瓦的神迹，便在这里修建了浴池和供奉米涅尔瓦的神庙。

② Roger Wilson, *A Guide to the Roman Remains in Britain*, London: Constable, 1988, p. 109.

③ 钱乘旦主编：《英国通史》第一卷，江苏人民出版社 2016 年版，第 152—153 页。

颠也迎来了基督教。

关于基督教最早传入不列颠的确切时间已不可考。现代学者一般认为应该在公元 2 世纪，但至少在 3 世纪时已有较为确切的基督徒活动的证据。1975 年在切斯特地区的一项考古发掘中出土了据信为 3 世纪时的基督教还愿匾，成为基督徒存在的有力证据。比德在《英吉利教会史》中也提到 3 世纪时不列颠基督徒的活动，并盛赞不列颠在 3 世纪末的宗教迫害中，"在信仰天主的伟大荣耀中得到称颂"。他还记载了不列颠第一位殉道者圣奥尔本（Saint Alban）的事迹，奥尔本藏匿了一位受迫害的信徒，自己受到感化而成为基督徒，并甘愿代这位信徒被捕，最终殉道。①

基督教会组织的出现应不晚于公元 4 世纪。公元 314 年在高卢的阿尔勒（Arles）召开的教会会议上，就有 5 名来自不列颠的教士参加，包括来自伦敦、约克和林肯的三位主教。公元 359 年，在意大利里米尼（Rimini）召开的教会会议上，同样提到来自不列颠的教士出席的记录。② 尽管没有更加充分的考古发掘提供佐证，但应反映出基督教已经在不列颠建立了教会组织。不过，这种传播是在不列颠的罗马人中，还是已经在不列颠民间社会有一定基础还存在较多争论。

罗马撤离不列颠前后，基督教的传播有了进一步发展。这一时期，不列颠出现了一场"贝拉基异端运动"。比德在著作中提到，429 年，"由塞弗里安的儿子贝拉基派主教阿格里科拉传进的贝拉基异端的卑劣的伤风败俗风气玷污了不列颠各地的基督教"③。贝拉基（Pelagius）出生在不列颠，在接受过一定教育后，离开不列颠前往罗马等地。关于他的生平并没有留下充分的资料，只是在圣奥古斯丁、比德、圣杰罗姆（St. Jerome）等人的著作中有所提及，但这些教会学者的记述主要是对其神学观点和教派（贝拉基教派）的批判。他的学说最早盛行于欧洲大陆，后来才传到不列颠。他最引人注目的观点是人在信仰中拥有"自由意志"（free

---

① ［英］比德：《英吉利教会史》，陈维振、周清民译，商务印书馆 1991 年版，第 33—36 页。

② Anthony Birley, *The People of Roman Britain*, London: Batsford, 1980, p. 153.

③ ［英］比德：《英吉利教会史》，陈维振、周清民译，商务印书馆 1991 年版，第 51 页。

will），并可脱离原罪而生活。① 贝拉基的独特见解在不列颠吸引了大批追随者。后世的一些学者评价他为"第一流的神学家"。②

为了削弱贝拉基派在不列颠的影响力，高卢地区的主教召开了一次大型宗教会议，并在会后专门派出两名主教前往不列颠传道。他们穿梭于各地教堂，并深入田间地头、街头巷尾宣讲天主真义，还与贝拉基派进行了一场公开辩论。据称，在高卢主教的影响下，"各地虔诚的天主教徒变得愈加坚定，原先脱离正轨的人也弃邪归正……在短短的时间内，整个国家都接受了他们的看法"，而异端者"不得不在每一个异议上承认自己的错误"。③ 此外，比德还记载了来自高卢的主教帮助不列颠人对抗撒克逊人和皮克特人侵略的事迹。他说，不列颠军队中的"大部分士兵受过洗礼，精神焕发，穿好盔甲，随时准备战斗"④。比德的记述虽然不免有夸大之嫌和一厢情愿的成分，但多少能够表明：尽管不列颠在罗马统治时代基督教的发展相对滞后，但已受到正统基督教的强烈影响。

总之，至公元 5 世纪罗马军团撤出前后，基督教确已在不列颠的宗教领域拥有重要地位。尽管罗马统治机构已不在，但基督教成为罗马世界与不列颠的纽带，往来于海峡两岸的教士充当着帝国与不列颠的联系人。但遗憾的是，在尚处于原始部落解体阶段的盎格鲁－撒克逊人入侵和征服的过程中，基督教在不列颠业已取得的成就化为乌有。换句话说，凯尔特不列颠人没有能够充当起将基督信仰传递给"新居民"的角色。正如比德所说，"他们（指凯尔特不列颠人）从来不用心向居住在他们之间的英吉利人⑤宣讲信仰的福音"。⑥ 学者切尼也指出了这种历史的断裂，"罗马的统治只是英国历史中一个独立的插曲，而并非连续进程的组成部分"⑦。

---

① ［美］克里斯托弗·A. 斯奈德：《不列颠人：传说与历史》，范勇鹏译，北京大学出版社 2009 年版，第 121 页。

② Ronald Hutton, *Pagan Britain*, New Haven：Yale University Press, 2013, p.280.

③ ［英］比德：《英吉利教会史》，陈维振、周清民译，商务印书馆 1991 年版，第 51—53 页。

④ 同上书，第 56—57 页。

⑤ 泛指盎格鲁人（Angles）、朱特人（Jutes）和撒克逊人（Saxons）。

⑥ ［英］比德：《英吉利教会史》，陈维振、周清民译，商务印书馆 1991 年版，第 60 页。

⑦ E. P. Cheyney, *A Short History of England*, New York：Ginn and Co., 1932, p.34.

第 二 章

中世纪基督教的发展

　　自公元 325 年第一次尼西亚会议（Council of Nicaea）起，至 787 年第二次尼西亚会议，基督教会共召开了七次大公会议，召集者都是罗马皇帝。皇帝在大公会议中享有最高权威。不过，在西罗马帝国风雨飘摇之际，东罗马帝国对西部教会的控制权逐渐减弱，罗马主教趁机扩张了自己的权力。"教皇"（Pope，或称"教宗"）一词在 5 世纪后成为罗马主教的专用称呼。在 451 年的卡尔西顿公会议（Council of Chalcedon）上，罗马主教又被赋予了西部教会的首席地位，与帝国首都君士坦丁堡的主教地位平等。不过，在法理上，无论是罗马主教，还是君士坦丁堡主教，都要受制于皇帝的权威，在政治上充当皇帝臣属的角色。

　　罗马主教政治地位在 8—9 世纪发生了根本性变化。一方面，8 世纪中叶以后，罗马皇帝彻底失去了对意大利中部的实际控制，对罗马主教的权力也就只剩理论上存在了。另一方面，罗马教会执行与蛮族王权结盟的政策，而法兰克帝国的兴起为罗马主教提供了一个强大的盟友。在东罗马帝国失去对意大利中部的控制之后，法兰克王国充当了罗马教会的世俗保护者角色。法兰克加洛林王朝的创建者"矮子丕平"（Pépin le Bref，714—768）两次出兵意大利，并将拉文那地区和罗马周围大片土地赠予教皇，建立了"教皇国"。罗马教会趁东罗马帝国鞭长莫及之际，伪造了一份被称为"君士坦丁赠礼"（Donation of Constantine）的文件，宣称早在君士坦丁大帝迁都之时，就把帝国西部的统治权交给罗马主教西尔维斯特一世。[①] 这样，

---

① 这份文件在 15 世纪由意大利人文主义学者洛伦佐·瓦拉（Lorenzo Valla）证实为伪造。参见 Bertrand Russell, *A History of Western Philosophy*, London：Routledge, 2004, p. 366.

在现实与理论上，罗马教皇都能够与东罗马皇帝和东部教会分庭抗礼。公元 800 年，罗马教皇利奥三世又为正在圣彼得大教堂祈祷的丕平之子查理曼（Charlemagne，768—814 年在位）加冕，并称其为"罗马人的皇帝"，而查理也显然乐于接受这一加冕和梦寐以求的称谓。[①] 至此，代表上帝为皇帝加冕的罗马教皇确立了"上帝代理人"的权威，并得到世俗君主的认可和保护，摆脱东罗马皇帝的控制也就成了顺理成章的事。

至 10—11 世纪，教皇与世俗君主的结盟关系开始出现越来越大的裂痕。这一转化的原因是多方面的，而其核心因素无外乎对世俗利益和教会控制权的争夺。公元 962 年，进入意大利镇压罗马贵族叛乱的奥托一世（Otto Ⅰ，936—973 年在位），由教皇约翰十二世（Joannes Ⅻ，955—964 年在位）加冕为"神圣罗马帝国皇帝"（Romanorum Imperator Augustus），并成为罗马的监护人和西部基督教世界的最高世俗统治者。此后，教皇常常受到皇帝的摆布。

自 11 世纪起，在克吕尼运动和教皇革命兴起的背景下，罗马教皇在欧洲的权威不断上升。1073 年即位的教皇格列高利七世（Gregory Ⅶ，1073—1085 年在位）进行了最引人注目的改革。改革遵循两大原则：一是教权至上；二是教皇中央集权。1075 年前后发布的《教皇赦令》（*Dictatus Papae*）深刻反映了上述原则。其中规定：教皇有权废黜皇帝、国王和主教；有权任命任何神职人员；有权解除臣民对君主的效忠；有权制定新法律、组建新修会；教皇享有教界最高司法权力，任何人不能修改教皇判决，且教皇本人不能被任何人审判等。[②] 伴随着教皇权的兴起，教皇与皇权（王权）之间的冲突随之升级。正是在格列高利七世在位的 1077 年，由于神圣罗马帝国皇帝亨利四世（Heinrich Ⅳ，1050—1106 年在位）不遵从教皇赦令，发生了著名的"卡诺莎事件"[③]。中世纪英国基督教正

---

① Brian Tierney，*The Crisis of the Church and State*，*1050 – 1300*，Toronto：University of Toronto Press，1964. p. 17.

② E. F. Henderson，*Selected Historical Documents of the Middle Ages*，London：George Bell and Sons，1910，pp. 366 – 367.

③ 1075 年，教皇格列高利七世要求亨利四世承认教皇的地位高于世俗皇权（王权），并放弃对德意志教会的控制。亨利四世拒不服从，并召集主教会议，宣布废黜教皇。格列高利七世将亨利四世革除教籍。由于亨利四世无法承受因此导致的内忧外患，被迫向驻跸卡诺莎城堡的教皇请罪。

是在上述宗教背景下传入和发展的。

罗马教会在欧洲大陆影响力的不断上升也波及了不列颠。6 世纪末，罗马的传教团已经踏上向不列颠传教的行程。其时的英格兰处于盎格鲁 - 撒克逊诸王国并起争霸的时代。基督教的传播尽管并非始终一帆风顺，但总体上仍取得极为瞩目的成就，获得了大多数盎格鲁 - 撒克逊统治者的欢迎。英格兰也由此被纳入欧洲文明的整体进程之中。在 11 世纪罗马教会权威空前加强的时代，英国也经历着巨大变革，标志性事件是 1066 年的诺曼征服。英王"忏悔者"爱德华死后无嗣，他的表兄、法国诺曼底公爵威廉借口爱德华曾许诺由他继承王位，率领诺曼底军队跨过英吉利海峡，在黑斯廷斯战役（Battle of Hastings）中击败了由英国贤人会议推选出的哈罗德二世（Harold Ⅱ）国王。之后数年，威廉北上征服了整个英格兰。依靠武力夺取王位的威廉一世致力于强化专制王权，他强迫各级封建领主都要向他宣誓效忠，确立了"封臣的封臣还是我的封臣"的封建原则，并下令清查全国土地和财产，编制成《土地赋役调查书》①。诺曼征服是英国中世纪历史发展的转折点。罗马教权的兴起与诺曼征服后英国封建王权的兴起成为 11 世纪以后英国基督教发展的基本背景。

第一节　基督教的传入

自 5 世纪下半叶，盎格鲁 - 撒克逊人开始成批踏上不列颠土地，并对凯尔特人进行了种族屠杀，残余的凯尔特人退居威尔士等山区或跨海逃往爱尔兰。至基督教再次传入的 6 世纪末，盎格鲁 - 撒克逊人已经占据不列颠大部分地区。同时，盎格鲁、撒克逊和朱特人建立的各个王国之间开始相互混战，争夺地盘。盎格鲁人在混战中占据优势，统治了北部的土地，"英格兰"（意为"盎格鲁人的土地"）这一名称得以流传，并逐渐成为整个日耳曼人占领区（今日英格兰地区）的统称。比德最早使用"英格兰人"代指盎格鲁 - 撒克逊人统治的地区。②

---

①　因其内容记录详细，范围广泛，又被称为《末日审判书》（*Doomsday Book*）。

②　Krishan Kumar, *The Making of English National Identity*, Cambridge: Cambridge University Press, 2003, p. 41.

初来不列颠的盎格鲁－撒克逊人保持着日耳曼人传统的多神信仰。这套多神体系中的神祇司职不同，掌管着自然界中的各种事物。在后来的发展中，天神提乌（Tiw）、战神沃登（Woden）和雷神索尔（Thor）以及丰收女神福瑞格（Frig）逐渐成为盎格鲁－撒克逊人的主神，受到特殊的崇拜。关于盎格鲁－撒克逊时代早期的这种多神崇拜，最显然的例证是英语中一些常用词汇的词源，如星期二（Tuesday）、星期三（Wednesday）、星期四（Thursday）、星期五（Friday）四个词正是源于前述四位主神。在 7 世纪基督教盛行以前就已出现并流传至今的英国地名中，许多都可以追溯到盎格鲁－撒克逊人的多神信仰。不过，盎格鲁－撒克逊人的多神信仰仍处于原始自然宗教的阶段，并没有发展出完整系统的宗教组织和祭司阶层，因而，当成熟而强大的基督教再次有组织地"卷土重来"时，不列颠这片土地很快就被纳入基督教大世界。

基督教的再次传入始于公元 6 世纪末。约在此时，盎格鲁－撒克逊时代的不列颠进入了政治相对稳定的七国时代，适宜的政治环境是基督教能够再次成功植根的基础。基督教的传入是分南北两个方向进行的，这一特点决定了早期基督教派南北分立的特征。

从南部传入的一支是由罗马教廷派出的，因而被称为"罗马派"基督教。597 年，教皇格列高利一世（Gregory Ⅰ，590—604 年在位）派其亲信奥古斯丁（St. Augustine）带领一批罗马教士，到不列颠传教。格列高利一世是中世纪前期基督教著名的"四大拉丁教父"之一，最早宣布"炼狱"的存在。他认为在天堂与地狱之间存在着炼狱，并进一步引申出用以请求上帝开恩，使灵魂早日升入天堂的"善功"观念。他认为，传播基督福音是最好的善功。格列高利一世非常重视向蛮族传播基督教，用以提高罗马教会在整个欧洲的权威。他对于向仍处在异教世界的不列颠传播的想法由来已久。根据比德的记述，格列高利早年曾在集市上看到作为奴隶被贩卖的不列颠儿童，他从这些奴隶口中了解到与欧洲大陆狭海相隔的不列颠岛仍处于异教统治之下，这对他震动极大。他请求教廷派人向对岸的英格兰人传教，并说"只要教皇允许，他自己随时准备在主的帮助下从事这项事业"。他的请求没有得到当时教廷足够的重视，但当他自己当上教皇后，便"立即着手从事这项他渴望已久的事业"。①

　　奥古斯丁一行在教皇的支持下首先来到与不列颠交往较多的高卢地区，并聘请了法兰克人充当翻译。他们跨过英吉利海峡来到了隶属于当时七国中最强大的肯特王国境内的萨尼特岛（Thanet），之后又辗转来到肯特王国的首都坎特伯雷。肯特国王埃塞伯特（Ethelbert）不仅热情接待了罗马传教团，并带头皈依了基督教。在王室的支持和带头作用下，王国中大批臣民受到鼓舞，接受了洗礼，传教工作因而进展顺利。为了鼓励和支持奥古斯丁等人的传教工作，罗马教廷又派来了更多的教士前来，并提供了各种教堂和礼拜仪式所需的物品。② 这样，英国第一个大主教区建立，奥古斯丁则成为第一任坎特伯雷大主教。这一事件奠定了此后坎特伯雷大主教在英国教会中独特而崇高的地位。肯特王国的皈依行动进一步带动了其他盎格鲁－撒克逊王国的效仿，如被派来协助奥古斯丁的波莱纳斯（Paulinus）主教在北部地区传教，并成功"使诺森伯利亚国王埃德温改宗领洗"。国王们的皈依又自上而下带动贵族和平民信仰的转变，如在604年"东撒克逊人在萨伯特国王和梅利图斯主教的带领下授受信仰并且领洗"。③ 莫尔顿对此指出："宗教仍然是而且长期是国王按政策或信仰来决定而人民追随其后的事情。"④

　　基督教再次顺利传入不列颠的因素是多方面的。一方面，奥古斯丁一行首先来到的肯特王国是当时盎格鲁－撒克逊诸国中最强大的王国之一，国王埃塞伯特更是一位贤达开明的君主。同时，王后伯莎本身就是一位来自法兰克的基督徒，她来到肯特后，她的丈夫准许她在宫廷中继续坚持信仰。在王后的影响下，埃塞伯特国王对基督教已经有了初步了解，从而为传教工作的顺利开展提供了有利条件。在接下来的传教工作中，肯特王室提供了必要的政治支持。另一方面，奥古斯丁等传教者不畏艰难的努力是传教工作顺利进行的又一重要基础。在当时欧洲大陆人的眼中，不列颠还

　　① ［英］比德：《英吉利教会史》，陈维振、周清民译，商务印书馆1991年版，第102页。

　　② 同上书，第83—84页。

　　③ 《盎格鲁－撒克逊编年史》，寿纪瑜译，商务印书馆2004年版，第20—21、25页。

　　④ ［英］阿·莱·莫尔顿：《人民的英国史》（上），谢琏造等译，生活·读书·新知三联书店1958年版，第47页。

是一个"野蛮、凶暴、不信教甚至连语言都不通的民族",① 但在教皇格利高利的鼓舞下,奥古斯丁一行还是怀揣着崇高的宗教理想来到不列颠,以自身虔敬、简朴的作风和不懈的宣讲赢得了众多的信徒。当然,这并不意味着基督教的传入工作会一直顺利。根据《盎格鲁–撒克逊编年史》的记载,诺森伯利亚国王埃塞尔弗里思(Aethelfrith,593—617 年在位)在 605 年曾屠杀多达 200 名教士;616 年,肯特新任国王埃德博尔德(Eadbald,616—640 年在位)继位后曾"抛弃了基督教信仰而追随异教的风尚";同年,伦敦的居民"变成信奉异教的人"。② 但总体来讲,罗马派在英格兰东南的发展还是比较顺利的,阻碍传教工作和迫害教士的行为只是个别现象。

英格兰北部的基督教是从苏格兰外海的艾奥纳岛(Iona)传入的。根据《盎格鲁–撒克逊编年史》的记载,公元 565 年,"教士科伦巴自爱尔兰来到不列颠,来教导皮克特人,并在艾奥纳岛上修建了一所修道院","使他们(皮克特人)皈依了基督"。③ 约公元 633 年,艾奥纳岛修道院派基督徒艾丹(Aidan)到诺森伯利亚的林第斯法恩岛(Lindisfarne),创建了英格兰北部第一个基督教修道院。这一支在英国历史上被称为"凯尔特派"基督教。

对于最早的北派基督徒领袖艾丹,比德称其"出奇地温和、虔诚和庄重,对天主十分热心",但也提到他的传教"不是完全按照真知识"。当然,比德所称"真知识"指的是罗马派教义,而艾丹在传教中依据的是爱尔兰的基督教传统,不遵循罗马派对复活节等问题上的标准。在艾丹等人的努力下,"凯尔特派"基督教势力在北部的麦西亚、东撒克逊和诺森伯利亚等地传播迅速。根据比德的记述,诺森伯利亚的国王奥斯瓦尔德(Oswald,641—670 在位)"在所有方面都随时谦恭地听从艾丹主教的意见,努力建立和发展自己王国内的基督教会"。在君主和贵族的支持下,"越来越多的苏格兰人继续前来不列颠,致力于向奥斯瓦尔德治下的各英吉利人地带宣传信仰的福音……在各个地区,教堂一座接一座地建立起

---

① [英]比德:《英吉利教会史》,陈维振、周清民译,商务印书馆 1991 年版,第 61 页。

② 《盎格鲁–撒克逊编年史》,寿纪瑜译,商务印书馆 2004 年版,第 21—22 页。

③ 同上书,第 17 页。

来，国王也慷慨地捐出财产，划出土地，用以建造修道院"①。凯尔特派基督教的迅速发展使其与东南地区的"罗马派"基督教南北呼应，推动了基督教在整个英格兰地区的壮大。

凯尔特派基督教在许多具体问题上与罗马派存在争论。其一，关于复活节日期问题是两派争论的焦点。这一问题比较复杂，涉及和犹太教逾越节的重叠和采用历法的问题，因凯尔特派坚持延用爱尔兰人的传统主张。其二，关于教士剃度的问题。罗马派教士将头发剃成一个圆环，而凯尔特派教士将头发剃成从左耳至右耳的一条宽带。上述形式上的不同只是争论的表面问题，最核心的问题在于其教义主张上的不同及与罗马教廷亲疏关系的远近。尽管"凯尔特派"的发展离不开世俗王权的支持，但其宗教主张倾向于与世隔绝的清修，不与罗马和世俗王权过分交往，也不追求教会财富和权力，以修道院制度为主要组织形式。这些特点与罗马派教会注重与世俗政权的紧密联系、受罗马教廷直接教导，并追求教会的权力和财富的做法截然不同。

双方的争论在南北两派都已传入的诺森伯利亚尤为激烈。公元664年，诺森伯利亚国王奥斯瓦尔德统治时期，召集两派基督徒在惠特比进行公开辩论，即著名的惠特比宗教会议。值得一提的是，除了宗教上的因素外，惠特比宗教会议的召开还离不开政治上的因素，特别是奥斯瓦尔德国王父子之间的争斗问题。比德在《英吉利教会史》中用大量篇幅描述了罗马派与凯尔特派教士在会议上的争论。对于这场争论的性质，有学者指出："辩论的焦点表面上只是无关宏旨的复活节时间和削发式的争执，但实质却是在教派信奉上何去何从的重大问题。"②

在整个辩论中，国王奥斯瓦尔德都充当着主持者和仲裁者的角色，最终的总结也是由奥斯瓦尔德国王做出的。他指出："我要争取在所有问题上听从他（圣彼得）的命令，以免当我到达天国的那些大门前时，那个被证明为掌握钥匙的人不快，没有一个大门对我敞开。"③ 奥斯瓦尔德实

_____

① ［英］比德：《英吉利教会史》，陈维振、周清民译，商务印书馆1991年版，第154—155页。

② 戚国淦：《英吉利教会史·中译本序言》，［英］比德：《英吉利教会史》，陈维振、周清民译，商务印书馆1991年版。

③ ［英］比德：《英吉利教会史》，陈维振、周清民译，商务印书馆1991年版，第214页。

际上肯定了罗马教会作为圣彼得继承人的地位，亦即承认罗马派的正统地位和权威。世俗君主对罗马派的支持使北方最强大的诺森伯利亚教会也决定性地朝向罗马化的方向发展。① 惠特比会议之后，来自艾奥纳岛的主教科尔曼（Coleman）带领一些追随者离开诺森伯利亚王国，他们继续坚持源出爱尔兰的基督教传统，但影响力日渐衰微。接替科尔曼主教职务的是图达主教（Tuda）。比德指出：图达接受"削圆冠状教会发式，遵守复活节日期的普世规则"②。图达等人遵循惠特比宗教会议的精神和决议，领导了北方凯尔特派的改革，推动了英国基督教在教义、教礼上的逐渐统一。在诺森伯利亚的影响下，北部英格兰不可逆转地抛弃了凯尔特派而实现罗马化，整个英格兰教会对罗马教皇的从属关系最终确立。

惠特比宗教会议上，罗马派之所以能够取得胜利，其首要因素无疑是政治上的。作为仲裁者的奥斯瓦尔德之所以最终选择支持罗马派，原因是显而易见的。正如有学者所指出的，"诺森伯利亚王国一旦获得基督教世界的认同，会有更多的潜在利益"③。莫尔顿则从更深层意义上指出：罗马派在惠特比宗教会议上取得了对凯尔特派的胜利，乃是"封建主义及其所包含的一切的胜利"④。确实，英格兰教会的统一使英国进一步融入基督教大世界的封建体系之中，世俗王权借此获得了教皇和欧洲诸国对其统治合法性的认同，并日益朝向封建王权迈进。王权与教会的合作取得了双赢的结果，为双方日后的进一步合作奠定了基础。

惠特比宗教会议后，英格兰教会进入大发展阶段。主要表现在以下几个方面。

其一，不列颠宗教信仰更加纯净。公元 672 年，坎特伯雷大主教提奥多（Theodore）在赫特福德（Hertford）召开宗教会议。东英吉利、诺森伯利亚、西撒克逊、麦西亚等地的主教都参与了这次会议。会议以教会统

① Bertram Colgrave, ed., *The Earliest Life of Gregory the Great*, Cambridge：Cambridge University Press, 2007, p. 9.

② ［英］比德：《英吉利教会史》，陈维振、周清民译，商务印书馆 1991 年版，第 215 页。

③ Kenneth Hylson Smith, *Christianity in England from Roman Times to the Reformation*, Vol. I, London：SCM Press, 1999, p. 175.

④ ［英］阿·莱·莫尔顿：《人民的英国史》（上），谢琏造等译，生活·读书·新知三联书店 1958 年版，第 49 页。

一为宗旨，通过决议中的第一条就是重申罗马派复活节日期，以巩固惠特比宗教会议的成果。680 年，在希思菲尔德平原（Heathfield）举行的宗教会议上，提奥多大主教为排斥异端，再次强调罗马派三位一体教义的正统性，并重申罗马教会承认的历次宗教大会及其决议的合法地位。[①] 通过提奥多大主教等人的努力，罗马派的普世信仰得到进一步纯净。此后，在整个盎格鲁－撒克逊时代，罗马派基督教再也没有遇到任何挑战其主导地位的异端运动。在邓斯坦（Dunstan，959—988 年在位）任坎特伯雷大主教时期，在英国大力推进修道运动，使英国教会得到进一步净化，教会的权威也大大提升。

其二，英国教会组织更加完善。根据比德的记述，在赫特福德会议上，提奥多颁布了一系列条款以完善英国的教会组织。首先，主教制度得以确立和完善。会议通过条款中的第 2—6 条和第 8、第 9 条对主教、修士、教士等的权责、限制、地位、人数等进行了规定。其次，确立了定期召开宗教会议的制度，以推动教会的团结有序。条款的第 7 条规定，"每年应举行两次宗教会议；但是，出于种种不便，对于我们大家来说，似宜每年召开一次"[②]。赫特福德会议在组织上完成了英格兰教会的罗马化，并实现了英格兰教会管理上的统一，从而为基督教会在不列颠的进一步扩张奠定了基础。至提奥多大主教去世之时，盎格鲁－撒克逊人治下的不列颠各地已经全部被纳入基督教世界。以坎特伯雷大主教区为中心，各王国先后建立了主教区，一套相对成熟的教会组织体系迅速成型。此后，除了在维京人入侵的高潮时期遭遇挫折外，8—11 世纪，英国教会的发展一直在快车道上行进。

其三，教会的经济实力和社会、文化影响力迅速提升。在公元 10—11 世纪上半叶，在全欧范围的克吕尼运动（Cluniac Reforms）的推动和世俗王权的极力配合下，英格兰教会的发展进入鼎盛阶段，教会占有的土地几乎占据英格兰全部土地的三分之一。文化方面，教士阶层依靠自身较高的文化水平很快垄断了英国的教育。公元 669 年，提奥多担任大主教后，

---

① ［英］比德：《英吉利教会史》，陈维振、周清民译，商务印书馆 1991 年版，第 239—240、262—264 页。

② 同上书，第 240—241 页。

坎特伯雷大教堂开始系统地教授拉丁文、希腊文、罗马法、教会音乐和宗教历法的计算，以及宗教韵文诗的创作方法等。教会附属的拉丁文法学校也陆续出现，越来越多的世俗贵族子弟投身其中。至 8 世纪末，教会的教育体系已经比较成熟，大教堂一般都下设文法学校以及歌咏学校，从而实质上垄断了整个英国的教育。司法权方面，在英格兰广泛建立教区的同时，一套受罗马教皇节制的教会法院体系也逐步建立。除了处理教会内部的事务，也包括涉及信仰与宗教道德的世俗事务。此外，由于担负着牧灵重任，基督教会在社会生活中的影响力与日俱增。对大众的传教工作向深层次发展，普通民众的宗教热情被大大激发，他们的日常生活已与教会密不可分，甚至入侵的维京人也受到盎格鲁－撒克逊人宗教热情的影响。

基督教在盎格鲁－撒克逊人中的迅速传播不仅得益于世俗君主的支持和传教士的努力，从更大的意义上讲，英格兰在政治、语言、族群意识上的不断统一为基督教的全面扩张提供了强大动力和基础条件。

首先，共同语言的逐步形成为盎格鲁－撒克逊人接受共同的信仰提供了必不可少的纽带。盎格鲁－撒克逊人尽管毁灭了不列颠的罗马文明，但毋庸置疑，他们的文字却是模仿拉丁语而创造出来的，即古英语。古英语经过不断完善，在盎格鲁－撒克逊诸王国中迅速传播。伴随着公元 6 世纪以后基督教的再次传入，宗教与语言在传播发展过程中相互促进，相互推动，如 7 世纪的诗人凯德蒙（Caedmon）用古英语改编《圣经》的故事，写成赞美诗，在诸王国中广泛流传，这种方式既促进了基督教在普通大众中的传播，也推动了古英语的完善。①

其次，在王国争霸和共同对抗外来侵略的过程中，盎格鲁－撒克逊人的族群意识加强，为共同的基督教信仰的形成奠定了基础。一方面，尽管诸王国不相统属，但一些强大的王国依靠军事和政治势力确立了霸主地位，在共同对抗北欧人侵略的过程中，霸主国家往往充当领袖，从而推动整个英格兰向心力和认同感的形成，为后来的王国统一及民族认同感的形成做了前期准备。另一方面，在对抗北欧人侵略的过程中，盎格鲁－撒克逊人的本土意识也愈加强烈。特别值得一提的是，公元 9 世纪末叶，在韦

---

① Krishan Kumar, *The Making of English National Identity*, Cambridge：Cambridge University Press, 2003, p. 34.

塞克斯（Wessex）国王阿尔弗雷德大帝（Alfred the Great，871—899 年在位）的领导下，英格兰在政治统一方面一度取得重要进展，阿尔弗雷德本人成为整个英格兰的领袖和团结的象征。在族群意识加强、政治统一进程加快的基础上，作为凝聚盎格鲁－撒克逊人精神纽带的基督教得以迅速传播。

最后，盎格鲁－撒克逊时代晚期的政治统一为基督教在英格兰的全面胜利提供了政治基础。值得一提的是，完成不列颠政治统一大业的并非盎格鲁－撒克逊人。公元 10 世纪，维京人再度大举入侵英格兰，至 11 世纪初，传奇的丹麦人克努特大帝（Canute the Great）不仅统一了英格兰，而且建立了横跨北海的克努特帝国。[①] 1035 年，克努特死后，北海帝国虽然分崩离析，但英格兰王国作为一个整体保存下来，先后由克努特的儿子哈罗德一世（Harold Ⅰ，1035—1040 年在位）和哈德克努特（Harthacnut，1040—1042 年在位）继承。哈德克努特死后传位给寄居在诺曼底的同母异父兄弟、韦塞克斯王子——"忏悔者"爱德华（Edward the Confessor，1042—1066 年在位）。[②] 这样，在诺曼征服以前，英格兰地区事实上已经完成了王国的统一进程，政治统一有力地驱动了宗教统一的实现。

总之，在盎格鲁－撒克逊时代，英格兰的基督教事业已经取得巨大成就，其典型特点是教会与政治存在合作共赢的关系。初生的世俗王权期望借助教会的力量扩大统治基础，并强化君主的神圣性与合法性；教会则借助王权的力量和保护扩大影响力，并将英格兰纳入罗马教会的体系中。双方的合作构成了这一时期教权扩张和王权膨胀的共同基础。但需要注意的是，王权对基督教发展的支持也成为日后权力争端的源头。君主引入了外来的教皇权力，也就引入了权力的分享者，从而催生了中世纪英格兰的二元主权结构。这一结构具有天然的不稳定性，将在日后不断凸显，但在盎格鲁－撒克逊时代，王权与教权的共同利益远大于分歧，这种不稳定性还处于潜伏期。

---

① 克努特于 1019 年继承丹麦王位，1028 年又继承了挪威王位。

② 克努特大帝取得英格兰王位后，迎娶了前任韦塞克斯王国国王埃塞尔里德二世（Aethelred Ⅱ，978—1013 和 1014—1016 年在位）的遗孀诺曼底的埃玛（Emma of Normandy，985－1052）。"忏悔者"爱德华是埃塞尔里德二世与埃玛所生，哈德克努特是克努特大帝与埃玛所生，二人是同母异父兄弟。

第二节　基督教组织体系

早在罗马统治不列颠的时代，英国的教会组织体系就已有所发展，在高卢、意大利召开的多次宗教会议上，都有来自不列颠的主教参与。这一时期不列颠至少在伦敦、约克、林肯和塞伦塞斯特（Cirencester）等地已经建立主教区。[①] 但伴随着罗马撤出不列颠和盎格鲁－撒克逊人的入侵，英国教会体系也就湮没无闻了。公元6—7世纪之交，奥古斯丁带领数十名教士来到英国，重新启动了教会组织的建设。至盎格鲁－撒克逊时代末期，尽管相对于欧洲大陆仍然比较落后，但英国教会组织体系已初具雏形。诺曼征服后，英国封建制度日益完善，以王权为核心的中央集权政治给教会的发展带来了新的政治环境，教会组织相应地进行了一些调整和完善。至12—13世纪，英国教会组织日臻成熟。大体说来，英国基督教组织体系尽管有许多自身特点，但与欧洲大陆各国还是具备诸多共性，主要分教区和修会两大体系。

教区体系是教会组织体系的核心和主体。公元7世纪以来，英国教区体系发展迅速，至12世纪末成型。依照每一级教区是否拥有固定的办事机构和司职人员，英国教区体系可以分为自上而下的四级。大主教区（archdiocese）有两个，即坎特伯雷大主教区和约克大主教区。大主教区之下是主教区（diocese）。英格兰和威尔士共有21个主教区，其中英格兰17个，威尔士4个。[②] 主教区以下还有执事区（archdeaconry，亦称分主教区或副主教区）和堂区两级。最基层的堂区数量众多，在13—14世纪，约为9500个。执事区仅次于主教区，约有40个。这一呈金字塔形的教会体系构成了一个权力结构与管辖界限基本明确的实体组织，成为中世纪英国政治、经济、社会、文化各领域里都扮演重要角色的一支力量。

教区体系的运行主要通过各级教会法庭来实现。各级法庭在教会管理

---

① John Wacher, *The Towns of Roman Britain*, London: Batsford, 1974, pp. 84－86.

② 直到16世纪英国宗教改革时代才发生变化：亨利八世解散了全国的修道院，并将英格兰与威尔士主教区的总数从21个增加到27个。爱德华六世时期，新增的威斯敏斯特主教区又被撤销。

方面的司法管辖权主要包括：维护教会财产权和税收权益、监督各级教士履职、审理各级教士的渎职犯罪行为等。当然，各级教会法庭的管辖权并不局限于教会内部事务。原则上讲，只要涉及信仰或道德的事务都属于教会管辖范围，被称为教会的"世俗管辖权"，如涉及婚姻、遗嘱以及各种可视为道德违法的行为如通奸（adultery）、卖淫（prostitution）、诽谤（slander）、毁约（breach of promise）等的相关案件。①

　　两个大主教区在英国教区体系中居于最高设置。其中，坎特伯雷大主教区在英国教会中享有特殊地位，它由奥古斯丁在肯特王国首都坎特伯雷创建，是盎格鲁－撒克逊时代第一个主教区。在不列颠基督教的传播过程中，它一直扮演着"中心角色"。② 英国国王由坎特伯雷大主教加冕的传统保持至今。此外，在英格兰与威尔士的21个主教区中，有18个隶属于坎特伯雷大主教区。因此，坎特伯雷大主教是当之无愧的英国教会最高领袖，他独享"教皇特使"（legatus a latere）这一称号，即象征着教皇在英国的全权代表，享有对整个英国教会的管辖权。相较之下，约克大主教不具有这种地位。因为坎特伯雷大主教崇高而特殊的地位，他不仅作为英国教会利益的当然代言人，还在事实上扮演着另外一个重要角色，即充当国王与教皇之间联系和缓冲的纽带，他往往要同时协调教皇、国王和英国教会三者之间的利益和关系，其地位处于整个英国宗教与政治的核心。

　　约克大主教区下辖英格兰北部的3个主教区，其大主教座堂为约克大教堂。早在罗马统治不列颠的时代，约克就是英国基督教传播的中心之一，在北约克的埃伯拉肯（Eboracum）的主教座堂是英国最早的基督教堂之一。在这一时期召开的阿尔勒和尼西亚宗教会议上，约克的主教都有列席。盎格鲁－撒克逊人入侵后，约克的基督教事业出现断裂。约公元625年，来自罗马的教士波莱纳斯主教来到诺森伯利亚，并在627年成功使国王埃德温在约克接受洗礼，皈依基督教。随后，在埃德温的支持下，波莱纳斯以约克为中心，在不列颠北部建立了基督教会组织。埃德温国王死后，诺森伯利亚分裂，新王背弃了罗马派信仰，波莱纳斯被迫回到肯特

---

① S. J. Gunn, *Early Tudor Government, 1485－1558*, London: Macmillan, 1995, p. 74.

② Nicholas Brooks, *The Early History of the Church of Canterbury*, Leicester: Leicester University Press, 1984, pp. 3－14.

王国。不过，为了表彰其卓越成就，教皇仍给他送去一件披肩，追认他为第一任约克大主教。事实上，在约克设立大主教区也是格列高利一世的传教计划之一。[①] 奥斯瓦尔德国王召开惠特比宗教会议后，罗马派信仰在诺森伯利亚全面恢复，约克大主教区逐步发展起来。尽管不享有坎特伯雷大主教作为英国教会首脑的特殊地位，但约克大主教在英国宗教与政治生活中也享有特殊而重要的地位。

大主教对教会的管理权力主要体现在行政和司法权两个层面上。行政权主要表现为对辖区教士的任免权、发布征税令、召开教职会议（ecclesiastical convocation）等方面。教职会议原本是大主教权力的延伸，其主要职能是对教会中一些重要事务进行商议，并提供给大主教作参考。但在12 世纪以后英国的教俗冲突中，大主教的行政权力常常受到国王或罗马教廷的控制。13 世纪以后，教职会议开始在国王和教廷的夹缝中求独立，它利用罗马教廷与国王的冲突，从中取得一项重要成就，即对教会征税的批准权。14 世纪初，国王爱德华二世（Edward Ⅱ，1307—1327 年在位）默认了教职会议有批准对教职界征税的权力。当然，教职会议控制教会征税权的问题在 14 世纪的解决是与议会的形成和议会控制征税权的问题相伴而生的。由于教职会议的主要成员——主教也是上院议员，[②] 因而这一胜利可以视为英国等级议会制发展的组成部分。当然，教职会议在法律上是独立于议会的。

司法管辖权是大主教权力构成中的主体部分之一。一般来讲，大主教区一级的法庭主要有三种。其一是大主教听审法庭（Audience Court）。该法庭作为大主教亲自管理教会的权力机构，其管辖权相对广泛。事实上，对于大主教区内的重要争议和重大案件都可提交到该法庭审理。其二是大主教区上诉法庭，主要是指坎特伯雷大主教区的阿齐兹法庭（Court of Arches）。该法庭在 13 世纪末以后固定在伦敦阿齐兹的圣玛丽教堂开庭问案，拥有固定的法官和协助人员，与大主教听审法庭一并享有对各主教区

---

① Michael Lapidge, et al., eds., *The Blackwell Encyclopaedia of Anglo-Saxon England*, Malden, M. A.: Blackwell Publishing, 2001, p. 359.

② 1285 年的坎特伯雷大主教区的教职会议确立了教职会议的基本模式，其成员有主教、修道院长、执事长等。参见 "Convocations of Canterbury and York", in F. L. Cross & E. A. Livingstone, eds., *Oxford Dictionary of the Christian*, Oxford: Oxford University Press, 1997.

上诉案件的司法管辖权。其三是遗嘱检验与执行法庭，其管辖权主要分为两类：一是下级教会法庭的有关遗嘱问题的上诉案件；二是遗产价值 5 英镑以上的跨主教区遗嘱案件。

　　主教区是英国教会体系中的核心。主教作为一个群体在英国政治与宗教生活中享有重要地位。这主要体现在两个层面上，一是主教在王国政治中的地位，二是主教作为教士的宗教角色。就前者来说，主教群体是英国政治生活中的一支重要力量，他们广泛地参与到王国的政治之中，与国王和大贵族们保持着密切关系，常常担任国王处理政务的重要帮手。在中世纪，大主教、主教对政治事务的广泛参与是与其拥有较高文化素养有密切关系的。同时，因为他们独特的高级教士身份，也使他们在处理王国的外交事务中拥有不可替代的地位，事实上，几乎所有中世纪的外交事务都掺杂着宗教成分，而熟悉教会事务和拉丁文的主教们自然是最适合的国王帮手。尽管世俗政治事务并非主教的本职工作，但主教们在中世纪的封建政治中生活中消耗了主要精力，而作为教士的职能反而退居其次，往往由其代理人代为执行。

　　就后者来说，主教在其助手的协助下掌管着区内涉及教务的行政和司法大权。当然，在主教制度在各地盛行初期，并没有关于主教办公机构和助手的明确规定，但在发展过程中，各主教区相互借鉴，最终形成了一套基本固定化的机构和司职制度。① 英国的主教区制度显然也借鉴了欧洲大陆的模式。按照职能，主教的助手一般有主教总代理（vicar general）、教务管事（official principal）、主教助理（suffragan）、教务总理（chancellor）等，在不同事务上辅助主教管理辖区。主教的行政权主要体现在管理教产、负责主教区内的人事任免、监督教会征税事务等方面。根据惯例，主教每三年还要对辖区进行一次全面巡视，在巡视过程中处理各种主教区管理上的问题。在司法事务上，主教区法庭是核心机构。由于中古英国行政司法化的特点，主教区法庭实际上充当着教会行政和司法的双重职能。理论上讲，属于教会司法管辖权内的诉讼和所有涉及教会问题的争议均可在主教区法庭内审理或解决。主教区法庭在各个主教区存在的情况不

---

　　① J. F. O'Grady, *The Roman Catholic Church: Its Origins and Nature*, New York: Paulist Press, 1997, p. 140.

尽相同，一般有三种形式。其一，由主教亲自坐堂的"主教听审法庭"。该法庭一般由熟谙教会法的教务总理协助主教审理一些涉及教会或教会"世俗管辖权"的重大案件。其二，由教务总管代替主教主持的常设法庭（Consistory Court），该法庭负责审理"世俗管辖权"内各种民事案件的法庭，司法程序和组织机构都比较完备，一般在固定的办公地点开庭。其三，作为主教在辖区内行使教务管辖权的主教派出法庭（Commissary Court）。该法庭一般由主教总代理主持，代表主教在辖区进行巡回审判，审理的主要案件是涉及教士履职和道德方面的问题。此外，一般的主教区内还存在着一个特殊的团体，即主教座堂教士团（Cathedral Chapter）。他们既作为主教的辅助教士，又享有极大的独立权力，特别是在司法权和财政权上不受主教控制。尤为重要的是，座堂教士团还享有法理上选举主教的权利。[①]

执事区作为主教区的下级机构约形成于 12 世纪末。至 13 世纪，英国约有 40 个执事区，分属不同的主教区。对于一些小的主教区，执事区与主教区是重合的。执事区由作为主教之下的高级教士——执事长（archdeacon）负责，执事长要对辖区进行每年一次的巡查，[②] 还要负责督查辖区内的教士和处理辖区内的司法事务等。执事区的核心机构是执事长法庭，管辖权比较广泛，理论上有权处理辖区内教会管辖权范围内的一般事务。中世纪后期，该法庭管辖权逐渐缩小，只剩下对涉及教会税收相关诉讼的管辖权。

基层教区，也称堂区（parish），是教区体系中最低的一级。由于遍布全国各地，直接接触普通民众，因而在中世纪往往被视为英国行政区划中的重要一环。堂区的负责人称教区长（rector），承担着管理堂区教产和征收相关税收等行政职能，以及相关宗教服务职能，如主持堂区礼拜仪式、引导和教化民众。值得注意的是，12 世纪以后，教产流转严重，许多堂区教产划归修道院、主教座堂教士团或世俗人士。这样，就衍生出一

---

① 一般来讲，座堂教士团在主教出缺后选举新的主教候选人，并提交给国王。国王则报请教皇批准。但是，在 12 世纪以后，主教授职权问题一直是国王与教皇争夺的焦点，因此，处于弱势的座堂教士团在两大权力实力的夹缝中几乎无法真正地行使这一权力。除了个别情况外，主教人选大多是由国王基于自己的意愿决定的。

② 主教每三年进行一次巡查，执事长对辖区的巡查会避开主教巡查年进行。

种代替教产所有者管理教产的堂区负责人，他们并非正式任命的教区长，但享有教区长的大多数权力，被称为代理教区长（vicar）。这种堂区所有人与堂区负责人分离的情况愈演愈烈。一份统计数据显示，13 世纪时，英国有超过 4000 个堂区是由代理教区长主持的，接近总数的一半。[①] 此外，堂区内还有助祭（deacon）和副助祭（subdeacon）等协助教区长或代理教区长进行日常管理和宗教活动的辅助人员。一些堂区还有附属小礼拜堂（chapel）和私人追思礼拜堂（chantry），其中也会有牧师（chaplain）负责。除上述教士外，堂区内一般还会选出一名平信徒代表担任所谓的"教堂监督员"（church warden），协助堂区管理及监督堂区的工作。

值得注意的是，由于堂区数量庞大，为了便于管理和沟通，数个堂区往往会选出一名教区监理（rural dean）（有时由各堂区负责人轮流担任）。教区监理尽管有自己的"辖区"，但它不是一级教区机构设置，也不是被正式认命的、高于堂区教士的高级教士。因而，他既没有固定的办公机构，也不享有辖区内广泛的行政和司法权力。除了负责本堂区的事务，教区监理的主要职责大体有两个方面：一是承担着沟通上级主教或执事长与堂区的"中间人"角色，如传达上级教区颁布的法令和反映堂区重要问题等；二是协助主教或执事长处理涉及辖区内的一些具体行政事务，如协助主教法庭和执事长法庭传唤诉讼当事人和监督判决执行或维护教产和督查基层教士等。

与前述教区体系相对应的是教士身份的品级差异。一般来讲，大主教、主教、执事长三个层级的教士均属于高级教士，而堂区教士属于低级教士。此外，在官方上，教士还有品级之分，主要分为初级（Minor Order）和正级（Major Order 或 Holy Order）两级神品。初级神品分为诵经员（first tonsure）与侍祭（acolyte）两类。堂区的助祭、副助祭以上的教士皆属正级神品。[②] 正级神品教士作为正式的教会人员，享有教士的一系列特权，如在世俗法庭的诉讼豁免权，并须遵守教士的操守，如保持独身等。关于中世纪英国教士的大致数量，没有准确无误的档案文献专门记

---

① Maurice Powicke, *The Thirteenth Century, 1216 - 1307*, Oxford: Clarendon Press, 1985, p. 458.

② 刘城：《英国中世纪教会研究》，首都师范大学出版社 1996 年版，第 52—54 页。

载，只能根据各级教区的数量，特别是堂区的数量进行一个基本的推测。大体说来，一个堂区拥有正式神品的教士约为 3 人。那么，可以认为，在黑死病（Black Death）之前，英国教士的总数达到中世纪的峰值，约在 3 万人。黑死病期间，英国教士的死亡率特别高，超过了英国人的平均死亡率，锐减近一半。中世纪末期，英国教士的数量得到一定程度的恢复。

14 世纪以后，英国教会体系的问题越来越多，传统教会组织体系的弊端也日益暴露，英国教会的宗教纯洁性不断遭到腐蚀。本应负责管理教会和提供宗教服务的教士活跃于上层社会的名利场，教职买卖、兼领教职和教区所有者与管理者脱离等现象愈加严重。富有的教会还成为罗马教廷和英国君主，以及贵族集团觊觎的对象，教俗冲突愈演愈烈。

修道院体系和托钵修会是独立于教区体系的基督教组织形式。修道院制度在英国的出现是与基督教的传入同时的。奥古斯丁在肯特王国的传教事业取得成功后，便依照本笃修会的基本章程建立了英国最早的两所本笃会分院，即圣彼得修道院和圣保罗修道院。在诺曼征服以前，英国已经先后建立了约 48 座本笃会修院（其中包括 12 所女修院）。可以说，本笃修道院是盎格鲁-撒克逊时代英国修道院的主要模式。

诺曼征服后，盛行于法国的克吕尼修道院体系被引入英国。约在 1081 年，萨里伯爵（Earl of Surrey）在国王威廉一世的资助下建立了英国第一座克吕尼修道院分院——刘易斯修道院。① 从此，克吕尼修院体系在英国不断"开枝散叶"，为此还专门设立了直接隶属克吕尼母院、负责管理整个英国克吕尼修院体系的"英格兰教省"。至 14 世纪时，英格兰已有约 38 座克吕尼分院。值得一提的是，英国的克吕尼分院多由法国人担任院长，这既源于克吕尼母院对英国分院的控制，也和诺曼征服以来英国的跨海峡帝国性质有很大关系。

诺曼征服后进入英国的外来修会中，西多会（Cistercian Order）的影响力仅次于克吕尼修会。1128 年，在温切斯特主教威廉·吉法德（William Giffard）的帮助下，第一座西多会分院——韦弗利修道院（Waverley Abbey）在萨里建立。此后，西多会修院以惊人的速度发展。至 1152 年，

---

① "Houses of Cluniac Monks: Priory of Lewes", in *A History of the County of Sussex*, Vol. 2, London: Victoria County History, 1973, pp. 64 – 71.

英格兰已有 54 座西多会修院。① 西多会主张严守本笃会规，提倡静默与劳动，因而大多偏居山区，从事垦荒和农耕。正因如此，西多会在多山的威尔士的发展尤其值得关注。1131—1226 年，约有 13 所修道院在威尔士建立，取得了其他修会不曾取得的显著成就。② 与克吕尼的英国分院一样，西多会分院与母院保持着紧密的隶属关系。不过，14 世纪以后，这种关系也遇到危机，西多会母院不得不通过派驻在坎特伯雷和约克两大主教区的"院长派出法庭"（abbots-commissary）来行使权力。

此外，诺曼征服后还有一些数量不多的外来修会在英国建立了大大小小的分院。如普雷蒙特里修会（Premonstratensian Order）、加尔都西会（Carthusian Order）等。值得注意的是，英国还诞生了一个本土修会，即吉尔伯特修会（Gilbertine Order）。该修会起源于林肯郡一位堂区主持人吉尔伯特为几位虔诚的妇女修建的小修院，附属于他所主持的堂区。后来，在女修院边上又建立了毗邻的男修院，形成一种"男女二重修院"的独特模式。英国的吉尔伯特修道院约有 28 座，其中这种二重模式的修院有 11 座。③

修道院作为基督教会的一支独特体系，在英国的发展与欧洲大陆并无太大的差异。修士和修女们以侍奉上帝为首要目标，过着自食其力的生活。对于大多数修士和修女来说，祈祷和劳动是他们的主要生活内容，还有一些修士从事神学研究、著述和抄写经典等文化活动。对于修士来讲，一般年龄在 17—18 岁初入修道院，受到老的修士的管理和训练，既学习吟诵宗教经文和礼拜仪式等宗教基本功，又学习语法、修辞、逻辑等实用知识。

不过，这一本因不满于教会腐化而建立的倡导虔诚信仰的体系，在发展壮大的过程中，也不断受到世俗政治的强烈影响。一些修道院获得王室和贵族及其他平信徒的捐献而获得大量地产，摇身一变成为富有的封建领主，许多修道院的上层人士也脱离了生产，一些大型修道院的院长还跻身

① "Cistercians in the British Isles", in Herbert Thurston, *The Catholic Encyclopedia*, Vol. 16, New York: The Encyclopedia Press, 1914.

② D. W. Dykes, *Alan Sorrell: Early Wales Re-created*, Cardiff: National Museum of Wales, 1981, pp. 76–78.

③ 刘城：《英国中世纪教会研究》，首都师范大学出版社 1996 年版，第 87 页。

于英国政治中心，服务于国王和世俗贵族，成为权贵人物。对于普通修士们，他们也并非都是看破红尘、一心向主的虔敬信徒，许多人出身于贵族家庭，但无继承权，因而被父母送入修道院谋求出路。13 世纪以后，越来越多出身乡绅和约曼农家庭的子弟进入修道院，以此为进身之阶。大学兴起之后，修道院作为文化机构与大学也建立了非常密切的关系。许多修士是在大学接受教育后才进入修道院，本笃会要求每座修院都要选送一定比例的修士到牛津大学或剑桥大学学习。[①] 修道院体系的日益变化也引起了国王政府的注意。爱德华一世在 1307 年召开的卡莱尔议会（Parliament of Carlisle）通过法令明确修道院要承担一定的世俗宗教服务，主要是为平信徒祈祷、为来往信众提供食宿和从事慈善赈济活动等。此外，越来越多的修道院开始从事教育活动，建立了一些既培养修士，也教授世俗子弟的学校。

14 世纪以后，伴随着英法连绵的百年战争、英属法国领地的渐次丢失、教会的整体衰落、王室对修道院的打压等客观因素，英国外来修道院与母院的关系受到削弱。一些大型的分院通过金钱购买到国王颁发的"入籍"许可，方得以存续。所谓"入籍"，就是国王颁赐的一种成为英国修院的许可，用钱购买后，就可以享有英国本土修院的待遇。但是，一些小型修院因财力有限，无法支付购买许可的大笔钱财而被迫解散。这样一来，英国的外来修院完成了一次"英国化"的转型，不再受制于母院，甚至也独立于罗马教廷，主要受到国王和英国教会的管理。由此，对于修道院的成员，无论院长还是普通修士也都完成了英国化。除了精神层面的因素，国王政府和议会打压外来修院的主要原因是阻止财富的对外输出。《卡莱尔议会法令》明确规定禁止将"处于国王司法审判权之内的"的修道院钱财输往设在国外的母院。1414 年的议会法令更是进一步做出"驱逐外国修院、剥夺外国修院教产"的决定。[②] 这样，一些尚未取得国王入籍特许的修院教产被强行剥夺。

值得一提的是，在遍布英国的修道院体系之外，还存在着一个独特的托钵修会体系。他们也属于某一修会，但并不像普通修道院的修士那样在

---

①　刘城：《英国中世纪教会研究》，首都师范大学出版社 1996 年版，第 107 页。

②　同上书，第 104—105 页。

固定的地点从事宗教活动，也完全不参加农业劳动，而是专职于传播福音的布道。托钵修士们大都谦恭敬神，安于清贫，云游各地，并以乞讨为生。13 世纪以后，来自欧洲大陆的多个修会向英国派出托钵修士，四散于大不列颠岛各地的城市和乡村传经讲道。

最早来到英国的托钵修士属于方济各会（Franciscans）和多明我会（Dominicans）。1221 年，多明我会率先向英国派出托钵修士。由于是多明我会官方派出，并得到罗马教廷的支持，这些托钵修士的布道活动得到了英国教会提供的便利与支持。因此，多明我会托钵修士的传道活动进展顺利，很快在英国一些主教座堂所在地和较大的市镇建立了布道中心。在 1224 年前后，方济各会的创始人阿西西的圣弗朗西斯（Saint Francis of Assisi，1181—1226）与另外 8 名托钵修士来到英国，在大不列颠岛各地留下了布道足迹。与多明我会的托钵修士不同，他们大多深入田间地头，在乡村地区和小型市镇进行传道活动。此外，这一时期进入英国的托钵修会还有加默尔会（Carmelites）和奥古斯丁会（Hermits of St Augustine）等。值得注意的是，托钵修会的影响力也并不逊色于修道院的修士和教区的教士。由于他们在信仰上更加坚定，且在学识上更胜一筹，其宗教声望更高。14 世纪以后，越来越多的托钵修士受到国王和贵族们的重视，成为王国政府中不容小觑的群体。他们甚至渗入教区制度中，被任命为各级教士和王室、贵族的私人牧师。

总的来说，诺曼征服后的两个世纪是英国基督教发展的高潮阶段，在主流的教区体系成熟的同时，英国修道院体系也迎来迅猛发展的阶段。统计显示，13 世纪，英国已有隶属于不同修会的修道院 780 座。[1] 在 14 世纪中叶黑死病流行前，英国修士总数高达 17500 人左右。[2] 黑死病对整个英国教会体系的打击都是极其严重的，修道院中约有二分之一的修士、修女死于这场可怕的瘟疫，远超死于黑死病人口占英国总人口的比例。正因如此，黑死病过后，英国修道院体系严重衰落了。直至 16 世纪亨利八世

---

[1] Maurice Powicke, *The Thirteenth Century*, *1216 - 1307*, Oxford: Clarendon Press, 1985, p. 446.

[2] David Knowles, *The Religious Orders in England*, Vol. II: *The End of the Middle Ages*, London: Cambridge University Press, 1979, p. 256.

全面解散修道院前，① 英国修士的数量也没有恢复到盛期的规模。

第三节　教俗关系的变迁

　　教俗关系的发展是英国基督教发展的主线之一。盎格鲁－撒克逊时代的英国教会、罗马教廷与王权之间大体维持着一种合作关系，共同推动着英国社会的基督教化进程。但是，诺曼征服成为教俗关系发展的一个转折点。威廉一世确立的强大王权与同时期兴起的罗马教权尽管仍然存在着巨大的合作空间，但两种并起的权力之间的磨合很快迸出冲突的"火花"。大体说来，诺曼征服后至都铎王朝宗教改革以前，英国教俗关系经历了从合作共赢到激烈冲突的变化趋势。

　　诺曼王朝初期，在完成王权的巩固后，威廉一世立即将矛头转向教会，强化对英国教会的控制。首先，他通过委任亲信担任教会要职使教会服从王权，如他指派兰弗朗克（Lanfranc，1005？—1889）担任坎特伯雷大主教，并在兰弗朗克帮助下，将从诺曼底带来的教士安插到英格兰各地主教和修道院院长的职位上。其次，他将教会纳入封建体系，要求领有土地的主教和修道院院长与世俗领主一样宣誓效忠王权。他在 1095 年颁布的法令中规定：所有领有教会土地者与世俗领主一样适用封建原则。② 最后，他支持诺曼底贵族在封地修筑小教堂，建立基层教区。这些基层教堂在世俗领主资助下建立，牧师由领主供养，因而其与罗马教会的联系非常松弛。这样，在教权与王权的争端中，数量庞大的基层教区更倾向于支持世俗王权而非罗马教权。此外，威廉一世还坚持王权优先的原则，即不经国王同意，主教会议决定和教皇命令在英格兰不具备效力。

　　威廉一世加强对英格兰教会控制的举措取得了显著成效，教皇、国王与英格兰教会之间维持着一种以国王实际控制教会为前提的合作。但进入12 世纪以后，王权对教会的控制逐渐松弛，这一时期教皇权的兴起是主

---

　　① 事实上，亨利八世发动宗教改革之前，英国的修道院体系就已在教皇支持下由约克大主教托马斯·沃尔西负责进行过一次大改造，大量小型或衰败的修道院已被合并或解散。

　　② G. B. Adams and H. M. Stephens, eds., *Select Documents of English Constitutional History*, London: Macmillan, 1919, pp. 3 – 4.

要因素，教俗关系也从合作转向冲突。有学者甚至认为：这一时期王权与教权之间的斗争，"就像黑斯廷斯战役中盎格鲁－撒克逊人与诺曼底人的殊死搏斗一样激烈，只是前者是战场上血的洗礼，后者是权势间的智力拼搏"①。教俗斗争涉及政治、经济、文化多个领域，而其矛盾焦点主要集中于以下三个方面。

首先，英格兰教会控制权的归属是王权与教权争夺最激烈的问题。斗争的主要表现形式是"主教授职权之争"，坎特伯雷大主教因其特殊地位也被卷入冲突之中。在宗教界，坎特伯雷大主教是公认的英格兰教会领袖，既是英格兰教会的首席大主教，也是最大大主教区主教；同时，他还是教皇在英格兰的代表，充当着英格兰教会与罗马教会的中间人。因此，正如有学者指出的，国王与坎特伯雷大主教的关系"往往反映了教权与王权的关系"。②

诺曼王朝初期，由于威廉一世对英格兰教会的驯服，王权实质上踞于教权之上。在象征着谁拥有教会最高权力的主教授职仪式上，威廉一世总是亲手将象征权力的指环和权杖授予新任主教，并要求他们必须向他本人行臣服礼，以示效忠。自亨利一世（Henry I, 1100—1135 年在位）统治时期开始，王权对教会权力的让渡加剧。1093 年，基督教学者安瑟伦（Anselm）就任坎特伯雷大主教，他旗帜鲜明地表示自己首先效忠于教皇而非国王。亨利一世即位后，他随即与新王发生冲突，坚持主教任职是教会的事务，世俗君主无权干涉，更没有权力授予主教权力，而主教也不必要向国王行臣服礼。教皇以调停人的身份出现，但实际上充当了安瑟伦的"后台"。双方妥协的结果是，主教由国王提出候选人后，由教会共同推举，然后由教皇进行授职，但授职仪式后须再向国王行臣服礼。③ 有学者认为：亨利一世在形式上放弃了授职权，但由于教士为了自己的采邑仍必须效忠于他，因而他在"实质上保留了它"。但实际上，国王、英国教会和教皇三方都在主教授职问题上拥有权力。这种原则的确立并没有解决两

---

① 钱乘旦、许洁明：《英国通史》，上海社会科学院出版社 2002 年版，第 49 页。

② 阎照祥：《英国史》，人民出版社 2004 年版，第 49 页。

③ G. B. Adams and H. M. Stephens, eds., *Select Documents of English Constitutional History*, London: Macmillan, 1919, pp. 1–2.

者的争端，只能作为暂时的妥协途径。

　　"贝克特遇刺事件"发生后，亨利二世（Henry Ⅱ，1154—1189 年在位）的让步使王权对教权的权力让渡进一步加剧。托马斯·贝克特（Thomas Becket）原是亨利二世的亲信，但在担任坎特伯雷大主教后，致力于维护教会和教皇的利益，与亨利二世多次发生冲突。双方冲突的结果是贝克特被亨利二世的 4 名侍从刺死，这一事件震惊基督教世界。迫于强大的国内外压力，亨利二世屈服，放弃了王权对英格兰教会的实际控制权，既允许教士在没有国王许可情况下可以自行离开王国，又承认了教皇可不经国王同意在英格兰行令的权力。之后，在"狮心王"理查一世（Richard Ⅰ，1189—1199 年在位）时期和约翰王（King John，1199—1216 年在位）统治初期，教权与王权处于一种短暂合作阶段。国王长期不在英格兰，由坎特伯雷大主教胡伯特·沃尔特（Hubert Walter）全面负责教会和国家内政外交事务。

　　约翰王时期，教权在与王权的斗争中取胜。沃尔特于 1205 年死后，约翰王举荐亲信诺威奇主教接任坎特伯雷大主教，但教士会议坚持推选坎特伯雷修道院副院长，双方争执不下，处于弱势的教士一方将争执提交到教皇英诺森三世（Innocent Ⅲ，1198—1216 年在位）裁决。教皇弃两名候选人不用，而是任命红衣主教斯蒂芬·兰顿（Stephen Langton）为大主教。约翰王援引威廉一世的做法，拒绝教皇赦令入英。作为回应，英诺森三世于 1208 年宣布对英格兰教会实施绝罚，命令其停止一切宗教活动，次年又开除约翰王教籍。双方各不相让，约翰王还下令没收效忠教皇的教堂和修道院财产，迫使大批教士逃往欧洲大陆。作为报复，英诺森三世唆使法国国王入侵英国，并鼓动英国国内贵族反叛。最终，迫于外患内忧，约翰王于 1213 年向教皇屈服，不仅接受了教皇指派的兰顿为坎特伯雷大主教，赔偿了教会的经济损失，而且公开承认自己为罗马教皇的臣属。[①]正因如此，约翰的后继者亨利三世（Henry Ⅲ，1216—1272 年在位）即位时，不得不首先向教皇的代表兰顿行效忠礼以示臣服，然后才接受贵族的效忠。此外，约翰王签署的《大宪章》（*Great Charter*）也首先明确了

　　① G. B. Adams and H. M. Stephens, eds., *Select Documents of English Constitutional History*, London: Macmillan, 1919, pp. 38 - 39.

教会的权益。第一条规定："英格兰教会应享有充分的自由，其权利不受侵犯"，"自由选举是英格兰教会不可或缺的权利"。① 从本质上说，这一时期，国王放弃了对英格兰教会的最高权力，甚至在名义上将整个英格兰的最高主权让与了教皇，这是教权主义达到顶峰的标志，王权在与教权的激烈冲突中败下阵来。

其次，教会法院与世俗法院就司法管辖权的争夺是这一时期双方斗争的又一焦点。诺曼征服前，英格兰的宗教和世俗司法事务并无界限，教士以其在文化和法律方面的知识优势而在司法活动中充当主要角色。为了限制教会权力，威廉一世奉行"上帝的归上帝，凯撒的归凯撒"原则，率先将教会司法权与世俗司法权分离，并规定主教不得干涉地方法庭事务。② 不过，威廉一世尽管明确了教会法院与世俗法院分别享有对教会和世俗诉讼的管辖权，但并没有为教会和世俗管辖权划定明确的分界，特别是教会法院的世俗管辖权没有清晰的边界，从而为日后的管辖权冲突埋下了伏笔。

教会法院与世俗法院在中世纪的发展是此消彼长的关系。在普通法院体系成型之前，早期国王法院主要行使两个方面的司法权：一方面是对涉及土地财产的纠纷实施仲裁，其中包括地产的封授和继承，以及与之相应的权利转移等；另一方面是对各类刑事犯罪的审判和惩治，主要涉及杀人、放火、抢劫、偷盗等重罪以及叛逆罪等。③ 从这一管辖权范围来看，教会法院和世俗国王法院之间并没有明显的冲突，但随着普通法的兴起和普通法院的壮大，两者的管辖权交叉越来越严重，冲突也就不可避免。斯蒂芬王（King Stephen，1135—1154 年在位）统治期间，由于国家陷入连年内乱，国王无力与教会争权，1136 年由国王签署的《牛津宪章》给予教会法院对涉及教士诉讼的垄断性管辖权。④

面对教会法院管辖权的激烈竞争，亨利二世进行了旨在扩大普通法院

---

① G. B. Adams and H. M. Stephens, eds. , *Select Documents of English Constitutional History*, London：Macmillan, 1919, p. 42.

② Ibid. , pp. 1 – 2.

③ 刘城：《英国中世纪教会法院与国王法庭的权力关系》，《世界历史》1998 年第 3 期。

④ G. B. Adams and H. M. Stephens, eds. , *Select Documents of English Constitutional History*, London：Macmillan, 1919, pp. 8 – 9.

管辖权的司法改革，激化了与教会法院的冲突。这一时期的冲突也反映了中世纪教权与王权司法争斗的主要内容。

一方面，教士的司法豁免权（benefit of clergy）问题凸显。教会法院宣称对教会人员享有垄断性管辖权，即教士不受世俗法院的司法管辖，但普通法院坚持任何触犯普通法的人都要接受普通法审判。1164 年，亨利二世通过《克拉伦敦宪章》（Constitutions of Clarendon），规定犯罪的教士须在世俗法院检举，在教会法院审判后仍须到国王法院审理并接受处罚。① 对此，坎特伯雷大主教贝克特坚持教会法院对涉及教士的诉讼享有垄断管辖权。由于"贝克特遇刺事件"的发生，亨利二世被迫做出让步，废除了之前的改革，允许英格兰人向罗马教廷上诉，并认可对教士犯罪的审判权和判决权归属宗教法庭，世俗法庭只有事先确定犯罪者归属教界与否的权力。由此，教士在世俗法院的诉讼豁免权获得认可。这种践行法律的双重标准既反映了中世纪教权与王权之争的政治结果，也是对司法公正的挑战。

另一方面，圣俸归属和"违背信义"之诉（action of fidei laesio）的司法管辖权也是教会法院和世俗法院争夺的焦点之一。对于前者，"圣俸"是涉及教俗两界的复杂问题，对圣俸所有权及圣职推荐权的争夺经常引发纠纷，对这些纠纷的司法管辖权在教会和世俗法院之间长期争执不休。② 14 世纪以前，两者实际上享有并列管辖权。对于后者，依据教会法关于"遵守信义"的原则，教会法院宣称：对包括借贷、土地转让、遗嘱、婚姻等大量世俗诉讼享有管辖权。普通法院承认教会法院对遗嘱、婚姻等诉讼的管辖权，但认为其他涉及契约、债权等的诉讼完全属于世俗事务，应由普通法院审理。1164 年，亨利二世颁布的《克拉伦敦宪章》第15 条明确规定：涉及债务的诉讼，无论是否有违"信义"（pledge of faith）都归属于国王法院。③ 但是，在教权强大的 12—13 世纪，教会仍然

---

① G. B. Adams and H. M. Stephens, eds., *Select Documents of English Constitutional History*, London: Macmillan, 1919, pp. 12 – 14.

② 直到 17 世纪还发生了著名的"薪俸代领权案"。参见 J. R. Tanner, ed., *Constitutional Documents of the Reign of James I*, Cambridge: Cambridge University Press, 1960, pp. 175 – 176.

③ Carl Stephenson & F. G. Marcham, eds., *Sources of English Constitutional History*, New York: Harper & Row, 1937, p. 76.

坚持自己的主张，两者的冲突一直持续至 16 世纪教会法院的衰落。

值得注意的是，在基督教传入英国之后的数百年里，教会法庭的司法管辖权伴随着英格兰教会的扩张而不断壮大，其所涉及的范围深入到政治、经济与社会生活的各个方面，成为与习惯法并行的体系。不过，诺曼征服后威廉一世所奉行的强化王权的政策使这一发展趋势得到一定程度的遏止。封建法与普通法的相继兴起，14 世纪以后大法官法院独立衡平管辖权的出现，都成为教会司法权的有力竞争者。特别是普通法在英国法律体系中主体地位的确立给教会司法权带来的影响最为剧烈。

最后，教会财产是教权与王权争斗的另一重要内容。教会财产主要包括教会的地产和税收等。就教会土地而言，诺曼征服前，英格兰教会享有免除封建义务的特权。威廉一世为了加强对教会的控制，以武力为后盾将封建义务强加给领有土地的主教和修道院院长，确立了"教界领主也是国王封臣"的原则，并规定"主教死后，其荣誉及领有的土地应交还国王"。① 此后，历代国王都觊觎教会财产，威廉二世曾没收其中 11 座修道院和 3 个主教区的财产。他还通过拖延主教任命来收取主教领地的税款，如 1089 年兰弗朗克死后，他有意使坎特伯雷大主教职位空缺 5 年之久。但伴随着 12 世纪以后英格兰教权的节节胜利，国王对教会财产的觊觎受到大大限制。斯蒂芬王统治时期，他不得不向教廷承诺审查所有自 1087 年王室占据的教会地产的所有权。② 约翰王曾大量掠夺教会财产以弥补战争造成的财政困难，但很快因在与教皇和国内贵族集团的斗争中失败而被迫归还。在教权主义的高峰阶段，大批封建地产以各种名义转到教会名下，教会成为各级封建领主规避封建义务的"保护伞"，国王的权益受到大大削弱。

约略的统计显示，中世纪教会的地产占到英国地产的三分之一以上，但并没有权威的统计数据可供参考。教会土地的来源主要是世俗界的捐献和封赐，特别是国王和贵族的捐赠以及诺曼征服后得自封建制度的封赐。

---

① G. B. Adams & H. M. Stephens, eds., *Select Documents of English Constitutional History*, London: Macmillan, 1919, pp. 3 – 4.

② Frank Barlow, *The Feudal Kingdom of England*, *1042 – 1216*, Harlow: Pearson Education, 1999, p. 168.

由于教会土地在税收上享有一定的免税特权，且大量虔诚的教徒无条件地捐赠，使大量世俗地产流入教会之手。

税收方面，罗马教廷与国王在什一税、彼得便士（Peter's Pence）等税收方面相互争夺。什一税源于《圣经》中关于教徒要将十分之一收入献给教会的规定。实际上，什一税并没有明确的征收标准，各地依据传统习惯向所在堂区交纳。一般来讲，针对乡村征收的什一税包括对大宗农产品征收的大什一税和对农副产品征收的小什一税。针对市民征收的什一税指其年纯收入的十分之一。伴随着中世纪后期英国商品货币经济的发展，货币越来越成为什一税的主要征收方式。什一税一般由教职会议批准征收，由教会和国王共同分享。在教俗冲突激烈的时期，罗马教廷还曾派人常驻英国专门负责收税，而国王总是想千方百计地截留。彼得便士最早见于卡努特大帝统治时期，以户为单位，由堂区征收后逐级上交至教皇。13世纪以后，上交至教皇的数额基本固定下来。1320年以后，由于教权的衰落和王权的制约，彼得便士不再上交给教皇，由国王和各级教区截留使用。①

总的来说，12—13世纪英格兰教权与王权的斗争是中世纪教俗关系发展的重要阶段，也是整个基督教大世界教俗两界权力争斗的缩影。这场斗争不存在谁胜谁负的问题，但总体上反映了在罗马天主教发展的鼎盛时期，教权主义对世俗权力的严峻挑战。教权主义的兴起使诺曼征服后英格兰王权强化的势头大大削弱，但同时也催生了早期英格兰反教权主义与建立民族教会的思想萌芽。

13世纪中叶以后，教权主义从鼎盛阶段跌落，罗马教廷开始出现混乱，无力与兴起中的各国王权继续争斗。英国君主借助不断兴起的民族主义，一方面驯服英格兰教会，另一方面排斥罗马教廷。这样，12世纪以来的教俗冲突开始有所缓和。不过，需要指出的是，虽然国王与英国教会之间的关系回暖，但君主与教皇之间的争端并未间断。

中世纪末期英格兰教权主义衰落的原因是多方面的，天主教会的分裂与混乱以及英国君主引导下的民族主义萌芽无疑是其中最为关键的两大因

---

① May McKisack, *The Fourteenth Century*, *1307 - 1399*, Oxford: Oxford University Press, 1959, pp. 283 - 284.

素。对于前者来说，经历了 11—13 世纪的持续壮大，教权成为凌驾于欧洲各国君主头上的"利剑"。但自教皇英诺森四世（Innocent Ⅳ，1243—1254 年在位）死后，罗马教会开始走下坡路。卜尼法斯八世以后，教权主义更是跌落谷底。卜尼法斯八世登上教皇之位后，试图重振罗马教廷权威，他于 1296 年发布谕旨，要求各国教会在未得到教皇同意时不得向世俗君主纳税。法王腓力四世（Philippe Ⅳ，1285—1314 年在位）拒绝教皇谕令，甚至直接派人前往罗马袭击和羞辱教皇。卜尼法斯八世死后，在法王的扶持下，法国主教雷蒙德·伯特兰·德·戈兹（Raymond Bertrand de Goth）成为教皇，即克莱门特五世（Pope Clement Ⅴ，1305—1314 年在位）。为了更好地服务法国利益，1309 年，法王操纵克莱门特五世将教皇驻地从罗马搬迁至法国南部小城阿维农。此后 70 年间历任教皇都由法国人担任，而且在教皇的红衣主教团成员中，法国人也占据绝对多数。[1] 这即是教会史上著名的"阿维农之囚"。其间，天主教会甚至还上演过两三个教皇同时出现、各自为政、相互诋毁的闹剧。

在整个罗马教会陷入分裂与日益堕落之时，世俗君主借机扩大王权、排挤教皇权力。英国君主试图将教皇权威排斥出英国，鼓动本国反教权主义发展，并强化对本国教会的控制，取得了显著成功。

首先，关于主教授职权问题，自教皇沦为法国"附庸"之后，长期与法国不和的英国即着手抵制教皇发布的任何关于英格兰教会的谕令。在英法百年战争期间，爱德华三世（Edward Ⅲ，1327—1377 年在位）明令禁止将教皇的圣职委任状带进英国，并解除教皇新近委任的所有圣职领有者的职务。针对教皇的授职权，1351 年，英格兰议会通过《圣职授职法令》，宣称：英国大主教、主教等圣职应由选举或提名产生，并由大主教、英国教会和其他有圣职授职权者授予；任何违背者都将被驱逐，并没收财产归国王所有；对于将王国内圣职事务上诉到教皇的，罚没部分财产，并交纳赎金。[2] 1353 年议会又通过《侵害王权罪法》，规定：如未经

---

① ［美］威尔·杜兰：《世界文明史》第 6 卷《宗教改革》，幼狮文化公司译，东方出版社1999 年版，第 6 页。

② A. R. Myers, *English Historical Documents*, *1327 – 1485*, London：Eyre & Spottiswoode, 1996，p. 659.

王国大主教同意，教皇对王国内教士的任命、调动都视为侵害王权及王国的法律；任何人将教廷及其他地方的训令、指示等带入王国者，都将被没收财产，并接受国王法庭审判。① 这样，王权实质上在圣职授予权上居于主导位，与此同时，外国教士逐渐减少并消失，英格兰教会逐步具有了民族教会的性质。

15 世纪以后，罗马教廷逐步回到正轨，试图重振教会的权威，但英国的反教权主义和已然兴起的王权成为阻碍教皇权在英国复兴的坚实壁垒。马丁五世（Martin V，1417—1431 年在位）时期，他向兰开斯特王朝的亨利五世施压，要求废除 14 世纪通过的一系列反教权法令，如《圣职授职法令》和《侵害王权罪法》等，试图恢复教皇的授职权，但遭到拒绝。事实上，圣职授职权的争夺在英国已经落下帷幕，对高级教士的任命已经形成由国王实际控制的如下定例：国王提名并任命后，由教皇发布赦令予以形式上的确认。这样，尽管高级教职任命"都需经由教皇批准，但这在很大程度上只是一种例行公文，实际的任命权掌握在国王手中"。②

其次，关于教会财产的争端。在教会土地方面，趁教皇威严扫地、欧洲各国开展反教权运动之机，英国君主收回了大量被教会侵夺的王室地产。1274 年爱德华一世组织对王国土地进行清查。1279 年颁布《永久管业法》（*Statute of Mortmain*）规定："教会不经特许不得插手各种封地，不能成为这些封地领主，从而致使本应随这些封地提供的军役被违法地取消。"③ 1285 年，爱德华一世又颁布《温切斯特法案》规定：凡占有价值 15 英镑以上土地者，不论其地产来源如何，均须为国家提供一个骑士所需的马匹和装备。④ 1290 年的《第三号威斯敏斯特法令》中，又禁止复杂的再次分封，规定：B 若从大领主 A 处持有封地而全部赠予或卖给了 C，就应由 C 直接向 A 履行义务，B 则必须脱离中间环节。通过上述方式，爱德华一世确立了地产与封建义务的直接关系，强化了王权对教会的

---

① A. R. Myers, *English Historical Documents*, *1327 - 1485*, London: Eyre & Spottiswoode, 1996, pp. 661 - 662.

② 刘城：《英国中世纪教会研究》，首都师范大学出版社 1996 年版，第 12 页。

③ G. B. Adams & H. M. Stephens, eds., *Select Documents of English Constitutional History*, London: Macmillan, 1919, pp. 71 - 72.

④ Ibid., pp. 76 - 79.

控制。① 在税收方面，国王加大对教会什一税、彼得便士和教士首年俸（annates）的截留，甚至一度禁止任何教会税收流向教廷。

最后，在司法管辖权之争中，王权也取得胜利。伴随着教权主义的衰落，尽管教士的司法豁免权仍然存在，但却逐渐被限制在极小的范围之内，一般只限于重罪、叛逆罪，并且不会触及国王利益的相关案件。② 至都铎王朝建立后，教会的司法管辖权受到进一步打击。涉及教会的案件被以王权为依据的高等教务法庭攫取；世俗的民事诉讼案件则越来越多地涌入大法官法院和普通法院。以伦敦教区法庭和坎特伯雷大主教法庭为例，其在亨利八世宗教改革前后受理的民事案件数量如下：在亨利七世统治时期，案件数量年均大于 1000 件；宗教改革发动以后，沃尔西主政时期已经小于年均 400 件，至亨利八世统治后期，年均仅 93 件。坎特伯雷大主教法庭是教皇之下英国天主教会最高法庭，其在宗教改革前和宗教改革时代两个标志性的年份即 1486 年和 1535 年受理的民事诉讼案件数量分别为 693 件和 93 件，鲜明地反映了宗教改革对于传统教会法院的沉重打击。③ 宗教改革完成后，随着英国天主教会的消亡，其司法阵地也全部丧失。

综合看来，中世纪英格兰的教权主义经历了萌发、上升到衰落的过程，与此相应，教权与王权的关系也经历了从 12 世纪以前的合作到 12—13 世纪的激烈冲突，最后在 13 世纪中叶以后以王权取得绝对优势而告终的过程。英格兰教俗关系的演变既是整个西欧基督教世界教俗关系变化的缩影，也具有一些自身的特点。一方面，相较于其他欧陆国家而言，英格兰教会与罗马教会的关系，从诞生之初就具有较强的独立性，这既源于英国独特的岛国地理，也和英格兰古老的自由传统密不可分；另一方面，尽管存在过激烈冲突，但相较于法国和神圣罗马帝国，英国教会与世俗王权的关系总体还是良好的。其根源在于：自英格兰教会建立之初，王权即已十分强大，教会在中世纪更多地充当着服务王权的角色。上层教士大多担任国王行政、司法方面的顾问和重臣；基层教士则受惠并依附于各级世俗

---

① G. B. Adams & H. M. Stephens, eds., *Select Documents of English Constitutional History*, London: Macmillan, 1919, pp. 81 – 82.

② 刘城：《英国中世纪教会法院与国王法庭的权力关系》，《世界历史》1998 年第 3 期。

③ 上述数据根据 S. J. Gunn 统计和整理的民事诉讼趋势表整理而成。参见 S. J. Gunn, *Early Tudor Government*, 1485 – 1558, London: Macmillan, 1995, p. 77。

领主，与罗马并无多少联系。此外，值得注意的是，正是在中世纪英格兰教俗关系的变化中，王权作为逐步觉醒的民族主义代言人开始显现出更强大的活力。最终，在16世纪的宗教改革中，王权将教廷势力彻底赶出英国，确立在教俗两界的至尊地位，进而引领英吉利民族国家的建立。

总的来讲，中世纪基督教在英国迎来了发展的巅峰。教会组织的完善、教权主义的发展及其对英国社会文化的全方位影响都深刻反映着基督教在中世纪英国文明史中的重要地位。正是在这一时期，英国摆脱了相对孤立的发展道路，真正地融入了欧洲文明，成为基督教大世界的一员。在基督教文化的影响下，英国的教育、文化、政治、法律都实现了革新，摆脱了长期落后的境况。当然，英国的岛国地理仍发挥着独特作用，使英国保持着自身发展的特色，正是在这里最早诞生了近代民族教会思想与新教主义的萌芽，为近代以后英国成为引领欧洲风尚的民族国家铺垫了道路。

第 三 章

宗教改革运动

百年战争后,英国很快又陷入兰开斯特和约克两大家族的 30 年混战 (1455—1485),因两大家族分别以红、白玫瑰为族徽,这场战争被称为 "玫瑰战争" (Wars of the Roses)。玫瑰战争是对百年战争后衰落的英国封建贵族及残余的封建关系的进一步打击,为英国从中世纪传统封建社会向近代社会的转型扫除了障碍。1485 年,里士满伯爵埃德蒙·都铎 (Edmund Tudor, 1st Earl of Richmond) 之子亨利·都铎 (Henry Tudor) 以兰开斯特家族后裔的身份[1]率领支持者从法国跨海进入英国。在决定性的博思沃斯战役 (Battle of Bosworth Field) 中,约克家族的理查三世 (Richard Ⅲ, 1483—1485 年在位) 不幸战死疆场,亨利从"篡位者"摇身一变成为英国国王亨利七世 (Henry Ⅶ, 1485—1509 年在位),都铎王朝自此开始。

为了巩固新王朝的统治,亨利七世费尽心机。一方面,在国内政策上,他顺应民众对和平的渴望,实施休养生息政策,鼓励工商业发展;同时,他强化王权,打击贵族势力,致力于加强国内各阶层、各派政治力量的团结。1486 年,亨利七世迎娶了约克王朝的爱德华四世 (Edward Ⅳ, 1461—1483 年在位) 之女伊丽莎白,极力弥合两大家族的世仇,他本人也得以自诩为两大家族的共同继承人。对于所有饱尝战乱之苦的英国人来说,亨利七世的王权象征着英格兰的统一。另一方面,他与欧洲各国交好,在外交上奉行以保护国家安全和商业利益为核心的"盎格鲁中心主

---

① 亨利七世的母亲玛格丽特·博福特 (Margaret Beaufort) 是兰开斯特公爵冈特的约翰 (John of Gaunt, 1340—1399) 的曾孙女。

义"（Anglocentric）政策。①

　　除了 16 世纪中期玛丽一世短暂的统治时期外，三代都铎君主在英国崛起的道路上相继完成了各自的阶段性使命。亨利七世巩固了都铎王朝的统治，将王权凝聚为国家的主导力量，完成了民族国家创建的第一步——内部统一。亨利八世借助乃父奠定的实力基础，一方面奉行积极的对外政策，另一方面推动宗教改革，使英国摆脱罗马教会的遥控，成为外部独立的主权国家，完成了民族国家创建的第二步——外部主权。爱德华六世时期，围绕在君主身边的统治集团进一步推动和巩固了亨利八世的宗教改革，使英国在新教主义道路上迈出坚实步伐。伊丽莎白一世统治期间，一方面维护新教主义的基本立场；另一方面借助初生民族国家的强大力量，不仅在海上击败了傲视全欧的西班牙帝国海军，保卫了宗教改革成果，而且开启了海外殖民扩张事业，为日后大英帝国的建立铺垫了道路。不难发现，在都铎王朝拉开近代英国大幕的历程中，宗教改革问题都是贯穿于民族国家形成与国家崛起中的大事件。

第一节　英国宗教改革的先声

　　13 世纪中叶是中世纪英国历史的分水岭。教权主义开始走向衰落，王权开始再度兴起，议会制度日益成型，普通法与普通法司法体系渐趋完善，封建式的政治制度与经济制度开始没落。在政治、经济、社会不断变动的背景下，14 世纪中叶，英国又迎来了百年战争和黑死病的洗礼。战争与瘟疫涤荡了传统社会，加剧了中世纪英国的转型。在宗教领域，英国基督教的发展也随之迎来了新变化——民族教会思想与新教主义的萌发。

　　14 世纪英国兴起了新的社会风潮，其中最突出的一点是英国人早期"民族主义"的萌发和民族国家的起步。从广义上讲，"民族"是基于历史的、文化的、宗教的、语言的因素以及生物的特征而形成的族群，泛指人类历史上处于不同社会发展阶段各族群的共同体。在拉丁语中，阴性名

---

① J. M. Currin, "England's International Relations, 1485 – 1509", in Susan Doran & Glenn Richardson, eds. , *Tudor England and Its Neighbors*, London and New York: Palgrave Macmillan, 2005, p. 15.

词"nation"表示"种类"（breed）或"种族"（race）之意。① 英语的
"民族"（nation）一词源于拉丁文动词"nasci"（出生）的过去分词形
式，它最初被杜撰出来表达的是共同的"血缘纽带"的含义。有学者指
出："民族是灵魂，是精神原则，它由两样东西构成，一是过去，一是现
在。"② 因而，民族的历史性是塑造民族的关键。它是指生活在同一地域、
有着相同习俗的人们所组成的共同体。这一共同体的共性表现在语言文
化、行为习惯、生活方式和心理素质等各方面，而这些共性是随着时间推
移，在彼此互相影响下逐步形成的。

关于英格兰民族的真正起源众说纷纭，但盎格鲁－撒克逊入侵时期的
民族融合应是起点。有学者指出：这一时期"给英国民族留下了永恒的
印记，现在的英国是盎格鲁－撒克逊时代的后裔，在此之前历史只是片
断，在此之后它连成了一条线"③。诺曼征服对英国历史发展的影响是决
定性的，民族认同在英国君主强大的王权下找到了归宿。在诺曼征服后的
数个世纪中，尽管英格兰民族主义业已萌发，但英国的封建统治者致力于
在法国扩张，英格兰被王权拉入了欧洲大陆争伐扩张、利益争夺的泥潭
中。在这种情况下，英格兰与欧洲大陆其他王国一样，被限定在基督教范
畴的族群概念之下。④ 因而，直到中世纪晚期，英格兰在诺曼征服后萌发
的民族认同的发展一直非常缓慢。在严格的意义上，欧洲的现代民族是从
中世纪向现代社会变迁的产物。

14 世纪以后，英格兰民族主义迎来了真正的觉醒，英法百年战争的
影响最为关键。百年战争起因于法国卡佩王朝末代国王查理四世的绝嗣。
英王爱德华三世以外甥身份要求继承法国王位，而新任法王亨利六世希望
把英国人彻底赶出法国。1337 年，腓力六世借口英王不履行封臣义务下
令收回加斯科尼，爱德华三世则以进攻佛兰德尔作为回应，由此，一场持
续一百多年的战争拉开帷幕。百年战争经历了几次大的转折，在 15 世纪

① John Hutchinson & Anthony D. Smith, eds. , *Nationalism*, Oxford: Oxford University Press, 1994, p. 38.

② Ibid. , pp. 17 – 18.

③ 钱乘旦、许洁明：《英国通史》，上海社会科学院出版社 2002 年版，第 37 页。

④ Colin Kidd, *British Identities before Nationalism: Ethnicity and Nationhood in the Atlantic World 1600 – 1800*, Cambridge: Cambridge University Press, 2004, p. 34.

20 年代，英国一度取得绝对优势，而法国出现南北分裂的局面。此后，在法国传奇少女贞德的旗帜下，法国扭转了战局，开始光复的进程。至 1453 年，法军收复了除加莱以外所有的英军占领区，持续一百多年的战争结束。

百年战争是英吉利民族的"助产士"。首先，英国在战后退守不列颠，基本放弃了对欧洲大陆的领土野心，疆域的稳定，特别是不列颠岛独立于欧洲大陆的特征更强化了英格兰人对民族和国家的认同。英吉利海峡成为天然的民族与国家的分界线，狭小的生存环境，促使英国人形成休戚与共的民族凝聚力。人们意识到海峡对岸的人与自己生活的岛上的人存在着诸多不同。其次，战争摧毁了阻碍英格兰民族融合的分裂势力——封建贵族及其所代表的封建制度，推动了以王权为核心的中央集权化。与法国一样，长期的战争使英国贵族大量死在战场上，从根本上动摇了英国封建关系及其封建土地制度。与此同时，在战争中进一步壮大的王权填补了封建贵族减少留下的权力空间和经济利益。这样，以王权为核心，英格兰民族的统合进一步发展。最后，英法之间的战争与对立推动了"国家"观念的发展。正如在康斯坦茨宗教会议（1414—1417 年）上，英国代表所宣称的那样："无论是以血缘、传统习惯还是语言来区别国家，还是以其他的任何标准来衡量……英国都是一个真正的国家。"[1] 总之，百年战争推动了英国民族主义观念的成长。

民族主义作为一种强大的精神力量，将对传统的天主教思想构成强有力的挑战，民族教会思想和具有现代意义的新教主义在英国破土而出。约翰·威克里夫被认为是宗教改革思想的"启明星"。威克里夫在 14 世纪 20 年代出生在约克郡的一个富有的乡绅家庭，具体出生年份存在争论。他早年就接受了良好的教育，熟练掌握了拉丁语，之后进入牛津大学深造。他先后在牛津大学著名的女王学院、默顿学院和巴利奥尔学院学习和工作，并取得了神学博士学位，之后在牛津大学从事神学的教学和研究工作。良好的教育背景、个人的禀赋和勤奋使他成为"那个时代最为卓越

① K. O. Morgan, *The Oxford Illustrated History of Britain*, Oxford: Oxford University Press, 1984, p. 222.

的英国人"。① 他的学识是他能够从 14 世纪欧洲和英国诸多教会人士中脱
颖而出的必备基础。

威克里夫在 1369 年后一度效力于王室，担任王室神学顾问，并参与
外交决策和外交谈判。他曾作为外交官在欧洲大陆活动，这既丰富了自身
的阅历，也使他对当时罗马教会的腐朽有了更深刻的认识。他非常注重对
《圣经》的研究，并试图理解基督信仰的真谛。随着这种研究的深入，他
深切感受到罗马教会和教皇制度对信仰的扭曲和偏离。更重要的是，在服
务国王、为了国家利益锱铢必较的外交活动中，他的君权和民族主义思想
不断深化。这样，民族利己主义与回归《圣经》的学术研究在威克里夫
这里碰撞出宗教改革的思想火花。

自 1375 年起，威克里夫完成了自身从坚定的天主教教士和神学家向
宗教改革家的转变，他最主要的几部著作也相继问世。在《论神权》
（1375 年）、《论民权》（1376 年）中，他揭露了教会的腐朽，否定教会在
信仰中的中介作用，反对教会聚敛财富、攫取属于国家的权力。在著书立
说的同时，他也组织公开布道，效法使徒的做法，宣讲真正的福音，并组
织编写英语《圣经》。威克里夫的改革主张获得了世俗贵族和市民阶层的
普遍欢迎。在此基础上，1378—1379 年间，威克里夫连续发表了一系列
论著，如《论圣经的真理》《论教会》《论国王之职》《论教皇权力》《论
圣餐》等，全面而深刻地讨论了信仰、教会权力与圣餐等教礼、教仪问
题，包括圣经的权威价值、教会的性质与地位、国王的职责、教皇权力的
范围以及对圣餐化体说的否定等。

归结来说，除了否定教会的特权和抨击教会的腐朽，威克里夫的宗教
思想主要包括以下方面。

其一，民族教会思想是威克里夫宗教改革思想的主要内容之一。威克
里夫反对罗马教会对基督教世界的控制，认为罗马教会强加的各种规制是
"反基督"的，"会使信徒屈膝于教皇及其意志"。② 他主张建立更加廉价

---

① Barbara W. Tuchman, *A Distant Mirror: The Calamitous 14th Century*, New York: Knopf Publishing House, 1978, p. 287.

② G. M. Trevelyan, *England in the Age of Wycliffe*, Montana: Kessinger Publishing, 2006, p. 141.

有效、更有利于福音传播的本民族教会。他提倡在各种宗教礼仪和布道中使用民族语言——英语，并成为最早开始翻译英文版《圣经》的学者之一。他指出拉丁文并不是《圣经》真义的唯一载体，"不管是希伯来语、希腊语、拉丁语，还是英语，都是上帝戒律的形式"①。

其二，《圣经》绝对权威论是威克里夫宗教思想的核心内容之一。他在《论圣经的真理》（*On the Truth of the Holy Scriptures*）中强调"《圣经》即基督的律法，它超过教会所设的任何传统，对于所有基督徒都是最高权威"②。他还反对过分解读《圣经》，尤其反对将《圣经》解释权交给教会。他认为《圣经》并不难理解，每个虔诚的信徒都可以通过阅读《圣经》而获得上帝的教导，并理解上帝的真义。③

其三，福音是最高信仰准则。威克里夫的福音思想是其圣经观念的延伸。他认为：福音即上帝的律法，所有信徒都应以福音为信仰和活动的最高准则，因而，人的律法应服从于上帝的律法，即服从福音的准则。他还特别强调："如果人的律法已经包含在福音中的话，那么它就是多余的；如果人的律法违背了福音的准则，那么它就是邪恶的。"④ 对于教会与福音的关系，他认为教皇和任何教职人员都要遵守福音准则，并将宣讲福音作为第一要务。正是由于对圣经绝对权威和福音最高准则的坚定信仰，威克里夫抨击罗马教会的特权地位及其对真正信仰的扭曲。他公开反对教会的"化体说"和"善功救赎论"等观点。

威克里夫的改革活动触动了教会的利益，但也得到诸多世俗贵族和市民的支持。1377 年，教皇格列高利十一世（Gregory XI，1376—1378 年在位）公开斥责威克里夫，并称他的神学思想"散发着异端的腐臭的荒谬、虚假的命题和结论，企图削弱并推翻整个教会"⑤。在教皇的强大压力下，坎特伯雷大主教西蒙·萨德伯里（Simon Sudbury）和伦敦主教考特尼

---

① ［英］A. 肯尼：《威克里夫》，周晓亮译，中国社会科学出版社 1992 年版，第 95 页。

② Matthew Spinka, *Advocates of Reform*: *Form Wycliffe to Erasmus*, Philadelphia: Westminster Press, 1953, p. 26.

③ P. F. Tytler, *The Life of John Wycliffe*, Edinburgh: William Whyte & Co. and Maclachlan and Stewart, 1842, pp. 21 – 23.

④ ［英］A. 肯尼：《威克里夫》，周晓亮译，中国社会科学出版社 1992 年版，第 70 页。

⑤ ［英］约翰·福克斯：《殉道史》，苏欲晓、梁鲁晋译，生活·读书·新知三联书店 2011 年版，第 38 页。

（Courtenay）组织教会法庭审判威克里夫。伦敦市民纷纷前往声援威克里夫，王室和贵族也暗中保护威克里夫，审判最终被中止，威克里夫得以在贵族和市民的协助下离开法庭。但不久之后，教皇格列高利十一世发布圣谕，要求坎特伯雷大主教和伦敦主教逮捕威克里夫，并送交罗马教皇法庭亲自审问。但正如前文提到的，此时正值英法百年战争期间，教廷受控于法王，加之业已兴起的英国民族主义，使教皇的谕令成为一纸空文。

　　威克里夫的改革思想适应了中世纪晚期教权衰落与英国民族主义兴起的时代背景，但他所倡导的改革主要停留在理论探讨上，世俗统治者尽管对他的思想抱以理解和同情，却并没有支持他领导一场实质的宗教改革运动。这种状况是由多方面因素决定的。

　　就其直接原因来说，一方面，威克里夫在后期对圣餐"化体说"的否定，引发了激烈争论，并直接导致原本支持他的许多世俗贵族反戈。圣餐礼（弥撒）是天主教最核心、最基本的，也是宗教改革时代争论最多的问题之一。在《圣经》中，耶稣在受难前，与门徒分食饼与酒，并称这是自己的血与肉。这是天主教"化体说"的源头，在1215年第四次拉特兰会议上，罗马教会确立了这一基本主张，即坚称圣餐中领受的饼和酒实质上变成了基督的身体和血。"化体说"在英国人的信仰观念中根深蒂固，并构成了天主教信仰的基本原则。[1] 威克里夫通过研读《圣经》得出了一个激进的结论——"弥撒是教会捏造的荒谬礼仪，为的是满足世俗目的"。[2] 这一激进言论在一定程度上造成了固守传统的英国人出现信仰危机。

　　另一方面，中世纪英国规模最大的一次农民起义——瓦特·泰勒起义（Wat Tyler's Revolt）爆发于此时，起义者提出的许多宗教主张与威克里夫的改革主张不谋而合，一度使威克里夫被指控为起义的幕后指使者。这一

————————————

　　[1]　在16世纪的宗教改革运动中，传统天主教坚持的"化体说"再次遭到挑战，在1529年的马尔堡（Marburg）会议上，路德派与茨温利派就圣餐礼问题进行了争辩，路德派坚持"同质说"，即在圣餐礼中基督真实降临，不存在"化体"，而是饼和基督身体一同临在。茨温利认为圣餐礼只是一种象征性的纪念仪式。加尔文的立场介于茨温利派与路德派之间，虽否定圣餐礼中的基督身体的实际临在，但强调信徒可凭信心在精神上领受基督，实际上是一种"属灵临在说"。

　　[2]　G. M. Trevelyan, *England in the Age of Wycliffe*, Montana：Kessinger Publishing, 2006, p. 174.

时期兴起于大众中的异端派别——罗拉德派（Lollardism）更是直接继承了威克里夫的宗教思想，在下层民众中拥有广泛的支持者。无论是农民起义还是罗拉德派运动，都对上层教俗贵族的统治构成了威胁。正因如此，教俗贵族很快建立了联合消除威克里夫宗教改革思想的联盟。1382 年，伦敦主教考特尼成为坎特伯雷大主教，他很快召集宗教会议对威克里夫的著作进行了严密审查，最终将其宗教改革思想确定为异端邪说。

　　当然，威克里夫宗教改革思想被打压还有更深层的背景。一方面，14 世纪末至 15 世纪初，被法国国王摆布的教廷重新实行了统一，受到重创的罗马教廷试图恢复自身的权威，加强对各国教会的控制。在 1415 年的康斯坦茨宗教会议（Council of Constance）期间，威克里夫被判定为异端分子，尽管他本人已去世多年，但他的尸骨还是于 1428 年被林肯主教挖出后焚骨扬灰。教会对威克里夫穷凶极恶的态度正反映了其宗教改革思想所具有的强大冲击力。另一方面，14 世纪英国的世俗统治者与教廷的合作基础仍然存在，加之传统惯性使然，上至国王、下至普通贵族还不具备践行威克里夫改革主张，并与教廷分道扬镳的觉悟和决心。同时，英国民众对天主教会的宗教热忱根深蒂固，虽然对于威克里夫抨击教会腐朽的一些主张予以支持，但尚未做好与在英国存续千年之久的天主教会真正决裂的准备。

　　归结来说，威克里夫宗教改革思想的萌生是 16 世纪欧洲宗教改革大潮的预演，但在 14 世纪的英国，宗教改革的力量显然还不足以撼动英国天主教的根基，这是威克里夫在后期失去支持，并最终受到打压的主要原因。但是，宗教改革的思想并非完全没有市场，威克里夫的失败并没有影响到其思想对民众的冲击力。罗拉德派运动正是英国承继威克里夫思想而践行其宗教改革主张的一场民众运动。

　　"罗拉德"（Lollard）一词意为"吐字不清的祈祷者"，源于天主教会对威克里夫的追随者的蔑称。这场运动发端于威克里夫晚年遭到教会攻击的时代。约在 1380 年前后，牛津出现了一支被称为"罗拉德骑士"（Lollard Knights）的团体。他们的主要运动方式是声援威克里夫和宣传威克里夫的思想主张。罗拉德派运动兴起后，很快扩展到牛津以外的地区，许多信奉威克里夫思想的下层传教士效法使徒时代的做法，穿上粗布麻衣，自发结成两人一组，周游英国各地，传播和践行威克里夫的宗教思想。这些托钵修士成为各地罗拉德运动兴起的关键力量。在罗拉德派聚集的地方，他们常常聚会或结社，共同研读《圣经》，交流思想心得。

对于这场运动，教会坚决予以抵制和镇压，但世俗统治者对其态度一度十分暧昧，其原因与他们对威克里夫初期的支持是一致的，即罗拉德派宣扬的反教权和建立民族教会的思想对他们仍有一定的吸引力，这符合他们自身的利益。正在罗拉德运动方兴未艾之际，1381 年爆发了瓦特·泰勒起义。起义以破产农民和城市贫民为主力，使包括国王在内的上层贵族产生极大恐惧。许多起义者受到威克里夫宗教思想的影响，其领袖约翰·保尔（John Ball）等人更是公开宣称自己是威克里夫的信徒。在这种情况下，在对威克里夫和罗拉德运动上持"骑墙"态度的许多世俗贵族转而将对平民起义的怒火与罗拉德派运动联系起来，从而与教会联合镇压罗拉德派。

早期的镇压活动并没能阻止罗拉德运动在各地市民和部分贵族中影响力的壮大。罗拉德运动的性质也从单纯的、以牛津为中心对威克里夫的支持和宣传转向全国范围内的宗教和政治实践运动。在议会下院中，罗拉德派的支持者在 1395 年提出了《十二纲领》，公开阐述了罗拉德派的教义和主张。[①] 其基本内容包括以下几个方面。其一，主张建立廉价、纯洁的教会。第一条反对教会拥有世俗财产，应回到基督教初创时期的状态；第六条认为教权不应干涉俗权，教士也不应充当世俗的法官和统治者；第十二条主张教堂应坚持简朴，反对各种不必要的装饰和摆设。其二，主张以《圣经》为信仰的唯一依据，否定教会在信仰中的中介作用，反对教会复杂的、没有圣经依据的各项教仪。第二条提出罗马教会的授职礼没有依据；第三条和第七条分别反对秘密告解和对亡者的特殊祈祷；第五条反对坚振礼、临终涂油礼等礼仪；第八条反对偶像崇拜和朝圣；第九条否定向牧师的忏悔与获得拯救之间的联系。其三，否定"化体说"。第四条提出面包和酒在献祭后仍是面包和酒，教会的"化体说"纯属教会捏造。其四，反对宗教禁欲。第七条认为禁欲违背人的本性，会引发不正当的情欲关系，引发流产和婴儿夭折的可怕结果。

---

① Anne Hudson, ed., *Selections form English Wycliffe Writings*, Cambridge: Cambridge University Press, 1978, pp. 24 - 29.

罗拉德运动的高潮是 15 世纪初罗拉德派爵士约翰·奥德卡斯尔（Sir John Oldcastle，? —1417）领导的"奥德卡斯尔叛乱"（Oldcastle Revolt）。这次起义的主要支持者都是罗拉德派分子，且以上层罗拉德派为主，领导者奥德卡斯尔就是一名贵族。这次起义斗争的矛头不仅指向教会主教，也指向国王和贵族集团，虽然起义规模不大，且由于计划过早泄露而在圣吉尔斯荒原（St. Giles's Fields）的战役中迅速失败，但其斗争的激进性和参加者对抗整个现有秩序的勇气，对王国及其自上而下各个阶层的震动都是极大的。奥德卡斯尔本人于 1417 年被捕后，以叛国罪和异端罪被处死，这次起义成为罗拉德运动由盛而衰的转折点。此后，受到严重打击的罗拉德派衰落，被迫转入地下秘密活动。①

从性质上说，罗拉德派运动是一场宗教异端运动，但在其斗争方式和斗争指向上逐渐从呼吁教会改革的普通宗教运动，上升为一场反抗现存政治和社会秩序的革命斗争。正是这一性质的转变，使罗拉德派运动逐渐丧失了社会中上层，特别是世俗贵族的支持，转变为一场主要在社会下层劳苦大众中传播的社会运动。但无论如何，改变现有宗教制度都是该运动最主要的主张和斗争目标，因此，其仍作为一场宗教改革运动而成为 16 世纪宗教改革运动的重要先导。有学者指出，在宗教改革之前，英国教会同时受到罗拉德派和路德派两个异端运动的有力挑战。② 同时，从整个欧洲的范围来讲，罗拉德运动与同时代捷克的胡司运动也是遥相呼应的。胡司本人及其著作都深受威克里夫宗教改革思想的直接影响，他所领导的胡司运动在性质上与罗拉德运动有相似之处。

第二节　亨利八世的宗教改革

英国宗教改革始于亨利八世统治的后半期。亨利八世本是一名虔诚的天主教徒，自 1509 年 18 岁继承王位以来，他在托马斯·沃尔西（Thomas Wolsey，1473? —1530）等人辅佐下，维持着同罗马教会的良好关系。在

---

①　J. A. F. Thomson, *The Later Lollards, 1414 - 1520*, Oxford: Oxford University Press, 1965, p. 220.

②　A. G. R. Smith, *The Emergence of a Nation State*, New York: Longman, 1984, p. 15.

欧洲大陆宗教改革大潮"山雨欲来"之际，他曾撰文激烈抨击马丁·路德（Martin Luther，1483—1546）的神学思想，捍卫罗马教会的权威，为此还获得教皇利奥十世（Pope Leo X，1513—1521 年在位）赐予的"信仰卫士"（Fidei Defensor）称号。[①] 那么，是什么原因使他突然调转马头，举起宗教改革的大旗，并将改革矛头直指罗马教皇呢？对于这一问题，国内外史学界有过较多探讨。在这里，我们抛开传统的"偶然与必然"的探讨模式，将推动这场改革运动发生的几点可能因素做出分析。

首先，延续自中世纪的教权与王权的冲突，即二者对权力和利益的争夺无疑是本质原因。教俗关系是我们上一章讨论的主要内容之一，都铎王朝建立以来，亨利七世奉行政治现实主义，在利用罗马教廷来维护和巩固统治的同时，也试图打压教会世俗权力的扩张。亨利八世继位后，都铎王朝的统治已经稳固，教权越来越成为制约王权扩张的阻碍，在这一基础上，亨利八世秉持中世纪英国君主反教皇的传统，与罗马教廷争夺对英国教会的控制权和世俗利益无疑是势所必然。

其次，英国民间拥有深厚的反教权主义的传统，这为亨利八世宗教改革奠定了基础。第一节已经讨论过，早在 14 世纪，威克里夫就提出建立民族教会的改革思想，而在威克里夫影响下兴起的罗拉德运动也在英国民众中有一定影响力。威克里夫思想和罗拉德派运动为宗教改革奠定了理论和实践基础。尽管在亨利八世宗教改革之前，反教权主义并没有形成撼动天主教的广泛影响力，但在宗教改革来临之际，却以新生的姿态复活，融入新教主义的浪潮之中，成为推动英国宗教改革的思想源流之一。此外，在英法百年战争中成长的民族主义及中世纪晚期英国教会的腐朽没落也加剧了英国民众的反教权和天主教会的情绪。

再次，欧洲大陆的宗教改革思潮对英国的天主教传统形成强大冲击。16 世纪在欧洲大陆掀起的宗教改革风潮以雷霆万钧之势席卷欧洲，英国虽孤悬海外，仍未能避免。在欧洲的英国外交人员、教士、商旅人员等把欧洲的改革思想和著作带到英国，英国的人文主义学者也成为反罗马教会思想桎梏的先锋，二者的结合撼动了英国的天主教传统。

最后，值得注意的是，上述因素虽然为英国开启宗教改革提供了基础

---

① Roger Lockyer, *Tudor and Stuart Britain 1471 - 1714*, Harlow: Longman, 1964, p. 46.

和可能性，但真正使这些因素发挥作用，推动英国走上宗教改革道路，还需要一个催化剂。这个催化剂就是亨利八世的"离婚案"。亨利七世在位时，利用婚姻外交奉行与西班牙结盟的外交战略，其长子亚瑟与西班牙公主阿拉冈的凯瑟琳（Catherine of Aragon，1485—1536）订立婚约。但是，二人婚后，亚瑟王子身体就日益虚弱，之后，二人共同染上一种不知名的疾病，凯瑟琳最后恢复，亚瑟王子却一命呜呼。① 为维持与西班牙的联盟，亨利七世让其次子——时年只有 12 岁的亨利接续了其兄的婚姻，与 18 岁的寡妇凯瑟琳订立婚约。这桩毫无亮色的政治婚约为之后的不幸埋下了伏笔。1509 年，亨利七世去世，次子亨利即位，凯瑟琳得以加冕为英格兰王后。尽管存在年龄差，二人婚姻初期并无罅隙，但遗憾的是，凯瑟琳没能生下一个足以巩固地位的健康王子。② 随着自身的年老色衰，这桩婚姻最终走向不幸。1527 年，在新欢安妮·博林（Anne Boleyn，1507—1536）的怂恿与生子之事的一再蹉跎下，亨利八世再也无法容忍显然已过生育年龄的凯瑟琳，公开向教皇提出了离婚诉求。亨利八世的离婚理由是二人婚姻受到《圣经》中关于"娶兄弟之妻"的诅咒。③ 但是，教皇克莱门特七世（Pope Clement VII，1523—1534 年在位）并未满足亨利八世的请求，原因在于凯瑟琳的外甥、神圣罗马帝国皇帝查理五世（Charles V，1519—1556 年在位）的压力。④ 恼羞成怒的亨利八世不得不寻求非正常的方式达到目的，而此时欧洲大陆吹来的宗教改革之风，使他看到了契机。离婚问题由此被提升到王权与教权关系的政治问题上来，宗教改革运动爆发了。

　　1529 年 11 月，亨利八世召开了第一次宗教改革议会。这届议会通过的法令内容并没有直接触动罗马在英格兰教会的根本利益，但议会在王权支持下通过法令干涉和改革教会这一做法本身却极具革命意义。同时，法令的内容除了涉及教士的司法特权外，还涉及一些明显针对教会苛政的改

---

① Alison Weir, *The Six Wives of Henry VIII*, New York：Grove Press, 1992, pp. 35 – 37.

② 二人共生育有五名孩子，但只有玛丽公主存活。

③ 《旧约·利未记》第 20 章 21 节，原文为："人若娶弟兄之妻，这本是污秽的事，羞辱了他的弟兄，二人必无子女。"

④ 凯瑟琳的父母是西班牙的缔造者斐迪南国王和伊莎贝拉女王，查理五世的母亲"疯女"乔安娜（Juana，1479—1555）是她的姐姐。

革举措，如"规定教士不得向动产少于 10 马克的死者征收停尸费、惩罚不合理的遗嘱检验费"等内容。① 这些顺应民意改革的目的很明显是试图唤起民众对教权的敌意，从而减少改革的阻力，同时也是向罗马教会施压。但是，罗马教廷并没有给予亨利八世就离婚问题想要的回应。很快，斡旋在国王和教皇之间的沃尔西失去亨利八世信任，日后改革的核心人物——托马斯·克伦威尔（Thomas Cromwell，1485—1540）粉墨登场。克伦威尔出身下层社会，早年在欧洲大陆经商、游历，受到欧洲新教思想影响，他被亨利八世提拔进枢密院后成为坚定的宗教改革者，以其出色的能力受到重用。

1531 年，亨利八世先后两次召开议会，其目的是借助议会的力量驯服英国教会，这是他实施改革的前提。他援引爱德华三世时期通过的《侵害王权罪法》等反教权法令，指出英格兰教会对教皇权威的认可侵犯了王权，要求英格兰教会承认国王是英格兰教会的保护者和最高权威。在国王和议会的通力合作下，英国教会一再做出让步，最终承认国王的至尊地位，并认可了国王是教会的最高立法者。这样，亨利八世的目的达到了，英国教会站到了国王的一边。次年 8 月，坎特伯雷大主教威廉·沃勒姆（William Warham，1503—1532）去世，具有新教倾向的托马斯·克兰默（Thomas Cranmer，1489—1556）继任，成为亨利八世宗教改革的"得力助手"。克兰默的宗教主张契合了亨利八世加强王权的主张，他曾公开宣称："都说天主将钥匙交给了教皇，剑交给了国王，但我以为国王既握有剑又握有钥匙。"②

在得到议会的鼎力支持，并驯服英国教会后，亨利八世领导的改革派开始向教皇在英国的核心利益动刀。首先触动的是教廷在英国的经济利益。1532 年初，议会通过《首年圣俸限制法案》（*Conditional Restraint of Annates*），限制圣职首年圣俸上交给教皇。议会还威胁如果在一年内教皇不批准亨利八世的离婚，将停止向罗马上交所有税收。不过，该法案中还

---

① H. A. L. Fisher, *The Political History of England*：*From the Accession of Henry VII to the Death of Henry Ⅷ*, *1485 – 1547*, London：Longmans, Green & Co., 1906, p.298.

② C. H. Williams, ed., *English Historical Documents*, *1485 – 1558*, London：Routledge, 1996, p.870.

添加了附加条款，即规定法案生效条件是国王的书面批准。① 事实上，直至此时，无论是国王还是议会都并没有下定与罗马教廷彻底决裂的决心。因而，该法案的批准还有待教会是否做出让步。

改革派做的第二个行动是剥夺教廷在英国的司法特权。1533 年 2 月，议会第四次集会，通过了《限制上诉法》（*Act in Restraint of Appeals*），规定在遗嘱和婚姻条件等问题上，禁止从大主教法庭上诉到教皇法庭，且英国法庭的判决不受教皇裁决或革除教籍的影响。② 这一法案的通过具有标志性意义，一方面，它"废除了教皇在英国的残存权力"③；另一方面，该法案也为亨利八世抛开教廷解决婚姻问题提供了条件。很快，在克兰默等人推动和主持下，国王离婚案在英国开庭，亨利与凯瑟琳的婚姻被宣布无效，安妮·博林加冕为王后。作为回应，教皇拒绝承认判决合法性，并将亨利开除教籍。亨利不甘示弱，正式批准了《首年圣俸限制法案》。至此，罗马教廷与亨利八世彻底决裂，宗教改革进入新的阶段。

1534 年是英国宗教改革运动最关键的一年。亨利八世先后两次召集议会（即第五、六次改革议会），通过了多项重要的改革法案。《绝对限制首年圣俸法》（*Act in Absolute Restraint of Annates*）、《首岁入与什一税法》（*Act of First Fruits and Tenths*）将原属教皇的教会税收权全部转给国王；《彼得便士与分配法》（*Act Concerning Peter's Pence and Dispensations*）取消了彼得便士税种，并禁止英国教会接受外来权力施行或更改法律；《至尊法》（*Act of Supremacy*）申明国王是"英国教会的最高首脑"（Supreme Head of the Church of England），并赋予英王对英国教会的"一切谬误、异端和弊端"拥有充分的管理权力。④ 通过上述法案，国王取代教皇成为英国教会的实际控制者和受益者，中世纪以来英国教会长期存在的二元政治格局彻底终结。此外，为了有效贯彻宗教改革，通过《叛逆法》（*Treasons Act* 1534）震慑和打击反对宗教改革者，规定否认国王是英国教

---

①　G. R. Elton, *The Tudor Constitution*：*Documents and Commentary*, Cambridge：Cambridge University Press, 1982, pp. 350 – 352.

②　Ibid., pp. 353 – 358.

③　蔡骐：《英国宗教改革研究》，湖南师范大学出版社 1997 年版，第 66 页。

④　G. R. Elton, ed., *The Tudor Constitution*：*Documents and Commentary*, Cambridge：Cambridge University Press, 1982, pp. 364 – 365.

会唯一最高领袖或侵犯国王尊严者以叛逆罪论处，处以极刑。在克伦威尔等人的主持下，自 1534 年至 1540 年，总数超过 300 人被以叛逆罪起诉。[①]此外，议会还通过了《王位继承法》（*Act of Succession*），确认了亨利八世与安妮·博林婚姻的合法性及后嗣的王位继承权，并对否认者以叛国罪论处。

对英国教会的改革和对教皇的排斥总体上是顺利的，很快，他在利益的驱使下将矛头指向修道院制度。1535 年，他任命托马斯·克伦威尔主持编制了《教会财产清册》，在没收大量教会财产的同时，开始解散全国800 多所修道院。自 1536 年议会通过的"解散小修道院"法令颁布和1539 年"解散大修道院"法令实施，至 1540 年英格兰最后一个修道院——耶路撒冷圣约翰骑士团修道院被解散，短短数年内，在英国存续了近千年的修道院制度彻底消失。修道院的解散当然并不仅仅是一场宗教事件，更重要的是一场经济事件。年收入达十几万镑的修道院土地尽归王室，大量的修道院房产和动产也转归国王特设的法庭。对教会财产和土地的掠夺强化了亨利八世专制王权的经济基础。

这场宗教上的剧烈变动不可能不在广大英国教士和民众中引发激烈争论。事实上，亨利八世和托马斯·克伦威尔迫害宗教改革反对者的政策和公然掠夺教会土地、财产的做法在推进教会改革进程的同时，也激发了上自保守派贵族、下至普通教士和民众的不满。1536 年，林肯郡爆发的"求恩巡礼运动"（Pilgrimage of Grace）正是这种不满宣泄的表现。这场运动在极短的时间内迅速蔓延至北方各郡，最终酿成一场声势浩大的武装暴动。参加运动的民众要求停止没收修道院财产，处罚克伦威尔等人，后来还提出恢复教皇权威与教会财产等要求。尽管亨利八世通过欺骗和分而治之的方式将暴动迅速镇压下去，但也深刻反映出在英国植根近千年的教皇权威在民间的巨大影响力。

上述亨利八世时期的改革尽管声势浩大，可视为中世纪以来王权反对教皇权的最终胜利，但是，改革并没有触及信仰本身的问题。1536 年，在克伦威尔和克兰默等人的努力下，改革开始朝向新教主义的方向迈开步

---

① Richard Rex, *Henry VIII and the English Reformation*, New York: St. Martin's Press, 1993, pp. 34 – 35.

子。1536 年 7 月,《十条信纲》(*The Ten Articles*) 颁布,这是一部尽可能减少阻力、试图走一条中间道路的文件。其内容主要包括教义和礼仪两部分。涉及教义的条款主要内容有:《圣经》和三大信经是真正基督信仰的基础和主旨;洗礼是豁免罪恶与获得圣恩的途径,对于儿童和成人都是绝对必要的;忏悔、告解等赎罪修行是通往拯救的必要途径;基督的身体与血真实包含在圣餐中;通过基督的大德实现了赎罪和与上帝的和解,但善功是必要的。涉及教礼的信条有:偶像只有纪念意义,而不是崇拜的对象;圣徒因作为生命的典范,并增进我们的祈祷而应得到崇敬;圣徒作为信众的代祷者,其圣日值得庆祝;教礼的举行是为了纪念圣徒的神迹和奉献;对死者的祷告是有益的,但教皇的宽恕和从炼狱中拯救灵魂的功效是不存在的。① 尽管诸多天主教的礼仪和教义得以保留,但我们仍旧能够清晰地看到路德派新教思想的影响。

1537 年,克伦威尔促成了第一部王家法令,规定教士至少每季度以规定形式布道一次,反对偶像崇拜,并用英语向年轻人布道。次年,又通过第二个王家法令,规定每个教堂需放置一部英文版《圣经》,并保证民众的自由阅读;教士用英文布道,并负责批判各种异端迷信活动;摧毁滥用的偶像;向政府报告任何捍卫教皇权威者;教区对所有人的出生、结婚和死亡进行登记存档。这些改革内容具有比较鲜明的新教主义色彩。

此外,英文版《圣经》的颁行是值得一提的。自亨利八世开启宗教改革起,英文版《圣经》的翻译工作就已启动。最初的发起者是威廉·丁道尔 (William Tyndale, 1494—1536)。丁道尔毕业于牛津大学,后来成为一名普通教士,他在教会工作期间,体察到普通英国教士和民众对基督教的基本经典《圣经》非常无知。由于他们多数并不懂拉丁文,他们也无法通过阅读《圣经》获得真正的启示。自 1526 年起,丁道尔开始从事英文《圣经》的翻译和传介工作。遗憾的是,他仅完成了英文《圣经》翻译的部分工作,1536 年,他在布鲁塞尔被天主教会以"私自翻译圣经"的罪名判处异端罪,并处以死刑。他的追随者迈尔斯·科弗代尔 (Miles Coverdale) 在其成果基础上,完成并出版了第一部完整的《圣经》译本,

---

① John M'Clintock & James Strong, eds., *Cyclopaedia of Biblical, Theological, and Ecclesiastical Literature*, Vol X, New York: Harper & Brothers, 1894, pp. 271 - 272.

即第一部英文版《圣经》——"科弗代尔译本"（Coverdale Version）。1537 年，由约翰·罗杰斯（John Rogers）在丁道尔成果基础上翻译的英文版《圣经》完成。罗杰斯为避免教廷迫害，以托马斯·马太（Thomas Matthew）为笔名，因而"罗杰斯译本"又被称为"马太译本"（Matthew's Version）。该版本获得了亨利八世的钦准，并正式出版。[①]

在克伦威尔领导的新教改革刚取得进展之际，以诺福克公爵为首的保守派在权力斗争中逐渐压倒改革派。1639 年，保守派推动下通过的《六条信纲》（*Six Articles*）对当时存在争议的信仰问题进行了一次官方说明，抛弃了改革路线。该法案的主要内容是对天主教教义的重申，特别是认可了天主教的关于圣餐礼的"实体转化说"。[②] 这一文件的通过也表明亨利八世晚年宗教态度的保守性已显现出来。1640 年，克伦威尔在处理亨利八世与德意志克莱弗斯公国的公主安妮（Anne of Cleves）的婚事问题上未能让亨利八世满意，保守派借机进攻，克伦威尔失势并被处死。[③] 这一事件标志着亨利八世宗教改革的结束。

亨利八世时期在整个英国宗教改革史上处于一个发端阶段。总体而言，这一时期在新教主义道路上是踟蹰不前的，除了取缔修道院和使用英文版《圣经》两项改革带有新教性质之外，它依然保留着弥撒、释罪、为死者祈祷、主教制等天主教的主要成分，[④] 因而，它没有真正触及英国教会的天主教性质。[⑤] 但若跳出狭隘的宗教范畴，从近代早期英国社会转型的宏观视角去分析，这场运动无疑是成功且影响深远的。其中至关重要的一点——将教皇权力赶出英国，使英国实现了威克里夫以来建立"民族教会"的理想。自此，英国结束中世纪二元政治的格局，向独立统一的民族国家的方向迈出了关键一步。

更进一步地讲，历数中世纪英国教俗冲突的历史，王权在与教权的斗

---

① ［美］布鲁斯·雪莱：《基督教会史》，刘平译，北京大学出版社 2004 年版，第 301—302 页。

② S. J. Low and F. S. Pulling, eds. *The Dictionary of English History*, London：Cassell and Company, Ltd., 1910, p. 950.

③ G. R. Elton, *Reform and Reformation：England, 1509—1558*, London：Edward Arnold, 1977, p. 290.

④ A. G. R. Smith, *The Emergence of a Nation State*, New York：Longman, 1984, p. 32.

⑤ Ibid.

争中往往多是败绩，而亨利八世又是如何获得成功的呢？正如有学者指出的：在中世纪，只有教皇首先对国王实施破门律，而一位国王宣称他独立于教皇是非常新奇的。[①] 但是，亨利八世确实成功地做到了这一点。究其原因，除了上文提到的推动宗教改革爆发的几项原因外，以下两大因素似乎也起了非常重要的作用。

其一，就外部环境来讲，亨利八世的宗教改革没有受到国外势力的直接有力的干涉。中世纪的天主教大世界尽管无法做到在世俗权力上一统西欧，但在精神领域却是占据着绝对统治地位的，没有哪个王国敢于公然自绝于天主教大世界。然而，在 16 世纪，当亨利八世宣布英国脱离罗马教会之时，欧洲大陆的宗教改革已经风起云涌。马丁·路德在德国掀起的改革大潮席卷了德国的半壁江山，新教势力成功地稳住了阵脚；茨温利在瑞士的改革与加尔文在日内瓦的改革也如火如荼地开展；即使是海峡对岸天主教势力顽固的法国，胡格诺派的改革呼声也不断高涨。可以说，除了西班牙、葡萄牙等南部地区，西欧各国的宗教改革风潮都已"山雨欲来"。罗马教廷和西班牙等反宗教改革势力忙于应对欧洲大陆遍地的改革"烽火"，除了口头上的讨伐，无暇亦无力阻止孤悬海外的不列颠岛上的变革。在这种情况下，尽管面对一定的政治风险，但在整个改革过程中，亨利八世并没有遭遇强大的国外力量直接干涉的行动。

其二，从国内情况来说，一方面，亨利七世的不懈努力已经实现了英国内部的统一，作为分裂势力的贵族集团在中世纪晚期的长期战争和不断强化的中央集权主义下失去了同君主对抗的力量。另一方面，王权获得了议会的通力合作，这一新的政治形势不仅能为改革提供更坚固有力的法律基础，而且成为团结国内各阶层民众的政治基石。为此，亨利八世拉拢议会是不遗余力的，他以君主的名义赋予议会"不再存在限制"的权力。[②] 作为回报，议会对国王的支持也是不遗余力的。宗教改革期间的一系列立法完全是服务于国王权益的，结果是议会以"人民"的名义将原属教皇

①　Richard Rex, *Henry Ⅷ and the English Reformation*, New York: St. Martin's Press, 1993, p. 35.

②　Ann Lyon, *Constitutional History of the UK*, London: Cavendish Publishing Limited, 2003, p. 188.

的权力拱手奉献给国王。1539 年，议会甚至通过一项被称为"英格兰君主之法"（*Lex Regia of England*）的法案，规定国王有权在征求谘议会意见后发布与议会制定法具有同等效力的诰示（proclamation）。① 梅特兰为此指出：议会对国王如此驯服，国王非常乐于与议会分享王国的最高主权，这样，他能够以整个王国的名义行事而不受限制。② 总之，王权与议会的相互依托与合作使两者达成了一种双赢的协议——议会取代教会赋予专制王权以合法性；王权则支持议会扩大立法权。这样，君主成为"专制"的君主，议会则摆脱中世纪作为"税收批准者"和"既有法律颁布者"的有限角色，成为英国新的权力中枢之一。

第三节　宗教改革的反复阶段

亨利八世给英国留下的是一条宗教上的中间道路，这条道路既无法满足真正新教徒的"胃口"，也背离了传统天主教的路线。这一英国特色的宗教改革道路引发了此后长期的问题。亨利八世的三位子女在 16 世纪中后期先后登上王位，他们个人不同的成长环境和宗教背景与英国各派政治和宗教势力交缠在一起，使宗教改革的方向出现了反复和摇摆。

1547 年 1 月，叱咤一时的亨利八世在病痛中死去。作为父亲，他从青年期就执着于拥有一个男性合法继承人，并因此不惜与整个天主教世界决裂。出生于 1537 年 10 月的爱德华是他晚年最大的慰藉。在逆流之际，亨利八世将年方 9 岁的王子托孤给一个由 16 名大臣组成的摄政委员会。在亨利八世的遗嘱中，爱德华的舅父萨莫塞特公爵爱德华·西摩（Edward Seymour，1506—1552）是顾命大臣之一，但借助于同爱德华六世的亲属关系，萨默萨特公爵摆脱保守派政敌诺福克公爵托马斯·霍华德（Thomas Howard）等人的掣肘，成为大权独揽的护国公（Lord Protector），

---

① G. R. Elton, *Tudor Constitutional Documents and Commentary*, Cambridge：Cambridge University Press, 1982, pp. 27 – 30.

② F. W. Maitland, *The Constitutional History of England：A Course of Lectures Delivered*, Cambridge：Cambridge University Press, 1919, p. 252.

枢密院成为他个人统治的"橡皮图章"。[①] 这一时期，围绕在萨莫塞特公爵和爱德华六世身边的人以新教徒居多，他们广泛分布在议会和政府机构中，掌控着国家的命运。[②] 他们不满于亨利八世时期宗教上的保守主义，继续推进新教改革。

1547 年 11 月，在萨莫塞特公爵主持下，召开了爱德华六世的第一届议会。宗教改革仍是这届议会的主要内容之一，激进新教徒与保守派及天主教徒之间的激烈争论持续不断。由于开明的新教徒在政治上的优势地位，议会通过的法案在总体上是有利于宗教宽容和新教主义发展的。其一，取消亨利八世时期用来进行宗教迫害的叛逆和异端法令，以减缓国内的宗教冲突。法案还特别缩小了叛逆罪的适用范围，如规定布道时口头否定国王为教会的最高权威可不被看作叛逆，除非以文字或行动来否定。这一做法有利于消弭民众因宗教分歧而引发的分裂，维护了政治和社会的稳定。其二，废除《六条信纲》，允许平信徒在圣餐礼中领杯，禁止弥撒和圣像崇拜。同时，议会还取消了对印刷、阅读、教授和解释圣经的行为的限制。其三，对英国主教的选举形式做了规定，最重要的是规定了主教选举须首先由国王提名候选人。其四，通过附属教堂法案，规定将此前宗教改革中未被没收的附属教堂和教会学校全部收归国家，从而解散了所有旧式教会机构，没收了大量教会财产，进一步削弱了英国天主教势力及其基础。后面三点无疑肯定了新教主义在英国的统治地位，推进了新教主义的自由传播，使英国宗教改革向前迈出重要一步。

在完成了上述旨在平息宗教冲突和推进新教统治地位的措施之后，坎特伯雷大主教克兰默等人开始推动英国吸收大陆新教思想，以对英国教会进行实质性改革。1549 年，议会通过《信仰划一法》（*Act of Uniformity*），并颁布《公祷书》。这是第一部用英语写就的公祷书，包括日常和礼拜天及全年各宗教节日的完整礼仪内容。[③] 这部《公祷书》部分吸收了茨温利

---

① Stephen Alford, *Kingship and Politics in the Reign of Edward VI*, Cambridge：Cambridge University Press，2002，p. 66.

② E. B. Hulbert, *The English Reformation and Puritanism*, Chicago：Chicago University Press，1908，p. 128.

③ Sue Careless, *Discovering the Book of Common Prayer*, Vol. 1, Toronto：Anglican Book Centre Publishing，2003，p. 26.

派等新教派别的思想，但仍保留了天主教礼仪中的主要内容，体现了典型的折中主义倾向。① 它试图利用王国和政府的权威在纷繁复杂的英国宗教改革背景下统一各派意见，使各派教徒在承认新教统治地位的基础上团结起来。但是，这部《公祷书》不可能满足新教徒的胃口，为此后的进一步修改埋下了伏笔。

在萨莫塞特公爵失势后，保守派一度占据优势。沃里克伯爵约翰·达德利（John Dudley）在改革派与保守派的斗争中"渔翁得利"，成功登上最高政治舞台，获得了爱德华六世的信任。1551 年，他被封为诺森伯兰公爵，成为枢密院的核心人物。达德利在政治上显然是个机会主义者，在宗教信仰上，他与他的前任萨莫塞特公爵显然不同，他似乎对繁冗复杂的教义不感兴趣。② 他敏锐地察觉到幼主爱德华六世的支持是政治权势的唯一保障，因而，他主政时期的宗教政策无疑是顺从爱德华六世的新教主义的。

诺森伯兰政府主导的第一个宗教政策是重新修订《公祷书》。托马斯·克兰默仍然是主要的起草者，同时得到了两位新教神学家——马丁·布瑟（Martin Bucer）和皮特·马蒂尔（Peter Martyr）的辅助。1551 年，议会通过新的《信仰划一法》，次年又颁布第二部《公祷书》。就《信仰划一法》来说，法令的内容比之前更严厉，规定星期日和节假日不参加公共礼拜者将被开除教籍；听取、参加或举行与新祈祷书不同的祈祷和圣礼者，判处 6 个月监禁，多次违反者最高可判处死刑。除了该法令外，议会还通过了几项涉及宗教问题的法令，内容主要包括：对宗教节日和斋戒日各项仪式做出规定；已婚教士后代具有合法身份等。就第二部《公祷书》来说，其在新教主义的道路上迈出了坚实的步伐。其主要内容包括：改革旧教的法衣制度，仅保留主教和司祭法衣；废除涂油礼和迷信的驱邪仪式；废除对各圣徒的崇拜；给主教授职不再授予圣杯、圣面包和圣杖，只授予圣经；圣餐礼中，取消圣台，并以普通面包取代未经发酵的

---

① Eamon Duffy, *The Stripping of the Altars: Traditional Religion in England 1400 – 1580*, New Haven: Yale University Press, 1994, p. 472.

② David Loades, *John Dudley, Duke of Northumberland, 1504 – 1533*, Oxford: Oxford University Press, 1996, p. 105.

面饼等，对待圣餐的问题上，改用茨温利的"纪念说"观点。①

爱德华六世在位时期最重要的宗教改革成果当属《四十二条信纲》（*Forty-two Articles*）的颁布。尽管当这一文件于 1553 年最终颁布时，爱德华六世已经行将就木，但其所体现出的改革思想是真正意义上的新教主义，对于日后安立甘教会教义的最终形成和完善起到了奠基性的作用。《四十二条信纲》明确确立了"因信称义"这一新教区别于天主教的基本信条。同时，它以"纪念说"取代"化体说"，从而在新旧教最重要的争议问题上明确站在新教主义的队列。在其他一些问题上，信纲做了相对折中的表述。但无论如何，《四十二条信纲》都可以视为英国宗教改革渐趋成熟的标志。

总的来说，爱德华六世时期的宗教改革是英国宗教改革历程中不可或缺的重要阶段，它使一场以政治斗争为开端的变革真正具备了"宗教"改革的色彩。正是在这一时期，新教开始"缓慢地在英国人中深化和全面渗透"②。同时，这一时期既不同于此前亨利八世时代的宗教政治化道路，也不同于此后玛丽时代的宗教迫害政策，而是奉行一条宽容、谨慎，又稳步推进的渐进式新教改革道路。此外，值得一提的是，这一时期，议会法令越过宗教会议直接颁行宗教改革法令，这是英国政教合一的典型特征，从另一个层面上讲，这也体现了教会对国家的从属性，它不再以一种凌驾或平行于俗界的姿态存在，而是丧失了独立性。这一特点无疑为英国国教会在日后的形成铺垫了道路。

在亨利八世的授意下，1544 年的《王位继承法》（*The Third Act of Succession*）对在世的都铎王室成员的王位继承顺序做了明确规定，其基本原则是根据血统远近与长幼顺序来定。爱德华六世之后是第一位王后阿拉冈的凯瑟琳的女儿玛丽公主，其次是第二位王后安妮·博林的女儿伊丽莎白公主，再次是亨利八世的姐姐玛丽·都铎（Mary Tudor, 1496—1533）的女儿弗朗西斯·布兰登（Frances Grey, 1517—1559），最后是弗

---

① Francis Procter & W. H. Frere, *A New History of the Book of Common Prayer*, New York: St. Martin's Press, 1965, pp. 71–81.

② Sydney E. Ahlstrom, *A Religious History of the American People*, London: Yale University Press, 1972, p. 86.

朗西斯·布兰登的女儿简·格雷（Lady Jane Grey，1537—1554）。根据这一法令，玛丽和伊丽莎白的王室成员身份得到确认，玛丽当仁不让地将成为爱德华六世之后的英国女王，这是大多数英国臣民默认和肯定的。但是，爱德华六世在临终前违背其父的意志，定下了出人意料的遗嘱，他死后将由简·格雷继承王位。① 无论这一遗嘱是否真的出于爱德华六世本人意愿，它都无疑掺杂着宗教上的因素。爱德华六世在位期间是新教改革稳步推进的时期，包括爱德华六世本人和以诺森伯兰公爵为代表的当权派都是新教徒。但在当时，玛丽作为虔诚的天主教徒是众所周知的事情，同时，她还拥有一半的西班牙血统，与西班牙人交往甚密。一旦玛丽登上王位，英国必然面临天主教复辟的危险。与之相对，简·格雷是新教徒，而且是诺森伯兰公爵的儿媳。1553 年 7 月 10 日，简·格雷在诺森伯兰公爵的操纵下继位，但玛丽公主也在萨福克的弗雷林汉姆城堡针锋相对宣布自己为女王。王位之争将英国推向了分裂的边缘，在这种情况下，枢密院临阵倒戈宣布支持血统更为接近的玛丽，诺森伯兰公爵随后倒台。当然，大多数英国人对玛丽的支持绝非出于信仰，"而是因为他们珍视和平、向往秩序，以及维护英格兰民族传统"②。但是，大多数支持者低估了玛丽对天主教的狂热程度，最终酿成英国的宗教改革之路出现重大危机。

玛丽自幼受到母亲阿拉冈的凯瑟琳影响，保持着虔诚的天主教信仰。在父母离婚前，玛丽是亨利八世唯一的孩子，集万千宠爱于一身，但之后她从公主沦为平民和私生女。在命运的转折中，天主教的信仰是玛丽一直坚守的精神家园，为她提供着命运跌宕下的精神慰藉，这也使她充满了"西班牙式"的宗教狂热。正如史密斯所说："当她获得王位后，她统治的目标就是要结束与教皇的分裂，使英格兰重新回到天主教的怀抱，对她来说，这是一个不可动摇的核心问题。"③

1553 年 10 月，玛丽正式加冕，成为英国历史上第一位女王，她上台后的第一件事就是通过议会宣布亨利八世与母亲凯瑟琳婚姻的合

① J. G. Nichols, ed., *Literary Remains of King Edward the Sixth*, Vol II, London: J. B. Nichols and Sons, 1857, pp. 571 - 572.

② 姜守明:《从玛丽女王失败看英国民族主义的兴起》,《历史教学》2011 年第 9 期。

③ A. G. R. Smith, *The Emergence of a Nation State*, New York: Longman, 1984, p. 78.

法性，这也是对爱德华六世政治遗嘱中剥夺其继承权的回应。玛丽的地位巩固后，英国各阶层中隐藏的大批天主教徒开始活跃起来，逃亡在国外的天主教徒也陆续回到英国，他们围绕在玛丽周围，掀起了天主教的复辟浪潮。

首先，玛丽上台后即在人事上进行了改革。新教改革家们纷纷被投入伦敦塔，沃塞斯特主教休·拉蒂默（Hugh Latimer）和伦敦主教尼古拉斯·里德利（Nicholas Ridley）等新教徒领袖被处死。宗教改革的核心人物克兰默大主教被投入伦敦塔后，罗马教皇保罗四世（Pope Paul Ⅳ，1555—1559 年在位）宣布剥夺其大主教身份，并以"神圣权威"下达死刑判决。① 1556 年 3 月，克兰默被处以火刑，行刑当天，他拒不屈服，继续向众人阐述新教主张，并称"教皇所传的那些假教训已使他成为基督的敌人和敌基督者"②。一批天主教徒被玛丽女王安排到主教的职位上来，如温切斯特主教斯蒂芬·加迪纳（Stephen Gardiner）、约克大主教尼古拉斯·希思（Nicholas Health）、伦敦主教爱德蒙·邦纳（Edmund Bonner）等。这样，在英国宗教舞台上，天主教徒重新夺回了统治权。

其次，玛丽渐进地复辟天主教。玛丽的第一届议会通过了"取消爱德华六世在位时期制定的某些法令"（*Act for the Repeal of Certain Statutes Made in the Time of the Reign of King Edward Ⅵ*）的法案，将爱德华六世时期的一系列新教改革废止。③ 1553 年 12 月，议会又申明，将英国的宗教恢复到亨利八世晚年的状况，尽管教皇权仍未被迎回，但教会本身却是天主教的了。1554 年，在玛丽一世与西班牙的菲利普结婚后，有了西班牙的有力支持，玛丽开启将英国拉回天主教怀抱的进程。1554 年 11 月，议会通过议案，撤销了亨利八世时期对红衣主教雷吉诺德·波尔（Reginald Pole）褫夺公权的法令，使波尔得以回到英国，并作为教皇特使协助玛丽。同时，议会还通过第二个取消法案，撤销了亨利八世以来所有反教皇

---

① Diarmaid MacCulloch, *Thomas Cranmer: A Life*, New Haven: Yale University Press, 1996, pp. 574 – 582.

② ［英］约翰·福克斯：《殉道史》，苏欲晓、梁鲁晋译，生活·读书·新知三联书店 2011 年版，第 246 页。

③ G. R. Elton, *Tudor Constitutional Documents and Commentary*, Cambridge: Cambridge University Press, 1982, pp. 408 – 409.

的法令和残余的爱德华六世时期的改革法案。① 这样，在波尔的撮合及玛丽和议会的配合下，英国教会举行庄严的仪式，重新确认教皇在英国的地位。尼尔描绘了当时的场面："女王无声地抽泣着，议员们互相拥抱、哭泣，口中回答着'阿门！阿门！'议会以谦卑的忏悔感情，向教皇的使节祈求，表示屈服；他们倾听教皇的使节庄严地宣布赦免这个国家。"②

最后，为了巩固天主教复辟的成果，玛丽的议会又公布了惩治异端的法令，迫害新教徒。她驱逐了教会中约 2000 名结过婚的教士（约占全国四分之一），约有 800 名激进派新教徒逃往国外避难。1555 年，一个由加迪纳、邦纳等天主教徒主教组成的特别宗教法庭成立，甚至复兴了中世纪惩罚异端的极端法律。③据统计，从伦敦圣保罗教堂的牧师约翰·罗杰斯（John Rogers）被烧死至 1558 年玛丽去世，共有 280 多人被处以火刑，其中有超过 50 名妇女。④ 1556 年 1 月 27 日这天被烧死的殉道者最能反映迫害的状况。8 名殉道者包括一名教士、一名乡绅、一名家庭主妇、四名工匠和其中一名工匠的女儿。他们的主要"罪行"都是拒绝参加天主教的弥撒。⑤玛丽女王统治时期的宗教迫害政策使她本人被人冠以"血腥者"的称号。一些学者甚至评价说："在英国历史上，其他的君王也有偏执，有残暴，有迫害，但是没有任何一个能与玛丽的残忍相比。"⑥ 事实上，玛丽迫害新教徒的行为不仅没有真正阻止新教主义，相反，在一些地方，正是这些殉道者的英雄形象激发了人们对玛丽复辟天主教的反对情绪和对新教徒的同情。⑦

---

① G. R. Elton, *Tudor Constitutional Documents and Commentary*, Cambridge: Cambridge University Press, 1982, pp. 368 – 371.

② ［英］J. E. 尼尔:《女王伊丽莎白一世传》，聂文杞译，商务印书馆 1992 年版，第 48 页。

③ A. G. R. Smith, *The Emergence of a Nation State*, New York: Longman, 1984, p. 80.

④ A. G. Dickens, *The English Reformation*, London: Batsford, 1964, p. 266.

⑤ ［英］约翰·福克斯:《殉道史》，苏欲晓、梁鲁晋译，生活·读书·新知三联书店 2011 年版，第 222—223 页。

⑥ Eri B. Hulbert, *The English Reformation and Puritanism*, Chicago: Chicago University Press, 1908, p. 151.

⑦ Mark Byford, "The Birth of a Protestant Town: The Process of Reformation in Tudor Colchester 1539 – 1580", in Patrick Collinson & John Craig, eds., *The Reformation in English Towns*, 1500 – 1640, London: Macmillan, 1998.

　　值得一提的是，玛丽与西班牙的菲利普的婚姻也是一场超越婚姻本身的宗教事件。玛丽是菲利普的长辈，[①] 又比菲利普年长 11 岁。但是，玛丽对西班牙和天主教的爱使她迷失了自我，在臣民普遍的反对下，坚持与菲利普二世结婚，这也使其宗教政策受到更多的非议。正如尼尔所说："这件婚事是她在她的统治时期内最意气用事的行为，后果是严重的。它严重地伤害了英国臣民偏执的岛国情绪，并激起了每一个人的英国人感情。由于害怕这一婚姻会导致外来世俗政权的统治，英国人就更强调罗马教皇管辖权具有外来性质；于是政治与新教两种反对力量就结合起来。做普通英国人和当新教徒就成为一而二，二而一的事了。"[②]

　　1558 年 11 月 17 日，玛丽因病去世，当天晚些时候，玛丽推行天主教复辟政策的主要助手——波尔大主教也相继去世。英国的宗教历程由此进入一个新的阶段。总的来说，玛丽时代的天主教复辟是英国宗教改革史上的一段插曲，它没有根本上扭转英国新教改革的道路。但从另一个侧面来看，英国天主教势力虽已大大衰落，但其蕴藏的能量仍不容小觑。当然，玛丽时期的宗教政策及其与天主教西班牙的联盟也带给英国人一个更深刻的认识——天主教复辟会给王国带来危险。正是基于此，英国人的反天主教主义和维护新教主义的决心更加坚固，从而为伊丽莎白及其以后两个多世纪的宗教发展定下了基调。

第四节　安立甘国教会的形成

　　在玛丽一世统治时期，伊丽莎白因新教背景而受到玛丽的敌视，加之双方母亲延续下来的恩怨，伊丽莎白不得不小心翼翼地寻求自保。自幼生活在宗教冲突和政治漩涡中的伊丽莎白养成了谨慎而灵活的政治智慧，她并不偏执于宗教主张，极力迎合玛丽，博得了玛丽的同情。尽管如此，她

---

① 玛丽的母亲凯瑟琳与菲利普的祖母"疯女"乔安娜是亲姐妹。
② ［英］J.E. 尼尔：《女王伊丽莎白一世传》，聂文杞译，商务印书馆 1992 年版，第35页。

还是一度因 1554 年的"怀亚特叛乱"（Wyatt's rebellion）被关进伦敦塔。①
1558 年，在玛丽去世前，英国国内政治和宗教风向就已转动，新教支持
者们很快投入伊丽莎白阵营。就个人形象来说，伊丽莎白也有着与玛丽典
型的不同特点。她拥有高挑的身材和清晰的五官，加上自信而早慧的气
质，更是衬托出一副青春而高贵的形象。她的聪慧、不平凡的身世和险象
环生的政治经历使她很早就知道利用这一点，无论是病痛还是逆境，她总
是在人前彬彬有礼，满怀真诚地倾听每个人说话，时刻不忘自己的公主身
份，这些满足了普通老百姓对高贵王室的所有想象。因此，无论是在玛丽
女王治下，还是她继位后，她都得到英国人的普遍尊崇和爱戴，这是与其
姐姐玛丽截然不同的一点。尼尔指出："亨利八世的两个女儿代表两个世
界：一个新世界，一个旧世界。"②

　　1558 年 11 月，伊丽莎白即位，次年 1 月加冕为英国女王。伊丽莎白
的成长环境决定了她倾向于新教，她即位时周围围绕着的也是一群有着新
教思想的开明人士，同时，玛丽统治时期复辟天主教所带来的国家灾难也
使她认识到英国重回新教国家的必要性。

　　伊丽莎白即位后，她所面临的国内外形势比亨利八世改革前的情势恶
劣得多。尽管她得到国内占多数的新教徒的支持，但国内外的反对势力仍
不容小觑。就国内状况来说，其一，经历玛丽时代的宗教转向，国内天主
教势力再度抬头，贵族和民众中都有一批坚定的天主教徒。其二，伊丽莎
白作为女性而给英国民众带来的不信任感，也加剧了伊丽莎白政权根基的
不稳定。玛丽一世的统治和婚姻给英国民众留下了无法抹去的恶劣印象，
他们对于女性担任国王的忧虑更加深刻。不仅天主教徒极力反对有新教倾
向的伊丽莎白，即使是新教徒内部也对一位女性国王将成为英国教会首脑
深感疑虑。著名的新教改革家约翰·诺克斯（John Knox，1513—1572）
发表于 1558 年的《反对邪恶女性统治的第一声号角》（*The First Blast of
the Trumpet against the Monstrous Regiment of Women*）尖锐地提出："女性统

---

　　①　由于反对英国与西班牙的联姻和天主教复辟，肯特郡的乡绅托马斯·怀亚特（Thomas
Wyatt，1521—1554）领导了一场叛乱。叛军一度进攻到伦敦城下，最后被政府军队击溃。怀亚
特及一些追随者被处死，一些被怀疑参与或支持叛乱的人物也受到迫害（简·格雷郡主及其丈夫
被处死），伊丽莎白公主被关到伦敦塔。

　　②　［英］J. E. 尼尔：《女王伊丽莎白一世传》，聂文杞译，商务印书馆 1992 年版，第 31 页。

治王国是违背上帝意志和与自然本性冲突的事情。"① 诺克斯无疑代表了当时许多人对女性担任国王问题的认知。

就国外的形势来说，一方面，根据早前的联姻协议，菲利普在玛丽死后，自动丧失了英国王位所有权，但西班牙作为反宗教改革的急先锋，意图维持玛丽时代天主教复辟的成果，因而必将成为英国恢复新教的强大外部敌手。另一方面，伊丽莎白的王位本身有一位强有力的竞争对手——苏格兰女王玛丽（Mary I of Scotland，1542—1587）。伊丽莎白尽管在血缘亲疏上更具优势，但她曾经的"私生女"身份限制了这一点，而玛丽不仅拥有都铎血统（她是亨利七世的外重孙女），还是法国王太子的妻子。诚如尼尔所说："正如伊丽莎白过去是新教在反抗玛丽的天主教斗争中所寄托希望的中心一样，苏格兰女王玛丽现在又成了天主教所寄托希望的中心。"比之伊丽莎白更有优势的条件在于：苏格兰女王玛丽"不但能指望得到教皇的赐福和支持，而且能得到强大、野心勃勃的法国作为后盾"②。

面对国内外的严峻形势，伊丽莎白即位后，并没有立即宣布英国宗教转向，而是首先采取一系列措施巩固自己的统治。在国内，她任命稳健持重的威廉·塞西尔（William Cecil，1520—1598）等人为枢密院大臣，辅佐她处理棘手的政治问题。在塞西尔等人的辅佐下，伊丽莎白渡过了即位之初的政治危机，个人的专制权力不断强化。在外交上，她小心翼翼地维持着同西班牙、法国及罗马教廷的关系，并不急于宣布英国重回新教国家行列。一个典型的例子是，她让玛丽女王任命的驻罗马大使继续留在罗马，保持同罗马教廷的联系。在发出的第一个官方正式文件中，她巧妙地在自己的一些称号末尾使用"等等"来取代亨利八世和爱德华六世曾采用的"教会最高首脑"字眼，以此使"天主教世界作种种猜测，并对未来抱有希望"。这一做法的目的显而易见，即"在全国还未习惯于服从她的权威以前，防止天主教的主教们和教士们鼓动骚乱"。同时，这样还可以"减缓罗马的敌对情绪"。③

①　R. M. Kingdon，"Calvinism and Resistance Theory，1550 – 1580"，in J. H. Burns，ed.，*The Cambridge History of Political Thought*，*1450 – 1700*，Cambridge：Cambridge University Press，1991，p. 197.

②　［英］J. E. 尼尔：《女王伊丽莎白一世传》，聂文杞译，商务印书馆1992年版，第92页。

③　同上书，第60页。

　　在初步巩固了统治权之后，伊丽莎白才开始逐步解决玛丽时代留下的宗教问题。在此之前，玛丽时代流亡欧洲大陆的新教徒们陆续回国，他们大都在日内瓦和德国接受了更加激进的新教思想，许多人甚至直接参与了欧洲大陆的宗教改革。伊丽莎白还释放了玛丽统治时期被关进监狱的一些新教徒领袖。原本一片肃杀的英国社会上重新涌动起新教思想的潮流。1558 年底，先后有 10 名重要的主教职位空缺出来，伊丽莎白趁机安插进自己信任的新教徒。1559 年以后，伊丽莎白一世开始谋求恢复宗教改革的成果。

　　首先，颁布新的《至尊法》（Act of Supremacy）。1559 年 1 月，伊丽莎白召开议会，经过国内各派政治势力的激烈争论，当年 4 月，新的《至尊法案》获得通过。该法案基本是对亨利八世《至尊法》的重申，核心内容是剥夺教皇在英国的一切权力，但为了缓解国内反对势力带来的压力，伊丽莎白并未如其父王那样，宣称自己是英国教俗两界的"最高首脑"（Supreme Head），而仅仅称自己是"最高统治者"（Supreme Governor），"对于教会事务拥有与世俗事务同样的统治权"。同时，法令还强调"任何外国君主、个人、主教或其他统治者在王国宗教事务上，不得且不应享有任何统治权和领导权"。法令还要求所有教会和世俗的公职人员宣誓："承认女王的宗教权威，并与所有国外的权力决裂。"这一宣誓要求主要针对玛丽时代的主教们，为的是"确保上院的多数"。[1] 新《至尊法》的颁布是英国重新脱离天主教大世界，回归新教国家行列的标志。

　　其次，颁布新的《信仰划一法》（Act of Uniformity 1559），规定全国统一使用新制定的《公祷书》（Book of Common Prayer）。新《公祷书》在随后由一个专门的委员会起草后，经伊丽莎白同意颁布实施。这部充满折中色彩的文件尽管奠定了英国宗教的新教性质，但也为日后埋下诸多争论的伏笔。从主体内容上讲，它承继爱德华六世时期颁布的第二公祷书，但对多处相对激进的新教改革内容做了修改，如在礼仪上取消了爱德华六世时期的法衣制度改革，重新起用传统天主教会的相应制度，使其更倾向于 1549 年的第一公祷书。在圣餐问题上，否定了茨温利的"纪念说"，

① 　J. R. Tanner, ed. , *The Constitutional Documents, 1485–1603, With Historical Commentary*, Cambridge：Cambridge University Press, 1951, pp. 130–135.

而更倾向于加尔文主义的"圣灵临在说"，即坚持基督"以神的和灵的方式"在圣餐礼中真实"临在"，信徒可凭信心领受基督。此外，法令还要求人们在礼拜日和宗教节日都要去教堂，否则处以罚款。①

《至尊法案》与《信仰划一法》是被称为"伊丽莎白宗教决定"（Elizabethan Church Settlement）的系列文件的基石。这两个宗教法令是在没有召集宗教会议的情况下，完全依靠议会确立的。一些教士虽然在上院提出了反对意见，并得到一些世俗贵族的支持，但他们在人数上并不占据优势。从内容上讲，上述改革所体现出的折中主义是与伊丽莎白及其议会奉行的政治现实主义相契合的，即在推进安立甘教会形成的过程中，尽可能地减少保守派的阻力，又同时能够团结新教激进派。

《至尊法》与《信仰划一法》重新将英国宗教改革的方向拨回到新教道路上来，《公祷书》则在教仪上做了规定，但真正的英国教会的建立还需要一套完整的教义体系。1559 年，伊丽莎白任命马修·帕克（Matthew Parker，1504—1575）担任坎特伯雷大主教，成为伊丽莎白重建国教会的主要帮手之一。1563 年，帕克领导的主教团讨论制订了新的信纲。这一信纲以 1553 年爱德华六世时期的《四十二条信纲》为蓝本，最后在宗教会议上讨论通过。这一信纲包括 39 条内容，基本是对《四十二条信纲》思想的继承，因而具有典型的新教主义色彩，但同时保留了一些天主教成分，并回避了一些争论的问题。大体来说，《三十九条信纲》的内容可以分为以下四个部分：第 1—8 条，阐述基督教传统信仰，如三位一体论、基督论、《圣经》及其他重要经典等，肯定了《圣经》的绝对地位，但并不否定其他经典的意义；第 9—18 条阐述新教主义的一些基本教义，特别是因信称义论等。第 19—31 条阐明安立甘教会应遵循的教会形式、公共礼仪等内容。第 32—39 条阐明涉及教会与国家和君主的关系、教士的婚姻和宣誓等其他多方面的内容。

值得注意的是，1563 年公布的信纲中只有 38 条，对于最易引发争论和宗教冲突的圣餐问题，伊丽莎白选择了暂时删除的策略，以维护政治和

<hr/>

① J. R. Tanner, ed., *The Constitutional Documents*, *1485 - 1603*, *With Historical Commentary*, Cambridge: Cambridge University Press, 1951, p. 136.

社会上的稳定。① 《三十九条信纲》作为安立甘宗的基本教义，一直延续到今天。从整体上讲，这部宗教文件仍旧鲜明地体现了亨利八世以来英国宗教改革的"中间道路"，其特点体现为教义上的新教主义和教会组织形式上的天主教主义。尽管有的学者将之称为"改革后的天主教主义"（Reformed Catholicism），② 但它的颁布实在地确立了一个新宗派——安立甘教会的最终形成。综观伊丽莎白一世重建国教会的作为，我们不难发现，尽管她本人的宗教倾向是新教的，但伊丽莎白绝不是像她姐姐那样热忱的教徒，她继承了亨利八世的政治头脑，用一种现实主义的手腕治理她的国家。伊丽莎白执政时期的政治现实也决定了这一点，正如尼尔所说："伊丽莎白的朝廷里既有秘密的天主教徒，也有热心的清教徒；有与时代并进的人，也有落后于时代的人。女王为了使这些人都对她忠诚，就必须超脱于派别之上，执行自己的政策。"③ 正因如此，英国的宗教改革道路最终能够以相对平稳的方式完成，避免了欧洲其他国家未能避免的宗教战争和国家分裂。

不过，尽管伊丽莎白通过和平稳健的方式实现了安立甘宗国教会的重建，但这并不意味着女王可以高枕无忧。事实上，新教英国仍然面对国内外各种破坏势力的威胁。正是基于对这一事实的警醒，在长达近半个世纪的统治期间，伊丽莎白一世始终将巩固安立甘教会的宗教统一作为基本施政方针之一。

就国内来说，只有伊丽莎白折中主义的宗教政策及其个人统治才能强化了国内各阶层的向心力，但来自于国内天主教徒和清教徒的不稳定因素也对国教会的统治构成了一定威胁。④ 值得注意的是，在伊丽莎白重建国教会的过程中，国内坚定的天主教徒或逃亡欧洲大陆，或转入地下活动，其力量不足以对国教会和政府构成威胁，但他们往往借助于国际形势的变化，与海外天主教势力里应外合进行活动。典型的事例是 1569—1572 年

---

① 信纲中关于圣餐问题的条款直到 1571 年才正式公布。

② Henry Chadwick, "Tradition, Fathers, and Councils", in Stephen Sykes and John Booty, eds., *The Study of Anglicanism*, London: SPCK and Fortress Press, 1988.

③ ［英］J. E. 尼尔：《女王伊丽莎白一世传》，聂文杞译，商务印书馆 1992 年版，第 188 页。

④ 对国教会统一构成威胁的清教徒主要是指兴起于 16 世纪 80 年代的分离派清教徒。

间持续的阴谋和叛乱事件。

1569 年的"北方叛乱"（Northern Rebellion）是由威斯特摩兰伯爵和诺森伯兰伯爵等北方贵族领导的，他们集结的叛军也主要来自北方有着深厚天主教传统的地区。尽管发动叛乱的目的存在政治因素，但恢复天主教无疑是这一叛乱的主要目的和旗帜，诺福克公爵、苏格兰的玛丽和西班牙大使与叛乱者也密切联系，可以说，这是英国国内天主教力量的一次大集合，也是试图推翻伊丽莎白统治的一次挣扎之举。叛军试图营救出苏格兰的玛丽，以树立起一个合法的天主教国王作为旗帜，但伊丽莎白比他们抢先一步将玛丽转移。英国国内大部分地区坚定地站到了伊丽莎白女王一边，因而，镇压叛乱的军事行动很快取得胜利。伊丽莎白女王和议会对叛乱者进行严酷的镇压和迫害，数百人被送上断头台。部分叛乱者逃往苏格兰，寻求苏格兰天主教徒的帮助，1570 年 4 月，伊丽莎白命令英国军队越过边界，并对苏格兰南部的天主教势力进行了一次洗劫性打击。

与此同时，另一个由萨福克公爵参与的主教徒阴谋计划也在酝酿中。这次阴谋由里多尔菲等人策划，因而被称为"里多尔菲阴谋"（Ridolfi plot）。计划的核心是煽动北方叛乱，谋杀伊丽莎白，释放遭伊丽莎白软禁的苏格兰玛丽，让她成为女王，并嫁给诺福克公爵。① 但是，由于计划没有得到西班牙的有力支持和意外的泄密而很快失败，苏格兰玛丽和诺福克公爵都被处死。至此，英国国内的天主教势力遭到毁灭性打击，传统上倾向于保持和维护天主教信仰的英国北方在镇压叛乱的行动中也完成了一次洗礼，英国国内的天主教徒从此失去了组织有效力量对抗伊丽莎白女王的能力。为了进一步肃清天主教残余力量，伊丽莎白还建立了高等教务法庭，并于 1593 年颁布了《反天主教徒法》（Act against Popish Recusants）②。

同国外反英天主教势力做斗争是伊丽莎白政府巩固新教政权最主要的

---

① Neville Williams, *The Life and Times of Elizabeth I*, London: Book Club Associates, 1972, pp. 102 – 103.

② G. R. Elton, ed., *The Tudor Constitution: Documents and Commentary*, Cambridge: Cambridge University Press, 1982, pp. 437 – 441.

任务。尽管伊丽莎白即位初期刻意避免同罗马教廷及大陆天主教国家直接冲突，但其重建安立甘宗国教会的事实确凿无疑地表明了她坚持脱离天主教大世界的立场。在这种情况下，新教的英国不得不面对来自两个方向的巨大威胁：一是法国和苏格兰的联盟来自北方陆上的威胁；二是罗马教廷与充当反宗教改革先锋的西班牙来自海上的威胁。

就前者来说，自 1554 年起，苏格兰处于苏格兰女王玛丽的母亲——吉斯的玛丽（Marie de Guise，1551—1560）摄政之下。此外，自 1559 年玛丽的丈夫弗朗西斯二世（Francis Ⅱ，1559—1560 年在位）即位后，法国朝政由玛丽的两位舅舅——吉斯公爵弗朗索瓦和洛林红衣主教查理把持。作为狂热的天主教家族，吉斯家族同时控制了法国和苏格兰，伊丽莎白治下的新教英国成为吉斯家族天主教事业的"眼中钉"。苏格兰和法国联军长期驻扎在苏格兰，时刻威胁着英国。伊丽莎白采取援助苏格兰和法国国内新教徒的策略制衡法苏同盟，收到了显著成效。

1559 年 5 月，结束流亡生活的约翰·诺克斯回到苏格兰，领导了一场苏格兰的宗教改革运动，得到伊丽莎白的强有力支持。趁苏格兰内乱之际，伊丽莎白于 1560 年派英国军队直接开进苏格兰以帮助改革派。当年，苏格兰摄政吉斯的玛丽突然去世，法国也陷入国内的政治和宗教纷争，无力支援，改革派在英国的帮助下取得胜利。1560 年 7 月 6 日，英苏签订《爱丁堡条约》，条约反映了英国与苏格兰改革派的政治和宗教愿望。条约规定：法国军队撤出苏格兰，政府由苏格兰改革派贵族组成的枢密院进行管理。这标志着吉斯家族在苏格兰统治的结束。8 月，苏格兰召开了由改革派控制的议会，按照诺克斯等人的意愿对苏格兰进行了宗教改革。苏格兰基本采取的是加尔文长老会的政治和宗教模式，废除了天主教制度和礼仪，将教皇权力排除出苏格兰。

1560 年底，法国国内局势也发生剧烈变动，为伊丽莎白提供了契机。12 月，弗朗西斯二世去世，他的弟弟查理九世继位，法国朝政转到王太后凯瑟琳·德·美第奇（Catherine de' Medici，1519—1589）手中，吉斯家族失势了。自 1562 年起，法国陷入旷日持久的宗教战争（1562—

1594)，伊丽莎白借机支持法国新教徒胡格诺派（Huguenots)①，使法国无暇对抗英国。苏格兰女王玛丽则被迫离开法国，回到苏格兰，而此时的苏格兰已被宗教改革派控制。1567 年，玛丽被苏格兰贵族集团废黜，在次年的兰塞德战役失败后，逃到英格兰，被伊丽莎白女王软禁。在处理国内天主教徒叛乱的过程中，伊丽莎白以叛逆罪将玛丽处死。至此，在伊丽莎白的积极行动下，来自法国和苏格兰方面对新教英国的威胁基本解除了。

西班牙和罗马的威胁比法国和苏格兰更为严重。伊丽莎白即位以来，罗马教廷从未放弃利用一切可能的力量将英国拉回天主教世界。1570 年，作为对英国 1569 年"北方叛乱"的支持，教皇在罗马发布谕令，宣布开除伊丽莎白女王的教籍，解除臣民对她的效忠。② 随后，这份谕令被偷偷带入英国，张贴在伦敦主教的大门上。作为回应，1571 年，伊丽莎白授意议会通过法令，禁止任何人携带或宣讲教皇谕令，禁止任何反对女王的外来东西进入英国，违者将以叛逆罪处以极刑。③ 罗马教皇与伊丽莎白女王的这次交锋被认为是"英国与罗马的最后决裂"。④

伴随着伊丽莎白个人权威和神圣化的趋势，教皇对都铎时期英国的直接威胁基本不存在了，但是，打着教皇旗号的西班牙继续充当反宗教改革的急先锋，长期威胁着新教英国的安全。西班牙在长达八百年的反抗摩尔人统治的过程中，保持了狂热的天主教热情。16 世纪宗教改革大潮袭来之后，西班牙成为"天主教的倡导者和天主教教义的捍卫者"。有学者评价说："宗教的狂热激情在这里比在对抗土耳其人的十字军东征中更加高涨。"⑤ 在伊丽莎白坚定地走上新教道路后，西班牙随即开始对英国进行全面的政治和经济封锁。伊丽莎白在巩固国内统治后，也一改对西班牙的怀柔政策。自 16 世纪 70 年代以后，两个国家的对抗不断升级，"一个国

---

① 法国的新教派别，主要受加尔文宗影响。

② G. R. Elton, ed., *The Tudor Constitution*: *Documents and Commentary*, Cambridge: Cambridge University Press, 1982, pp. 423 – 428.

③ Ibid., pp. 428 – 431.

④ 蔡骐：《英国宗教改革研究》，湖南师范大学出版社 1997 年版，第 108 页。

⑤ ［英］费尔南·布罗代尔：《菲利普二世时代的地中海和地中海世界》第二卷，吴模信译，商务印书馆 1996 年版，第 31 页。

家越来越成为捍卫天主教的斗士，另一个国家则越来越成为新教的捍卫者"①。

伊丽莎白对西班牙的政策是：一方面利用海盗活动打击西班牙海外利益，另一方面支持尼德兰新教徒的反西班牙斗争。早在16世纪60年代，伊丽莎白就曾支持过英国探险家前往美洲进行殖民活动，并在大西洋上劫掠西班牙商船。16世纪70—80年代，英国在北美的殖民探险活动和在大西洋上的海盗行动越发频繁。著名的海盗探险家弗朗西斯·德雷克（Francis Drake，1540—1596）被伊丽莎白封为爵士。德雷克的船队在1585年和1587年先后袭击了西班牙美洲殖民地和西班牙本土的港口，取得了丰硕战果。伊丽莎白对尼德兰的支持力度更大，既提供财政支援，也在必要时机提供直接的军事援助。1585年，伊丽莎白曾派遣莱斯特伯爵率军占领尼德兰的弗拉辛等地，支持尼德兰革命。英国对西班牙的政策造成了两方面的影响，其一，英国的对抗行动有效牵制了西班牙的海外力量，为尼德兰革命的最终胜利做出了巨大贡献，从而壮大了欧洲新教势力；其二，英国的行动彻底激怒了西班牙，直接引发了西班牙入侵英国的战争。

1588年，西班牙准备从海陆两条战线上入侵英国。此前，菲利普已吞并了另一个海上强国葡萄牙，建立起了规模空前的"无敌舰队"。舰队共计130艘舰船，载着19000人的作战部队，并准备接载英吉利海峡对岸27000人的远征军共同登陆英国作战。这场战争的宗教性质显而易见，正如布罗代尔所说，"这场战争的结果将决定大西洋归属宗教改革派还是归属西班牙人，归属北欧人还是归属伊比利亚人"②。不过，战争的结局出人意料，英国运用先进的火炮和灵活的战术取得了最终胜利。③ 尽管两国时断时续的战争一直持续到伊丽莎白女王逝世，但英国对西班牙的海上胜

---

① ［英］J. E. 尼尔：《女王伊丽莎白一世传》，聂文杞译，商务印书馆1992年版，第193页。

② ［法］费尔南·布罗代尔：《菲利普二世时代的地中海和地中海世界》第二卷，吴模信译，商务印书馆1996年版，第32页。

③ Pauline Croft, "The State of the World is Marvelously Changed：England, Spain and Europe, 1558—1604", In Susan Doran, Glenn Richardson, eds., *Tudor England and Its Neighbors*, London and New York：Palgrave Macmillan, 2005, p.190.

利，奠定了英国的强国地位，巩固了宗教改革的成果。

　　总的来说，伊丽莎白时代英国国教会的形成是英国宗教改革完成的标志。尽管在国教会内外英国人的宗教信仰并非完全一致，但在伊丽莎白女王的权威和国教会的统一旗帜下，英国的宗教变革之路告一段落。大多数学者将英国国教会作为新教的一个支派，并与路德宗（信义宗）、加尔文宗（归正宗）并列为新教三大教派，但是，鉴于其走了一条在天主教与大陆新教之间的中间道路，少数学者干脆将之与天主教、东正教和新教并列为基督教的四大教派。[①] 在宗教改革完成后，伊丽莎白巩固国教会的努力在严峻的国内外形势之下取得了显著的成就。在这一过程中，英国不仅捍卫了本国的宗教选择，而且支援了苏格兰、法国和尼德兰等国的宗教改革，成为 16 世纪欧洲国际舞台上一支重要的新教力量，英国也由此一跃成为欧洲强国。同时，在英国建立统一民族教会的过程中，君主正日益成为民族的化身。由此，建立在"新君主制"（New Monarchy）基础上的民族国家也孕育而生。

第 四 章

清教运动与清教革命

上一章我们已经讨论过，亨利八世本是虔诚的天主教徒，他无意否认天主教教义，也反对欧洲大陆那些激进的宗教思想，但他被自己所发动的宗教运动裹挟着，走上一条与罗马分庭抗礼的道路，因此英国宗教改革不可能实现真正的如路德或加尔文式的新教主义。这样，英国国教会所走的保守主义路线使它和大陆欧洲的新教主义存在一条鸿沟，这对于深受欧洲大陆宗教改革思想影响的激进派英国新教徒来说是无法接受的。当伊丽莎白一世女王登上英国王位，玛丽时代流亡欧洲的新教徒聚集在新登基的女王身边，将她视为全面推进英国新教主义的希望。但是，女王坎坷的早年经历和成熟的政治智慧使她避免陷于她的姐姐——玛丽式的宗教狂热。尽管她的宗教倾向无疑是新教的，但她在宗教问题上却处理得小心翼翼，试图团结所有人，用民族主义和个人魅力感召她的臣民，使王国脱离宗教冲突的苦海。最终，伊丽莎白使英国宗教改革维持在亨利八世开创的中间道路上，在反对天主教的同时，也拒绝激进的新教主张。这正是清教运动兴起的宗教背景。

第一节　都铎时期清教运动的兴起

"Puritan"（清教徒）一词源于"Purify"（意为净化，拉丁文"Purus"），这个名称是对那些主张进一步净化安立甘宗的各种激进派别的统称。① 该词又衍化出"Puritanism"（清教主义）和"Puritan Movement"

---

① H. G. Koenigsberger & G. L. Mosse, *Europe in the Sixteenth Century*, London: Longman, 1968, p. 296.

（清教运动）。早在爱德华六世在位的 1549 年，约翰·胡珀（John Hooper）就针对颁布的《第一祈祷书》中没有《圣经》依据的教会礼仪，特别指出"英国教会所行的圣餐仪式与主制定的规则和程序相去甚远"。此后，他在各种场合多次提出圣餐应遵循《圣经》的指示与规定。这是迄今所知英国最早抨击国教会中天主教成分的记录，胡珀也因此被称为"清教之父"。① 胡珀不仅在理论上抨击国教会的保守性，还在个人宗教实践上贯彻清教主义。1550 年，他被提名担任格洛斯特主教，但他拒绝接受，其理由是就职宣誓书中含有信众不平等的字句，且拒绝接受体现天主教色彩的法衣制度。虽然胡珀最后被迫让步并接受任命，但这一拒绝接受圣职的事件通常被认为是清教运动的开端。

清教思想兴起于玛丽一世时期，这一时期的宗教迫害"为即将形成的清教运动作了理论和人员上的准备"②。在此之前的爱德华六世时期，新教主义在萨莫塞特和诺森伯兰两位公爵的治下稳步推进，受到大陆欧洲激进思想影响的英国新教徒积极支持这一变革。但是，当玛丽一世女王击败诺森伯兰公爵的儿媳简·格雷登上王位后，宗教改革的前进道路戛然而止。一部分留在国内的新教徒遭到玛丽政府的迫害，另外一些逃往国外避难。清教思想正是源于这一时期逃往欧洲大陆避难的新教改革家之中，如约翰·胡珀、约翰·诺克斯等人。他们在欧洲大陆目睹了加尔文、茨温利等人领导的激进改革后，深刻感受到英国宗教改革的保守性。他们认为，只是改变教义和摒弃罗马天主教的错误教导是不够的，改革也必须在教会礼仪等实践方面彻底付诸实施。伊丽莎白确立的国教安立甘宗，在他们眼中是"不完善和暂时的"③。他们坚持认为英国的宗教改革并未结束，并自诩为宗教改革"真正的继承者"④。英国神学家钟马田指出：他们这种认为宗教改革还不够彻底的看法，正是清教思想的开端。⑤

---

① Sydney E. Ahlstrom, *A Religious History of the American People*, New Haven: Yale University Press, 1972, p. 87.

② 柴惠庭：《英国清教》，上海社会科学院出版社 1994 年版，第 62 页。

③ Patrick Collinson, *The Elizabethan Puritan Movement*, New York: Methuen, 1982, p. 55.

④ Nicholas Tyacke, "Introduction: Re-thinking the English Reformation", in Nicholas Tyacke, ed., *England's Long Reformation 1500 – 1800*, London: UCL Press, 1998, pp. 1 – 2.

⑤ ［英］钟马田：《清教运动及起源》，钟马田等：《清教徒的脚踪》，梁素雅等译，华夏出版社 2011 年版，第 7 页。

早期清教运动的主导力量正是那些接受了欧洲大陆激进新教思想的改革家们，他们在 16 世纪 60 年代形成了一个有着共同宗教理想的政治派别。代表人物大多有在日内瓦流亡过的经历，如迈尔斯·科弗代尔、威廉·威丁汉姆（William Whittingham）、安东尼·吉尔比（Anthony Gilby）、威廉·科尔（William Cole）、帕西维尔·威本（Percival Wiburn）、劳伦斯·汉弗莱（Laurence Humphrey）和托马斯·萨姆森（Thomas Sampson），受到加尔文改革的直接影响。此外，还有一些人曾在德国各诸候国客居，如威廉·特纳（William Turner）等人。① 就宗教主张而言，他们主要秉持加尔文主义，倡导以《圣经》为信仰的唯一依据，主张奉行加尔文式的苦行主义，坚持"讲道、研究经典、自我反省及以个人和家庭为单位的祈祷习惯"。② 早期清教运动的领导者们首先将斗争的矛头指向国教会中天主教残余保留最多的教会礼仪方面。

圣礼与法衣制度是最早的斗争焦点。在圣礼问题上，清教徒只承认在《圣经》中有依据的洗礼和圣餐礼两种，主张废除其他圣礼。对于圣餐礼，清教徒继承加尔文的主张——"属灵临在说"，即认为圣餐中的饼和酒代表的是"从基督的肉和血中领受的那看不见的食物"，乃是"神借着它们赏赐我们的属灵福分"，以"见证我们与基督彼此的联合"。③ 伊丽莎白重建国教会后否定了《第二公祷书》（1552 年）中引入的茨温利的"纪念说"，但迟迟没有公布国教会的圣餐观，这引发清教徒与国教保守派的长期争论。直到 1571 年，女王才将《三十九条信纲》中关于圣餐问题的条款正式公布，基本上认可了清教徒的观点。

法衣制度是早期清教徒斗争的又一焦点。清教徒认为"法衣是天主教的残余，应在礼拜仪式中完全废除"。④ 法衣最初为教士御寒衣物，伴随着中世纪天主教会礼仪的强化，法衣逐渐具有了象征意义。依据教阶不

---

① Patrick Collinson, *The Elizabethan Puritan Movement*, New York: Methuen, 1982, pp. 48 - 49.

② John Spurr, *English Puritanism*, *1603 - 1689*, London: Macmillan, 1998, p. 15.

③ ［法］约翰·加尔文:《基督教要义》，钱曜诚等译，生活·读书·新知三联书店 2010 年版，第 1400—1405 页。

④ J. R. Tanner ed., *The Constitutional Documents*, *1485 - 1603*, Cambridge: Cambridge University Press, 1951, p. 164.

同，罗马教会将法衣分为若干种类，由等级不同的教士穿着，从而成为一种等级分化的象征。从这点来说，法衣的存在与《圣经》和新教改革家所宣扬的"教徒皆为兄弟"的平等思想相悖。基于此，国教会中的清教牧师拒绝穿着法衣，不断呼吁废除这一没有《圣经》依据的制度。为此，伊丽莎白一世不得不颁发"女王责诫"，要求所有教会人员必须按传统穿着法衣和方形帽。除了法衣制度，清教徒的斗争目标还进一步扩展到所有没有《圣经》依据的国教礼仪。坦纳指出：这一时期，"对乐器的使用、频繁而空洞的背诵主祷文（Lord's Prayer）、在洗礼中画十字、在日课中阅读伪经（Apocrypha）、在婚礼中使用指环等，都成为清教徒倡导的改革对象"①。

　　除了具体的礼仪斗争，清教徒开始有组织地活动，并制定了清教纲领文件。1563 年，伊丽莎白在位期间的第二届议会召开，为了配合这届议会中准备解决的宗教问题，全国性的宗教集会同时开幕。清教徒们借此向宗教集会递交了修改《公祷书》内容的提案，包括不强制跪领圣餐、停止在洗礼中使用十字架和圣水盘、改革法衣制度等没有《圣经》依据的制度。经过宗教大会上的激烈争论，最后以一票之差（59：58）遭到否决。尽管改革主张未获教会的官方认可，清教徒仍公开发表了纲领性的改革文件——《清教六条款》（*Puritan Articles in Convocation*，1563）。这份文件的主要内容涉及广泛，主要包括：取消除礼拜日和基督纪念日以外的所有宗教节日；在所有教堂的日常布道中，牧师要面对信众，清晰地诵读经典，确保所有人都能得到教诲；取消洗礼中在孩子额头上画十字的做法；鉴于存在年老、患病等因体弱而无法跪领圣餐的情况，各教区决定是否跪领圣餐的权力；牧师在举行圣礼时可穿白色法衣，其他时间只要衣着得体即可；撤除教堂内风琴等音乐设备的使用；等等。② 这一文件成为引导和团结清教徒的宗教纲领。它的发表标志着清教运动从松散的思想流派向有组织的宗教派别的方向迈出了关键一步。

　　清教运动的兴起，对于国教会的统一造成了一定冲击，引起了女王政

---

① 　J. R. Tanner ed. , *The Constitutional Documents*，*1485 – 1603*，Cambridge：Cambridge University Press，1951，p. 165.

② 　Ibid. , pp. 164 – 165.

府和国教会保守派的高度警觉，有针对性的打压行动随之而来。1565 年，女王在给坎特伯雷大主教帕克的信中，对清教运动的发展提出了"警示"。她指责"王国各地都有人在思想和礼拜仪式上给教会带来混乱"，并责令帕克采取措施维护统一的信仰和教仪。① 在随后由帕克等人制定并颁布的《公告书》中，明确否定了清教徒的改革主张，要求神职人员必须接受法衣制度，且在圣餐礼中必须跪领圣餐；同时，严格审查牧师的讲道资格和礼拜仪式执行力度等，并规定各种违反《公祷书》的行为都将受到严惩。这一文件的颁布成为女王政府和国教保守派打压清教徒的正式开端。②

打压清教徒的行动激发了清教徒的反抗浪潮。在执行《公告书》的过程中，多地神职人员掀起了反抗运动，他们中有许多人本身就是清教徒，还有一些则同情清教徒。剑桥大学和牛津大学在早期清教运动中扮演了先锋者的角色。剑桥大学圣约翰斯学院（St John's College）的年轻教职员工们带头扔掉了象征天主教残余的白色法衣，其结果是"除了国王学院，整个剑桥都效仿他们"。为此，在 1566 年 3 月召开的宗教会议上，帕克以免职威胁伦敦一百多名教士按照《公告书》的要求穿长袍、法衣和戴方帽，但仍有 37 人拒绝服从。这些人始终坚持自己的主张，被视为第一批"不从国教者"（Nonconformists）。③

早期清教运动的特点是鲜明的。首先，他们提出的改革对象主要是表面上的教会礼仪，从法衣之争上升到各种没有《圣经》依据的礼拜仪式，而没有触及教会体制问题。这些改革措施虽然得到国教会内外的一些支持，但最终没有得到女王政府和国教会的官方认可，反而激起了女王和国教会保守派的压制行动。因此，这一时期仅仅是英国清教运动的初级阶段。其次，这一时期的清教运动是在国教会内部进行的。清教徒尽管形成了一个派别，但他们始终坚持国教会统一这一基本前提。这一特点产生的原因是显而易见的。伊丽莎白统治初期，宗教政策在总体上是相当宽松

---

① Patrick Collinson, *The Elizabethan Puritan Movement*, New York：Methuen, 1982, p. 69.

② 柴惠庭：《英国清教》，上海社会科学院出版社 1994 年版，第 77 页。

③ J. R. Tanner ed. , *The Constitutional Documents*, *1485 – 1603*, Cambridge：Cambridge University Press, 1951, p. 166.

的，强制性的信仰统一虽然是女王和国教会的共同目标，但并未严格执行，即使是针对清教徒的《公告书》也并未真正做到全国一致的遵守。英国各大教区掌握在有着不同宗教倾向的教职人员手中，清教徒们得以相对自由地表达意见和宗教实践。但是，这一阶段的清教运动存在根本性的局限。这主要体现在以下两个方面：其一，表面上的礼仪斗争并不能真正改变国教会的保守性，也无法真正实现加尔文式的宗教理想；其二，坚持在国教会内部进行斗争的特点决定了这一阶段清教运动的影响力限于教士群体之中，无法获得大众的支持，也不能真正撼动居于多数的国教保守派的统治地位。

16 世纪 70—80 年代，清教运动从 50—60 年代的礼仪斗争转向倡导教会体制改革。这一时期，清教徒攻击国教会组织体制、倡导建立加尔文式的长老制教会，这场运动也被称为"清教长老会运动"。

长老会运动始自一场关于教会组织模式的论战。1572 年，伦敦的两名教士约翰·菲尔德（John Field）和托马斯·威尔考克斯（Thomas Wilcox）以向议会谏言的名义，发表了一篇名为《劝谏议会书》（An Admonition to the Parliament）的小册子，引发国教会内部的公开论战。① 文中指出，英国宗教改革的任务还没有完成，国教会中的教仪与主教制度是与真正的宗教信仰相抵触的，并提出建立由长老、执事等共同管理的长老制教会的改革构想。② 作为国教会对清教徒发起的论战的回应，剑桥大学安立甘神学家约翰·惠特吉夫特（John Whitgift，1530—1604）发表了《答劝谏议会书》（An Answer to a Certain Libel entitled an Admonition to the Parliament），并得到坎特伯雷大主教帕克等国教会主要领袖的官方认可。文中对国教会等级制度存在的必要性和主教、牧师在宣讲福音和主持礼拜仪式中的重要作用进行了辩护。

托马斯·卡特莱特（Thomas Cartwright，1535—1603）的加入使论战进一步升级。他是继菲尔德与威尔考克斯之后清教运动的旗手。早在 1569 年，卡特莱特即因攻击英国教会的等级制度而被罢免剑桥大学神学

---

① Patrick Collinson, *The Elizabethan Puritan Movement*, New York: Methuen, 1982, p. 118.

② G. R. Elton, *Tudor Constitutional Documents and Commentary*, Cambridge: Cambridge University Press, 1982, pp. 448 – 450.

教授职务。之后，他前往瑞士，亲身参与日内瓦长老制教会，受到加尔文思想的深刻洗礼。1572 年，他回国后立即加入论战，发表了《对议会的第二次劝谏》（*Second Admonition to the Parliament*），借以声援菲尔德与威尔考克斯。文中，卡特莱特不仅继续抨击国教会体制和公祷书等，并且具体提出了一整套长老制教会的管理体系。这套体系依据信众平等与民主管理的原则进行组织，设定了长老、执事和牧师的具体职责以及信众团体和各级宗教会议的组织和选举模式等。① 此后，双方"唇枪舌剑"，又发表了多篇论战文章，如惠特吉夫特的《〈答劝谏议会书〉之辩》（1574）和卡特莱特的《对〈答劝谏议会书〉的答复》《对〈答劝谏议会书〉的再答复》（1575）等。此外，1574 年，沃尔特·特拉弗斯（Walter Travers）出版了拉丁文版的《教会戒律》（*Disciplina Ecclesiastica*），卡特莱特将之以《源出上帝之道：完整而明确的教会戒律宣言与英格兰教会的衰落》（*A Full and Plain Declaration of Ecclesiastical Discipline out of the Word of God，and of the Declining of the Church of England from the Same*）为题翻译成英文。② 这一著作对长老制在理论和实践上的可行性做了系统阐述，成为英国清教徒的基本准则和纲领，并被视为"清教长老制理论最终形成"的标志。③

　　在论战的影响下，清教徒还在全国范围内开展了一场民间的《圣经》研讨运动，推动清教思想向社会大众领域的传播。卡特莱特等人与国教保守派的论战是围绕教会管理体制进行的，争论的源头在于双方对信仰权威的不同认识。清教徒是《圣经》唯一权威论的忠实捍卫者，认为一切没有《圣经》依据的制度都是应该废除的，信众之间应效法使徒时代的平等原则，而安立甘神学家则认同教会与君主的权威，捍卫延续自天主教的主教制度，认为等级制是基督教文明的根基。在女王政府的打击下，许多清教徒转而投入到一场宣讲和研读《圣经》的和平运动。在他们的影响下，全国范围内兴起了研读《圣经》的热潮，各地大大小小的聚会成为

---

① J. R. Tanner ed.，*The Constitutional Documents*，*1485 – 1603*，Cambridge：Cambridge University Press，1951，pp. 167 – 170.

② Ibid.，p. 166.

③ 柴惠庭：《英国清教》，上海社会科学院出版社 1994 年版，第 89 页。

清教徒的主要活动。一般来讲，活动的方式为：几个邻近教堂的牧师定期聚会，由一名公认的较高学识者主持，轮流就《圣经》中的某一节进行宣讲布道，然后大家各抒己见，并进行辩论。① 这场运动虽然得到坎特伯雷大主教格林达尔（Edmund Grindal，1519—1583）的理解，但伊丽莎白女王担心清教徒领导的信众聚会会危及国教会的统治地位，扰乱社会稳定和统一信仰，于是坚决予以取缔和打击。但是，私密的民间聚会仍以各种各样的形式展开。《圣经》研讨运动的开展为16世纪80年代蓬勃发展的长老会实践运动奠定了基础。

约翰·菲尔德与托马斯·威尔考克斯不仅是长老制理论的鼓吹者，也是英国清教运动的最早践行者。1572年，他们和一些追随者在萨里（Surrey）的温兹沃斯（Wandsworth）创建了一个按长老制模式组织的会堂，选出了若干长老管理教会，并起草了管理章程。② 这是英国第一个民间长老制会堂。1575年以后，由于《圣经》研讨运动影响力的扩大，建立长老制会堂的运动在全国各地蓬勃发展。1582年，各地长老制会堂的领袖们多次聚会，商讨建立更广泛的、固定的宗教会议机制。至1585年以后，省一级的长老会议机制在各地相继建立。1587年，来自各地的长老会领袖们先后在伦敦和剑桥聚集，这两次会议已经具有了全国性质。

长老会运动发展到高潮的标志是1589年在剑桥举行了第一次正式的全国长老会议。这次大会上，由各地委派的省级长老代表齐聚一堂，通过了第一部全国长老会的统一章程，即《戒律书》（*Book of Discipline*）。这一事件是清教运动由分散向统一运动转化的标志。《戒律书》是由沃尔特·特拉弗斯等人编纂的，最早由卡特莱特介绍到英国，它在许多方面借鉴了加尔文派神学家的相关著作与日内瓦加尔文教会的相关会规，对教会的组织结构、长老与执事等人员的职责构成、信众的崇拜仪式和聚会中宣讲布道的方式以及教会的戒律与基本教义等方面都做了详细论述。③ 剑桥会议后，全国长老会运动迎来一个大发展阶段。但好景不长，伴随着女王

① 刘城：《圣经研读会——伊丽莎白时代国教会内的一场冲突》，《北京师范大学学报》1992年第2期。

② Patrick Collinson, *The Elizabethan Puritan Movement*, New York: Methuen, 1982, p. 138.

③ Ibid., pp. 297 – 301.

与国教会保守派的压制与迫害清教徒政策的愈发严厉，长老会运动开始走下坡路。

早在论战阶段，女王政府就开始动用国家机器打击清教徒。由于清教徒将改革矛头指向主教制度，这也意味着，宗教改革后成为英国教会首脑的君主也成为改革的当然目标。伊丽莎白女王敏锐地意识到清教运动的发展有引发新的宗教冲突和冲击政治稳定的风险。为此，她开始摒弃宗教宽容政策。她不仅亲自发布谕令，谴责卡特莱特等论战领袖是冲突的制造者，而且下令禁止卡特莱特的义章发行和流传。1573 年，女王授意高等教务法庭（the High Commission Court）发布对卡特莱特的逮捕令。由于女王及政府的参与，这场斗争"从一开始对于双方就不是对等的"。[1]

对长老会运动大规模的迫害始于 1588 年，在 1589 年达到高潮。1588 年，社会上流传着一批署名为马丁·马普雷莱特（Martin Marprelate）的小册子。这些小册子出自一批清教徒之手，其内容主要是用尖刻辛辣的语言对坎特伯雷大主教惠特吉弗特[2]、伦敦主教约翰·艾尔默（John Aylmer）等国教会领袖进行人身攻击。[3] 这一事件成为大规模宗教迫害的导火索。尽管这是长老会运动的一种斗争形式，但"实际效果却不利于长老会运动"[4]。在女王的支持下，国教会保守派迅速组织起来，以搜捕"马丁·马普雷莱特"为名，在全国范围内展开对清教徒的迫害。高等教务法庭和星室法庭等特权司法机构成为宗教迫害的主要工具。包括卡特莱特、特拉弗斯在内的大批清教徒领袖被视为"危险的阴谋分子"（dangerous conspirators），[5] 或被迫害致死，或被迫逃往海外。至 16 世纪 90 年代，曾遍布英国各地的长老会堂与各级长老派宗教会议逐渐消失在公众视野中，清教长老会运动迅速衰落。

总体来看，清教长老会运动的兴衰是内外因素共同作用的结果。首先，从外部因素来讲，这一变化是 16 世纪后期英国国内外政治与宗教环境剧烈变动的结果。伊丽莎白女王统治前期，试图颠覆英国政权的国内外

[1]　刘城：《"谏言书之争"与神权政治》，《历史研究》1995 年第 5 期。
[2]　惠特吉弗特于 1583 年出任坎特伯雷大主教。
[3]　Patrick Collinson, *The Elizabethan Puritan Movement*, New York: Methuen, 1982, p.391.
[4]　柴惠庭：《英国清教》，上海社会科学院出版社 1994 年版，第 95 页。
[5]　Patrick Collinson, *The Elizabethan Puritan Movement*, New York: Methuen, 1982, p.402.

天主教集团是主要敌人，为此，她试图团结天主教徒以外的一切势力。对于国教会内部的改革运动，尽管女王持反对态度，但仍执行相对宽容的宗教政策。1688 年以后，英国在海上击败了西班牙的无敌舰队，解除了国外天主教集团的巨大威胁，国内天主教势力也遭到毁灭性打击。稳固统治后，女王将视线转移到国教会内部，长老会运动成为主要的打击对象。其次，从内部因素来说，清教徒为追求宗教理想而做出的不懈努力推动了长老会运动的迅速兴起，但组织涣散的特点又导致其迅速衰落。长老会运动从最初的宗教论战和《圣经》研读的大众运动，至 16 世纪 80 年代建立长老制会堂和召开宗教集会的实践，具备从分散性向统一性转变的特点，但直至大规模的迫害开始之际，严密的组织机构仍未能形成。这样，随着主要领袖的相继被捕和流亡，长老会运动也就迅速瓦解了。最后，长老会运动始终坚持在国教会内部进行改革，但其长老制教会理想是不可能见容于主流国教会的，这就严重限制了长老会运动的发展。各地长老制会堂在选出长老和执事后，总是寻求国教会主教的认可或由主教按立为合法神职人员。这种"主教制下的长老会"（Presbytery in Episcopacy）带有鲜明的保守主义倾向，也奠定了英国长老会运动失败的结果。

在长老会运动中，清教徒深刻体察到清教运动的任重道远。由于国教保守派和伊丽莎白女王维护信仰统一的强硬态度，清教徒内部发生了分歧。[1] 一部分人选择继续留在国教会，伺机而动；另一部分人则清醒地认识到：由于清教主义与安立甘主义存在不可调和的本质差异，因而宗教理想不可能在国教会内部实现。在长老会运动衰落之际，一场更加激进的清教分离运动迅速兴起。

分离运动或可追溯到 1567 年由理查德·菲茨（Richard Fitz）建立独立会堂的尝试。它不同于此后英国各地的长老会，而是完全脱离国教会而独立存在，由菲茨本人担任牧师，另一位志同道合者——托马斯·鲍朗德（Thomas Bowland）担任执事。这一独立教会的建立被认为是"分离运动的起源"。[2] 在坚持数年后，菲茨等人受到国教会和女王政府的迫害，独

---

[1] Christopher Hill, *Society and Puritanism in Pre-Revolutionary England*, New York: Schocken Books, 1967, p. 502.

[2] Patrick Collinson, *The Elizabethan Puritan Movement*, New York: Methuen, 1982, p. 116.

立会堂被迫解散。

分离运动的兴起与《圣经》研讨运动存在一定渊源。1575 年以后，各地在《圣经》研讨会的基础上建立了许多长老制会堂，大多隶属于国教会，受到各地主教的管理，但随着女王政府和国教保守派的迫害，部分长老制会堂脱离国教会，成为独立的分离派会堂。必须强调的是，这一时期的分离派清教徒在宗教思想上仍是长老制的，他们仅仅是摒弃了在国教会内部建立长老制教会的理念，并呼吁彻底清除天主教残余。[①] 这可以视为分离运动的初级阶段。

分离运动的正式形成发生在 1581—1582 年前后。罗伯特·布朗（Robert Browne，1550—1633）在这一过程中起到了理论创建与宗教实践的双重领导角色。在实践方面，1581 年，罗伯特·布朗与罗伯特·哈里森（Robert Harrison）等人在诺里奇建立了一个独立会堂。之后他四处奔走，进行秘密的布道和讲演，鼓吹信众与国教会分离的思想。在理论体系的创建方面，1582 年布朗先后出版了一系列著作，阐述了分离主义的观点，主要有《论教改革的迫切性》《论〈马太福音〉第 23 章》和《论真正基督徒的生活与信仰》等。在论著中，布朗以《圣经》为依据，提出真正教会的组织模式及真正基督徒的生活方式与信仰礼仪等。布朗在分离派思想体系方面的建树，使分离派清教徒在思想上真正地独立于长老派，这被视为分离派正式形成与清教运动第一次正式分裂的标志。布朗在实践与理论上的贡献使他获得了"分离运动之父"的称号，其追随者也被称为"布朗分子"（Brownists）。

分离派思想体系的核心是公理制（Congregation），它是在布朗思想的基础上，由分离派早期领袖亨利·巴罗（Henry Barrow）、约翰·格林伍德（John Greenwood）、哈里森等人结合罗拉德派和再洗礼派等异端思想逐步发展成熟的。公理制主要体现两大原则。其一，会众一律平等原则。他们认为，只有"上帝的选民"才能够加入教会，会众与上帝直接立约，地位完全平等。因此，教会的管理也应由全体会众共同负责，根据职司不同，可以选出长老、牧师和执事。其二，诸教会独立原则。他们认为，诸

---

① John Coffey, *Persecution and Toleration in Protestant England 1558 - 1689*, Harlow：Pearson Education Limited, 2000, p. 97.

教会完全独立和平等，不分等级，不受任何世俗的或教会的权力统治。君主与会众平等，须服从上帝的律法，否则将失去属灵的和世俗的权利。相对于英国长老制，公理制具有以下特点：一方面，彻底否定教会的等级制，既否定会众之间的等级差别，也否定诸教会之间的等级划分；另一方面，否定世俗权力对教会的干涉，否定世俗君主在教会中的特殊地位。不难看出，分离派的公理制更加激进，体现出彻底的新教主义特点。

由于分离派坚持公理制思想，并致力于创建独立教会，很快成为国教会和女王政府的打击对象。在 1583 年的一份王室公告（royal proclamation）中，女王政府严禁分离派著作流传，并公开谴责罗伯特·布朗和罗伯特·哈里森等分离派分子是"放荡和邪恶之徒，试图亵渎教会与王国的和平，打破人们平静的生活"①。布朗及其部分追随者流亡至荷兰，重建独立会堂。散发布朗和哈里森著作的约翰·科平（John Copping）和伊里亚斯·撒克（Elias Thacker）等人则被公开处死。布朗流亡后，分离运动在格林伍德与巴罗等人的领导下继续展开，至 16 世纪 80 年代中后期达到高潮。他们在国教会保守力量的中心——伦敦建立了独立会堂，吸引了一批清教徒脱离长老会运动加入分离派。尽管格林伍德与巴罗先后被捕，但他们在狱中仍坚持著述和阐发分离派观点，通过特殊途径（信使）指导分离运动。在格林伍德和巴罗的影响下，弗朗西斯·约翰逊和约翰·彭利等人成为 16 世纪 90 年代初期的领导者，继续在全国开展分离运动。分离派清教徒前仆后继、不懈奋斗，在长老会运动衰落之后扛起了清教运动的大旗。

16 世纪 90 年代初，女王政府的打击力度进一步加大，分离派清教徒大批被逮捕杀害，如格林伍德、巴罗和彭利等领袖都先后被送上绞刑架。1593 年，女王授意议会通过了《臣民效忠法》（*An Act to Retain the Queen's Subjects in Obedience*），规定"年满 16 岁者，如果超过一个月缺席国教礼拜或通过写作、印刷、演讲唆使他人否定女王教会至尊权力，以及煽动他人缺席国教礼拜或参加非法宗教集会者都将被处以监禁，直到确认悔改。如果三个月内仍拒绝悔改，将被驱逐出境；拒绝离开或在没有许可的情况

---

① J. F. Larkin & P. L. Hughes, eds., *Tudor Royal Proclamations*, Vol. Ⅱ: *The Later Tudors*, *1558 – 1587*, No. 667, New Haven: Yale University Press, 1969, pp. 501 – 502.

下返回,将处以死刑"①。这一法案通过后,分离派已无法在英国生存。伦敦等地的独立会堂被迫迁往荷兰,大批分离派清教徒被监禁或流亡国外,分离运动由此转入低潮。分离运动的衰落标志着 16 世纪清教运动基本结束。

综观整个清教运动的发展历程,16 世纪无疑是清教运动从摸索到成熟的阶段。它体现为一场自发的、自下而上的、不断发展完善的宗教改革运动。在教会改革层面上,清教运动从最初的礼仪斗争转向长老制改革,最后发展出创建独立会堂的分离运动;在宗教思想层面上,他们从推进新教主义到引入长老会思想,再到创建独立的公理制思想体系。可以说,清教运动在发展过程中,越来越成熟,也越来越具有革命性。

综合来讲,这一时期清教运动的兴衰主要是由政治环境的变化决定的。伊丽莎白女王是一位有着雄才大略的君主,她决定国内宗教政策的依据并非自己的信仰,而是英国国家的安全与社会的稳定,她致力于将绝大多数英国人纳入她保护下的、走中间道路的、统一的安立甘信仰和世俗的民族主义之下。在清教运动的早期阶段,清教徒仅仅是国教会内部一支坚持继续改革的左派力量,因而女王尽管保持了警惕,但仍维持了宽容的态度。但当清教徒在全国建立长老会堂及独立教会时,她意识到清教徒的加尔文主义将有可能导致日内瓦式神权共和国的出现,而这将根本动摇英国君主制的根基。在这个意义上,如果不强力制止,清教运动将不可避免地走上革命的道路,这一点在 17 世纪得到了证实。正是基于这一先见之明,伊丽莎白女王在国教保守派的辅助下,以其巨大的君主威望和维护信仰统一的坚定信念阻遏清教运动的推进。组织和理论尚在发展阶段的清教徒无法承受国家机器的沉重打击,最终被强行压制下去。当然,伊丽莎白女王及国教保守派的宗教迫害政策并没有将清教运动"斩草除根"。相反,经历一系列失败和考验后,清教徒在组织建设和理论体系上更加成熟,民众基础也不断扩大,这都为 17 世纪清教运动高潮阶段的到来奠定了坚实基础。尽管在伊丽莎白一世统治的最后十年(1593—1603 年)清教运动陷于沉寂,但正如科林森指出的:"清教徒的故事并没有停止,它将以一种

---

① G. R. Elton, ed., *Tudor Constitutional Documents and Commentary*, Cambridge: Cambridge University Press, 1982, pp. 458 – 560.

更强大的姿态复兴。"① 的确，在 1603 年苏格兰的斯图亚特王朝入主英格兰后，国内潜伏和海外流亡的清教徒迅速组织起来，将清教运动推进到一个新时代。

第二节　斯图亚特早期清教运动的复兴

早在 16 世纪50—60 年代，当英格兰清教运动还处于早期的礼仪斗争阶段之时，苏格兰就已建立起加尔文式的长老会制度，成为加尔文在日内瓦建立神权共和国后又一个长老制国家。苏格兰女王玛丽在与长老会贵族的斗争中落败，被迫于 1557 年逊位给年仅 1 岁多的儿子詹姆斯，即詹姆斯六世（James Ⅵ）。苏格兰政权长期由长老会贵族把持。1583 年，詹姆斯亲政，但苏格兰的长老会制度已根深蒂固，因此他小心翼翼地维持着同长老会贵族的友好关系。1603 年，执政近半个世纪的伊丽莎白女王去世，王冠落到了詹姆斯的头上。由于他自幼生活在长老会贵族的圈子中，因此伊丽莎白统治晚期蛰伏的清教徒看到了复兴清教运动的希望。詹姆斯南下继承英格兰王位后，称詹姆斯一世（James Ⅰ，1603—1625 年在位），此后，清教运动复兴。

17 世纪初的英国清教徒尽管因 16 世纪后期的宗教迫害而沉寂，但清教徒仍是英国社会中一支重要的民间力量。对天主教的敌视、对安立甘教会保守主义的不满以及早期清教运动带来的广泛影响滋养着英国社会的清教主义。即使是伊丽莎白在位的最后十年，清教主义在民间的传播和深化也未曾中断。

早期斯图亚特王朝的清教运动承继了伊丽莎白统治后期的分裂传统，主要有温和派和激进派两支。在宗教主张上，两派也继承了伊丽莎白时代的基本思想。就温和的长老派来说，他们延续了在国教会内部改革的传统，但他们的政治诉求更加激进，要求废除主教制，在政治上倾向于寡头治国，坚持由教徒自己选出的长老来管理教会。② 激进的分离派则认为每

---

① Patrick Collinson, *The Elizabethan Puritan Movement*, New York: Methuen, 1982, p. 432.

② Christopher Hill, *Society and Puritans in Pre-revolutionary England*, New York: Schocken Books, 1976, p. 27.

个教会都应该是独立的、由圣徒组成的宗教集合，他们在政治上倾向于民主共和，反对君主专制，主张在国家和国教会之外建立独立的教会组织。

长老派率先行动起来，推动了清教运动的复兴浪潮。早在 1603 年，在詹姆斯南下继承英格兰王位的途中，长老派清教徒就组织了一场千人请愿运动（The Millenary Petition）。他们征集到英格兰近千名教士的签名，并在请愿书中明确表达了他们的宗教主张。其一，他们向国王表明对国教会的忠诚，即他们明确不以创建独立于国教会的新教会为宗旨。这一表忠心的言辞意味着他们不反对君主在教会中的至尊地位，只是致力于国教会内部的长老制化。其二，他们表明自己改革的具体主张，并且声明他们期望的是一场"适度的"的宗教改革。他们提出的具体改革内容大体因循礼仪斗争阶段的主张，如要求洗礼中不用十字架记号、婚礼中不用指环、谨守神圣的安息日；又如，要求改善教会管理，增加牧师收入，减少教士兼职，纠正国教会中的各种腐败、丑恶现象等。① 总体来说，这是一部相当温和的改革倡议书，尽管仍然具有清教主义的典型特点，但其保守色彩非常鲜明。② 无论如何，这一事件作为 17 世纪英国清教运动复兴的引线，很快在全国范围内产生了广泛影响。

温和派清教徒的主张得到了詹姆斯一世的回应。1604 年初，他在汉普顿宫召集宗教会议（The Hampton Court Conference），听取清教徒和安立甘教徒对宗教问题的辩论。辩论持续三天。在詹姆斯的主持下，由清教温和派的代表雷诺兹等人与坎特伯雷大主教惠特吉特等国教保守派领袖进行了激烈辩论。③

汉普顿宫会议的结果是令清教徒失望的，这次公开辩论使初来乍到的詹姆斯明确了维护国教会统一的倾向。至于詹姆斯选择反对清教徒的理由，也是显而易见的。其一，在激辩中，清教徒们的主张不再限于《千人请愿书》中的保守主义，而是重新把主教制度作为改革的主要内容。

---

① J. R. Tanner, ed., *Constitutional Documents of the Reign of James Ⅰ*, Cambridge: Cambridge University Press, 1960, pp. 56 – 60.

② 一些学者认为，这种保守主义应该是温和派清教徒谨慎复兴清教运动的策略性措施，并非原则上的倒退。参见柴惠庭《英国清教》，上海社会科学院出版社 1994 年版，第 119 页。

③ J. R. Tanner, ed., *Constitutional Documents of the Reign of James Ⅰ*, Cambridge: Cambridge University Press, 1960, pp. 60 – 69.

相较之下，安立甘国教会以等级制度作为基本主张，在这一制度中，君主是最高等级和最高权威，维护安立甘国教会与维护王权是一致的。他提出的"没有主教，就没有国王"（No Bishop，No King）的主张，① 显然正是基于此的表达。其二，参加辩论的清教徒以长老派为主，他们的加尔文主义及其政教合一的长老制主张对于来自苏格兰的詹姆斯并不陌生，事实上，苏格兰王权的弱化正是长老派宗教改革的结果，詹姆斯当然不愿看到英国成为"第二个苏格兰"。其三，正如伊丽莎白女王一样，詹姆斯担心清教运动可能导致英国宗教冲突的再起，进而威胁到王国的稳定。其四，詹姆斯个人的思想倾向也是重要原因。他本人是"君权神授"的鼓吹者，相信"他之所以能承继英格兰大统部分原因是其血统，部分是由于上帝的赐予"②。正如他在 1605 年的议会演讲中宣称的，"国王作为上帝在人间的副手（lieutenant）和统治代理人（Vice-gerent）"③。这一主张与安立甘教义中对"国王是教会和世俗领域的最高首脑"的主张相契合，而清教徒会众平等的思想则与詹姆斯的主张对立。

在汉普顿宫会议后，国教保守派在维护国教会统一上信心更加坚定，新出任坎特伯雷大主教的班克罗夫特（惠特吉弗特于 1604 年去世）上任后，立即推出一部《教规法典》（The Canons of 1604）。该文件主要是伊丽莎白时代以来维护和巩固安立甘宗国教会的相关文件和法令的集合，其中最主要的内容就是反对清教徒，如重申此前大主教和主教的巡视条例、帕克的《公告书》和伊丽莎白时代的宗教法令等。法典还重申国教会的基本主张和维护教会统一的规定，要求所有教士宣誓赞成伊丽莎白女王时期颁布的宗教法令，包括《至尊法》《公祷书》和《三十九条信纲》等。④ 在詹姆斯一世和国教会的强力推动下，规定期限内的宣誓活动在全

---

① Eri B. Hulbert, *The English Reformation and Puritanism*, Chicago：Chicago University Press, 1908, p. 271.

② S. R. Gardiner, *The First Two Stuarts and the Puritan Revolution, 1603 - 1660*, New York：Charles Scribner's Sons, 1898, p. 13.

③ ［英］詹姆斯：《国王詹姆斯政治著作选》（影印本），中国政法大学出版社 2003 年版，第 147 页。

④ J. R. Tanner, ed., *Constitutional Documents of the Reign of James I*, Cambridge：Cambridge University Press, 1960, pp. 231 - 243.

国教士中展开。① 大多数温和派清教徒选择了顺从，至 1609 年，仅有约
80 名清教徒牧师因拒绝宣誓而被革职或被取消布道许可。②

詹姆斯一世与国教会的宗教政策清晰地表明了致力于国教会内部革新
的温和派主张是不可能实现的。在政治性的压力面前，摆在所有清教徒面
前的道路只有两条：一是选择留在国教会，放弃革新主张；二是走分离主
义道路，在国教会外坚持改革。温和派清教徒大多选择了第一条道路，但
他们并非完全放弃清教理想，而是找到一条新的运动道路——走向社会大
众，开展一场净化人类心灵的道德改革运动（The Reformation of Man-
ners）。

在某种程度上，道德改革运动继承了伊丽莎白时代《圣经》研讨运
动的某些特点，依靠一些博学、自律的清教徒的领导与组织，在社会大众
中开展运动。当然，两者的不同之处也很鲜明，改革运动不再局限于宗教
领域的社会改造，而致力于推进社会生活的神圣化。

1608 年，清教徒组织了一次请愿活动，要求纠正城市中的各种丑恶
行径和不良风气，并"在城市的每个角落传播福音"。③ 他们提出的主要
问题包括：酗酒、谩骂、游手好闲、性泛滥等社会不良风气；不参加礼
拜，在安息日跳舞、踢球等亵渎神圣节日的行为。针对这些问题，他们的
主张是清晰而有针对性的。其一，反对各种形式的娱乐活动，如看戏、跳
舞、玩纸牌、踢球等，并严守神圣节日，保持日常生活中的克制与自
律。④ 他们以身作则地奉行苦行主义的生活方式，特别反对酗酒的行为，
认为"酗酒这种罪孽会引出各式各样的罪愆与邪恶"⑤。其二，强调在大
众中间的布道活动。温和派清教徒的主要成员都是国教会的中下层教士，
在普通民众中拥有广泛的影响力。他们利用在国教会内的合法身份和布道

---

① J. R. Tanner, ed., *Constitutional Documents of the Reign of James I*, Cambridge：Cambridge University Press, 1960, pp. 73 – 77.

② Tom Webster, "Early Stuart Puritanism", in John Coffey & Paul C. H. Lim, eds., *The Cambridge Companion to Puritanism*, Cambridge：Cambridge University Press, 2008, p. 49.

③ Margaret Aston, "Puritan and Iconoclasm 1560 – 1660", in C. Durston & J. Eales, eds., *The Culture of English Puritanism*, *1560 – 1700*, London：Macmillan, 1996, p. 101.

④ William Hunt, *The Puritan Moment：The Coming of the Revolution in an English Country*, Cambridge (Mass.)：Harvard University Press, 1983, p. 134.

⑤ P. Miller & T. H. Johnson, *The Puritans*, New York：Harper & Row, 1963, p. 420.

许可，不辞辛劳地在大众中进行布道活动，将之作为净化社会的重要手段。

　　清教徒的道德改革运动作为清教运动的组成部分，产生了深远而广泛的影响。在社会下层，他们通过不断的布道活动和自身严于律己的道德精神感染了许多下层民众，使他们参与到社会道德改造的运动中来。许多传统的娱乐活动和集会都被取消。他们因此获得了"灵魂医生"（Physicians of the Soul）的称号。当然，在这一过程中，由于清教徒苛刻的道德要求和严肃刻板的形象，也遭到一些习惯自由、热爱欢娱的民众的消极抵抗。

　　道德改革运动大大扩张了清教运动的影响力。作为应对，1618 年，詹姆斯一世颁布《娱乐声明》（Declaration of Sports），对于合法的娱乐活动给予支持，如允许星期日做完礼拜后进行跳舞、射箭、五朔节的游戏、降灵节进行的酒会等传统娱乐项目。[①] 1633 年，查理一世再次颁布《娱乐声明》，并命令牧师们必须在布道时宣读。但是，这并不能阻止清教徒在追求宗教和社会理想上的不懈努力。道德改革运动对于转型时期英国社会道德的重构起到了重要作用，清教主义也进一步深入大众生活，最终为清教徒革命的爆发奠定了强大的民众基础。

　　当然，必须强调的是，激进派清教徒在早期斯图亚特王朝的清教运动中担任了先锋的角色。在汉普顿宫辩论后，虽然多数温和派清教徒选择了妥协，并将主要精力投入到社会大众中的道德改革运动，但仍有相当一部分人加入到分离主义运动中，脱离了国教会，壮大了激进派清教徒的力量。

　　分离派清教徒在詹姆斯一世即位后也行动起来，大批流亡海外的清教徒陆续回国。他们在斯皮塔弗德（Spitalfields）、索思沃克（Southwark）等地建立了独立教会。至 17 世纪 20 年代，激进派清教徒建立的独立教会已经深入到考文垂、林肯、索尔兹伯里等地。分离派清教运动成功的关键"在于他们没陷入温和派教徒既想净化安立甘宗，但在受到安立甘宗国教会压制后，又不愿脱离安立宗国教会的两难困境"。因此，他们成为汉普

---

　　① J. R. Tanner, ed., *Constitutional Documents of the Reign of James I*, Cambridge: Cambridge University Press, 1960, pp. 54 - 56.

顿宫辩论后"整个清教运动的主角"。①

在长老会派清教徒投身于社会道德运动后,激进派清教徒自然成为宗教迫害的主要对象。虽然詹姆斯一世先后颁布了两个针对天主教徒的刑罚法案,但他相信,那些否定君权神授的清教徒才更危险。② 他对分离派清教运动的迫害基本延续了伊丽莎白一世的政策。这一时期,许多分离派清教徒不得不逃往海外避难。其中,著名的"五月花号"(May Flower)探险船上的成员就是这样一批分离派清教徒。他们来自英国诺丁汉郡的斯克罗比,在退出教区教会后,自发聚在一起组成了一个独立的"斯克罗比教会"。随着宗教迫害的加剧,斯克罗比教会的信徒"四处受到攻击和迫害……有人被带走投进监牢;有人的家门受到骚扰且被日夜盯梢,无法逃出别人的手掌心……他们眼见自己如此受到骚扰,又看不到继续在那里生存下去的希望,在全体一致同意的情况下,他们决心迁往低地国家,他们听说那里人人都享有宗教自由"。③ 他们辗转来到了荷兰的莱顿城(Leiden)。荷兰是早期斯图亚特王朝时期清教运动的海外中心,在阿姆斯特丹和莱顿等地,都存在着大批类似于斯克罗比教会这样的英国清教徒独立教会。

查理一世继位后,对清教运动的迫害进一步加剧。这一时期最突出的变化是在国教会内部出现了一个与清教主义截然相反的保守主义——高教会派(The High Church)。它主要由一批深受天主教思想影响的人物领导,虽然并不主张天主教的全面复辟,但希望在新教与天主教之间找到一条"中间道路"。高教会派产生后,得到了斯图亚特君主的支持。1633年,高教会的领袖威廉·劳德(William Laud,1573—1645)成为坎特伯雷大主教,并得到国王的信任。他主张实行更多的传统天主教礼仪。在高教会派的主导下,国教会内部原本相对宽松和包容的状况消失了,转而成为"与王权高度统一、向天主教传统大步后退和严厉镇压清教徒"④ 的保

① 柴惠庭:《英国清教》,上海社会科学院出版社1994年版,第124页。

② Barry Coward, *The Stuart Age: A History of England, 1603 – 1714*, New York: Longman, Inc., 1980, p. 111.

③ [美]布莱福特:《"五月花号公约"签订始末》,王军伟译,华东师范大学出版社2006年版,第13—14页。

④ 柴惠庭:《英国清教》,上海社会科学院出版社1994年版,第133页。

守主义"大本营"。

在打击清教运动方面，高教会派充当了急先锋。在劳德的主持下，对不服从国教或有抨击国教政策的人士实行割耳、切鼻等令人发指的残酷手段。这一时期最具代表性的迫害事件是对亚历山大·莱顿（Alexander Leighton）和威廉·普林（William Prynne）、约翰·巴斯特韦克（John Bastwick）、亨利·伯顿（Henry Burton）等人的迫害。莱顿因抨击国教会主教制度而被监禁，其间受到鞭挞、割鼻、削耳等极端严酷的刑罚。普林、巴斯特韦克和伯顿等人都因发表反劳德和反国教会制度的小册子和文章受到割耳等残酷刑罚。① 他们都是有一定社会影响力的人物，因而迫害事件得到了社会各阶层的广泛关注，加快了英国政治和宗教领域积存矛盾的激化。

值得一提的是，17世纪20年代以后的清教运动逐渐汇集成一股统一的潮流，推动清教运动逐渐突破社会和宗教领域的限制，进入政治领域，特别是在议会下院日益发挥重要影响。事实上，在温和派清教徒的道德改革运动中，中等阶层——如乡绅阶层和市民阶层越来越多地受到影响，成为清教主义的支持者。由于新兴的中等阶层逐渐成为议会下院的中坚力量，因此议会也就越来越成为清教主义发挥影响的政治中心。这样，清教徒与议会下院的联盟促使清教运动的性质发生了新的变化。在经历了由伊丽莎白时代的宗教运动向17世纪初的社会运动扩展之后，清教运动又登上了政治舞台。

从某种程度上可以说，清教运动的政治化是清教徒在残酷的宗教迫害和严峻的政治压力面前的必然选择。安立甘教会在政治上的优势是其战胜清教运动的制胜法宝，君主在宗教冲突中利用国家机器来为国教会保驾护航。在英国的政治架构中，议会是唯一能够对王权构成一定制约力量的。伊丽莎白一世统治时代，与议会的合作关系是英国政治稳定的基石，但斯图亚特王朝的外来君主并不遵守英国的宪政传统，王权与议会之间的裂痕不断扩大。在此背景下，清教徒逐渐向议会靠拢，清教主义与议会反专制主义实现了耦合，议会下院的"清教化"由此产生。

1628年，清教运动与议会结盟共同反对专制王权的斗争取得了初步

---

① 　John Spurr, *English Puritanism*, *1603 – 1689*, London：Macmillan, 1998, p. 94.

胜利。由清教律师爱德华·柯克（Edward Coke）和约翰·塞尔登（John Seldon）等人起草的《权利请愿书》（*Petition of Right*）反映了清教徒的政治主张。它重申了《大宪章》中有关保护公民自由和权利的主张，强调民众的正当法律权利和人身自由权利等。① 在议会的强大压力下，国王被迫签字同意。但是，查理一世于次年（1629）解散议会，开启了长达11年无议会的"暴政"时期。在无议会时期，清教徒仍坚持不懈地反抗宗教压迫和专制统治，并且获得了更广泛的同情与支持，逐渐成为英国民众反暴政、反压迫的代言者。在著名的"船税案"（*Case of Ship-Money*）中，约翰·汉普顿（John Hampden）和他的辩护律师奥利弗·圣约翰（Oliver St. John）成为抗税斗争的领导者。他们援引英国宪政传统，对民众享有的人身、财产和法律权利进行辩护，反对国王的专制权力。虽然在"船税案"中，国王利用对法院的控制而胜诉，但汉普顿和约翰等人并没有停止反抗活动，在1640年长期议会召开后，他们成为议会的领袖，领导民众和议会的反暴政斗争。

"高教会派—王权"与"清教徒—议会"两大联盟的成型使一条从宗教运动向政治革命转化的"引线"铺设开来。清教运动的政治化是早期斯图亚特王朝后期清教运动的最大特点，它所显示出的强大力量也将清教运动推向了高潮。的确，在查理一世的无议会统治时期里，清教徒尽管独自承担着来自宗教和政治上的双重压迫，但也正是这种压迫，积聚了清教徒的力量。一旦议会重新召开，他们将通过控制议会而强势登上政治舞台，并进而与王权展开国家主权的激烈角逐。

在英国国内汹涌的清教运动与宗教冲突之外，伴随着17世纪初英国北美殖民事业的成功，清教徒在"新大陆"看到了希望。特别是17世纪30年代高教会派兴起之后，清教徒面临空前的宗教迫害，在国内实现清教理想的希望变得愈发渺茫，"新大陆"则为他们躲避宗教迫害和实现宗教理想提供了一片"应许之地"。

早在16世纪初，人文主义学者托马斯·莫尔（Thomas More）就已经率先为英国人在新大陆勾画出一个自由王国的蓝图。莫尔在其名著《乌

---

① 　P. L. Hughes & R. F. Fries, eds. *Crown and Parliament in Tudor-Stuart England：A Documentary Constitutional History*, *1485 - 1714*, New York：G. P. Putnam's Sons, 1959, pp. 200 - 202.

托邦》（*Utopia*）中，描绘了一个建立在大岛之上（暗指新大陆）的社会，这里是一个宗教自由的地方，并且所有人都必须遵循一条古老的制度，即任何人不能由于自己的信仰而受到责罚。乌托邦国王规定"每人信从自己所选择的宗教是法律认可的，一个人也可以向别人宣传自己的教，劝其接受，但只能用温和文静的方式，讲出道理为自己的教作辩护，如果他劝说无功，不应将其他一切的教都恶毒地摧毁，不得使用暴力，不得诉诸谩骂"①。乌托邦人的宗教政策对于许多不满天主教在欧洲专制统治的人特别是新教徒来说，无疑是一个理想的王国。乌托邦人都信奉一个至高的独一神，他是"全世界的创造者和主宰"，统一称为"密特拉"，但是每个人都可以根据自己的理解去信仰，即"不同的人对这个神持不同的观点"。这点与新教的思想颇为类似，即每个人可以根据自己的理解来信仰上帝，而不是通过一个凌驾于民众之上的教会。乌托邦的教士均是选举产生的，"选拔的唯一考虑是贤良"，甚至妇女也可担当②，而且教士可以结婚。教士的工作是主持礼拜，掌管宗教仪式，监察社会风纪及教育儿童和青年，在战时还要随军出征。不可否认的是，虽然莫尔本人因反对宗教改革而被亨利八世处死，但他的宗教理想却实实在在地与清教主义的理想有契合之处。

乌托邦的美好幻想激发了清教徒走向海外、建立独立宗教王国的热情。在他们眼中，美洲是"辽阔的蛮荒之地，那里的土地既富饶又适合居住"③。美洲第一个清教徒殖民地是新普利茅斯（New Plymouth）。来此殖民的英国人主要是早年为追求自由而寄居荷兰的清教徒，他们的理想是建立一个能够自给自足的自由社会，在这个社会中，教会既作为信仰的共同体，又是一个社会和政治联合体。④ 他们本以为可以在荷兰这个宗教宽容的国家实现理想，但是天主教的西班牙时刻威胁着荷兰的自由和独立，

---

① ［英］托马斯·莫尔：《乌托邦》，戴镏龄译，商务印书馆 2006 年版，第 105 页。

② 不过仅限老年寡妇。参见［英］托马斯·莫尔《乌托邦》，戴镏龄译，商务印书馆 2006 年版，第 103、110 页。

③ ［美］布莱福特：《"五月花号公约"签订始末》，王军伟译，华东师范大学出版社 2006 年版，第 38 页。

④ D. B. Quinn & A. N. Ryan, *England's Sea Empire*, *1550 – 1642*, London: George Allen & Unwin, 1983, p. 174.

而且移民的后代们"受到这个国家的青年人的放纵的影响和这个地区多重诱惑的吸引……已经处于败坏和堕落的危险之中……有辱上帝之名"①。因而，他们决心前往新大陆追求自由信仰。尽管遇到严重的困难，但他们在印第安人的帮助下，通过辛勤的劳动成功地建立了新大陆第一个清教徒殖民地。

马萨诸塞湾殖民地是这一时期最重要的清教徒殖民地。推进这一殖民事业的马萨诸塞海湾公司领导人都是清教徒，如牧师约翰·怀特、贵族林肯伯爵（Earl of Lincoln）、多切斯特公司的司库约翰·汉弗莱（John Humphrey）和沃里克伯爵（Earl of Warwick）等人。他们学识渊博，大多毕业于牛津和剑桥大学。在查理一世时期的宗教迫害下，他们转而考虑在新大陆创建一个按照清教理想设计的基督王国。② 1630 年，在约翰·温思罗普（John Winthrop，1588—1649）的率领下，马萨诸塞公司组织 1000多人乘 17 条船前往北美。他们的目的，诚如西蒙斯所说，是在更多的清教徒"到来之前为大家预备好临时栖身之处和食物"③。在登岸以前，温斯罗普发表演讲，鼓励大家团结协作，通过"基督之爱"的纽带相互关心帮助，组成适当形式的政府，致力于建立一个"山巅之城"（City upon the Hill），以不辜负上帝的眷顾和恩宠。④

在创建殖民地的过程中，他们将清教主义中的地方教会自治思想付诸实践，建立了一个独立的"清教王国"。在这里，英国国教会坚持的主教制、牧师的主教任命制、公祷书、分享圣餐等都遭到了排斥。⑤ 政教合一的管理模式是马萨诸塞殖民地的一大特点，权力由牧师、教师、长老和执事等神职人员掌握。牧师负责指导教徒；教师负责讲经传教；长老则负责

---

① ［美］布莱福特：《"五月花号公约"签订始末》，王军伟译，华东师范大学出版社 2006年版，第 37 页。

② W. D. Hussey, *The British Empire and Commonwealth*, Cambridge：Cambridge University Press, 1963, p. 24.

③ R. C. Simmons, *The American Colonies：from Settlement to Independence*, London：Longman, 1976, p. 27.

④ D. B. Quinn & A. N. Ryan, *England's Sea Empire, 1550 - 1642*, London：George Allen & Unwin, 1983, p. 201.

⑤ R. C. Simmons, *The American Colonies：from Settlement to Independence*, London：Longman, 1976, p. 47.

实施宗教教规及接纳和开除教会成员、任命神职人员、主持教会会议；执事负责教会的世俗生活，即管理教会钱财等。马萨诸塞的成功，不断吸引着英国国内的清教徒前来，殖民地也因此不断发展壮大。到 1630 年底，马萨诸塞地区已建立了七座市镇，而此后的 10 年里，这一数字又增长了两倍。西蒙斯对马萨诸塞清教徒们的宗教实践给予很高的评价，他说："清教改革家们建立一个美好社会的理想可以追溯到一个已经消失却令人神往的美好时代，当时，这种理想曾召唤着人们在北美的荒原上建立起一个崭新的、沐浴上帝恩泽的天堂。"①

马萨诸塞的成功标志着在新大陆追求宗教理想和自由的清教徒的初步胜利，但随着殖民地规模越来越大，来到这里的清教徒在宗教主张的一些细节方面开始出现分歧。他们中既有坚持脱离国教会的分离派各支派，也有坚持留在国教会内部的长老派等。不同的宗教见解很快成为影响团结的"不和谐音符"。事实上，在马萨诸塞殖民地创建过程中，长老派清教徒居于主流，他们控制了殖民地的主要权力。因而，一些激进的分离派清教徒为了追求更为纯粹的自由信仰，毅然走上了创建新"基督王国"的道路。罗德岛（Rhode Island）、朴茨茅斯（Portsmouth）、康涅狄格（Connecticut）等皆是在这一动因下建立的。

罗杰·威廉斯（Roger Williams，1603—1683）是罗德岛殖民地的主要创建者之一。威廉斯本人在宗教上有着独特的见解，他认为各种肤色和各种信仰的人都是上帝的子民，强占印第安人的土地是有罪的。这种看法是不见容于马萨诸塞殖民当局的，如果这种观点成立，它将根本性地动摇马萨诸塞的经济基础。此外，他抨击马萨诸塞的神权寡头政治体制，倡导教会与国家分离，并要求殖民地教会与英国教会彻底划清界限。② 威廉斯的激进思想终于招致马萨诸塞殖民当局将之驱逐。于是他决定按照自己的理想建立一个平等的"宗教王国"，自愿跟随他的约有 60 人。他们迁移到罗德岛，创建了普罗维登斯种植园，罗德岛殖民地由此起源。随着越来

---

① R. C. Simmons, *The American Colonies: from Settlement to Independence*, London: Longman, 1976, p. 30.

② W. D. Hussey, *The British Empire and Commonwealth*, Cambridge: Cambridge University Press, 1963, p. 26.

越多的殖民者来到这里，整个罗德岛得到了开发。在这里，男性居民通过集会建立契约性质的政府，官员每年改选一次，体现了分离派清教徒平等、民主的政治构想。罗德岛的政治形式在当时被称作"最民主的政体"。奴隶制和契约奴也被废除，殖民者从印第安人那里公平购买土地。由于对创建罗德岛的卓越贡献，罗杰·威廉斯得到了后人极高的评价。阿普特克说：在他的时代里，"就献身于人类的幸福而言，很少有人可以和他相比拟"①。

与威廉斯一样，安妮·哈钦森夫人（Anne Hutchinson）和托马斯·胡克（Thomas Hooker）牧师在追求自由信仰的驱使下也开辟了新的殖民地。哈钦森夫人主张男女平等，她认为："宗教经验是个人的、自身的，不需要在形式上下功夫，更不用说牧师的引导或统治了。"② 她的激进思想招致了殖民当局的不满，她本人及支持者被流放。1638 年，她同追随者们在朴茨茅斯地区建立了殖民地。次年，威廉·科丁顿（William Coddington）等清教徒又带领一部分人离开朴茨茅斯，在纽波特（Newport）地区开辟了另一块定居地。

建立自由基督王国的宗教理想，也是康涅狄格殖民地建立的动因之一。③ 它的创建人胡克牧师曾是马萨诸塞神权寡头政府中的一名领袖，但他对马萨诸塞严格的入教批准手续以及只限当选的基督徒有参政权的规定十分不满。他主张所有立誓信仰基督教的不动产所有者都拥有选举权。1636 年，他带领自己的追随者参与创建了康涅狄格殖民地。1639 年，康涅狄格殖民地通过了称作"基本章程"的文件，"突出了康涅狄格定居者对马萨诸塞殖民当局怀有的强烈不满"，基本反映了胡克等人的主张。④ 由于这一文件蕴含的政治思想得到普遍认可，因而成为 1662 年之前殖民地基本法律的框架和蓝本。

纽黑文（New Haven）殖民地也是清教徒追求宗教自由理想的产物。

---

① Herbert Aptheker, *A History of the American People: the Colonial Era*, New York: International Publishers, 1959, pp. 88 – 91.

② Ibid., p. 93.

③ 邵政达、姜守明：《近代早期英国海外殖民的宗教动因》，《历史教学》2012 年第 12 期。

④ R. C. Simmons, *The American Colonies: from Settlement to Independence*, London: Longman, 1976, p. 37.

它的主要创建者约翰·达文波特（John Davenport）本是伦敦一位长老派清教徒牧师。由于受到劳德派的迫害，他被迫逃往荷兰，之后又转向新大陆。他的理想是建立一个商业化的自由殖民地。1636 年，他和追随者在哈得逊河口的长岛（Long Land）定居，两年后，他们从印第安人那里购买到塞布鲁克（Saybrook）以西的一片土地，组织移民开发。1643 年，附近的许多定居点联合组成了纽黑文殖民地。[1] 作为"新英格兰马萨诸塞湾殖民地的极端形式"[2]，这里由基于圣经的法律统治而不是由人定的法律统治，因而被称为"圣徒的国度"（Common-wealth of Saints）。

此外，清教徒还在新罕布什尔（New Hampshire）和缅因（Maine）等地建立了殖民地。新罕布什尔起源于梅森家族的属地，1635 年由罗伯特·梅森（Robert Mason）在马萨诸塞以北的土地上建立。缅因则是在1639 年由费迪南·多戈吉斯爵士建立的，他从英王那里申请到特许状，将原来的几个殖民定居点合并在一起。

总之，在 1640 年清教徒主导的英国革命爆发前，北美已经成功地建立起十几个由清教徒控制的殖民地，这是英国清教运动的重要成果之一。这些建立在追求宗教理想基础上的"宗教王国"的最大特点就是其自由的属性。它们不仅在宗教上基本摆脱了英国国教会的控制，而且在政治和经济方面也保持着独立性，实现了"哪里有上帝，哪里就有自由"[3] 的愿望。当然，由于清教徒在开创这些殖民地的过程中具有主导作用，因而它们表现出共同的清教特色。

第三节　17 世纪中期的清教徒革命

关于英国 1640—1660 年革命的性质，存在多种不同的观点，由于革命本身的复杂性，学界一般将之笼统地称为"英国革命"或"1640 年革

---

① R. C. Simmons, *The American Colonies: from Settlement to Independence*, London: Longman, 1976, p. 38.

② W. D. Hussey, *The British Empire and Commonwealth*, Cambridge: Cambridge University Press, 1963, p. 27.

③ John Winthrop, "A Model of Christian Charity", In G. M. Waller, ed., *Puritanism in Early America*, Lexington: D. C. Heath and Co., 1973, p. 4.

命"。辉格派史家 S. R. 加德纳等人提出的"清教徒革命"① 一说，也有诸多拥护者。国内史学界对此问题也有过长期争论，一般有"资产阶级革命""宪政革命""宗教革命"等几种不同说法。无论冠以何种名称，都很难完全对这场革命进行全面表达，各种说法无非是对革命不同层面或不同侧面进行考察的结果。就宗教层面上说，这场革命主要由清教徒领导，并以清教共和国的建立为高潮，可以视为清教运动的高潮阶段，因此，将之称为"清教徒革命"并不为过。

革命的直接导火索正是宗教问题，其引线来自苏格兰。詹姆斯一世尽管从小生活在长老会制的苏格兰，但他个人奉行的政治哲学却与长老制政教合一模式完全相悖。但是，詹姆斯一世始终小心谨慎地维持着同苏格兰长老会贵族的和谐关系，苏格兰也因此保持着政治和宗教上的稳定。查理一世继位后，一改其父的温和政策，大力支持英格兰高教会派在苏格兰传播所谓的"圣洁之美"（the beauty of holiness），即推行苏格兰教会的"安立甘化"（Anglicanise），企图使苏格兰长老会改宗为更加顺从君主的安立甘宗。② 查理一世的宗教政策遭到苏格兰的强烈抵制。在长老会贵族的领导下，苏格兰全国范围内掀起了一场夹杂着宗教自由与民族主义的反抗运动。苏格兰宗教运动与英格兰国内的麻烦问题交汇在一起，将英国引入战争的漩涡。

1638 年，苏格兰在格拉斯哥召开教众集会（General Assembly）商议解决宗教问题。这次宗教集会一开始就将矛头指向国王强加给苏格兰的主教制度。国王任命的主教们被以罪犯身份传唤到苏格兰宗教法庭中，这大大出乎查理一世的预料。为维护其"至尊权威"，他下令解散宗教集会，从而招致苏格兰更大规模的反抗。正如坦纳指出的："长老会早就教育人们相信教会的'教众集会'拥有比世俗权力更高的权威。"因此，教众集会拒绝解散，并做出如下决议：取缔强加给苏格兰的"公祷书"（Service Book and Canons）；废除苏格兰高等教务法庭；废除主教制度，并将那

① S. R. Gardiner, *History of the Great Civil War, 1642 – 1649*, Vol. I , London：Longman, 1886, p. 9.

② J. R. Tanner, *English Constitutional Conflicts in 17th Century*, Cambridge：Cambridge University Press, 1951, p. 83.

些"曾经伪装的主教"逐出教会。从某种程度上可以说,这一决议乃是一种"战争宣言"。①

很快,双方进入备战状态。苏格兰方面,封建土地贵族势力庞大,有能力组建军队。此外,苏格兰是欧洲雇佣军的重要来源地,这些能征善战的职业军人应召回到苏格兰。在不长的时间内,苏格兰就集结了一支22000人的军队,而查理一世只征召到14000人。在没有议会为他提供战争经费的情况下,查理一世无法对抗强大的苏格兰军队。坦纳指出,"许多(英格兰)士兵作为志愿者集结起来,但他们是在准备保卫家园,而不是去苏格兰杀人",而且"在军队集结完毕之前,查理的钱就花完了"。② 这场不流血的军事对抗被称为"第一次主教战争"(First Bishops' War)。最终,双方在1639年6月18日签订了《伯威克条约》(Treaty of Berwick)。查理考虑到自己军事准备不足而做出让步,但战争并未止步于此。

为了获得财政支持以发动新的战争,查理一世在斯特拉福伯爵托马斯·温特沃斯(Thomas Wentworth, 1st Earl of Strafford, 1593—1641)的建议下,于1640年4月重新召集被解散11年的英格兰议会。但事实表明,"斯特拉福伯爵的算盘打错了,这个暴风雨时代的标志人物不是斯特拉福,而是皮姆"③。④ 议会的召开掀开了英国清教革命的新一页。

清教徒以其在"中等阶层"中的巨大影响力,成为议会下院的主导力量。议会的开幕为他们找到了对宗教压迫和国王暴政宣泄不满的舞台。与查理一世的愿望相悖,议会没有去讨论是否为国王的战争拨款,而是开始声讨国王的长期暴政。面对议会的怒火,查理一世并没有俯下身子去安抚议会,反而轻率地将之解散。⑤ 这一行为导致查理彻底丧失了在这场严

---

① J. R. Tanner, *English Constitutional Conflicts in 17th Century*, Cambridge: Cambridge University Press, 1951, pp. 85 – 86.

② Ibid. , pp. 86 – 87.

③ 约翰·皮姆(John Pym, 1584—1643),革命初期议会的领袖人物之一。

④ J. R. Tanner, *English Constitutional Conflicts in 17th Century*, Cambridge: Cambridge University Press, 1951, p. 88.

⑤ 这届议会存在时间不足一个月,史称"短期议会"(Short Parliament)。

重的政治危机中获取支持的希望。① 1640 年 11 月，由于苏格兰军队将战火烧到英格兰境内，查理一世被迫再次求助议会。② 值得注意的是，新议会"由于一种新的精神，即对宫廷和政府的敌意而焕发出新的生机"，因而更加富有革命性。正如皮姆所说："他们必须拥有与上届议会不同的另一种性格；他们不仅要把议会的地板打扫干净，而且必须清扫天花板和角落里的蜘蛛网。"③ 在长期议会的第一次例会上，议会提出三个核心原则：一，释放被专制政府迫害的人士；二，惩罚那些建议建立专制政府的人；三，确保专制政府不会再次建立。就第一点来说，长期议会很快取得了成功，被星室法庭和高等教务法庭迫害的政治异见者被释放并得到了相应补偿。④ 对于第二点，长期议会开始弹劾查理一世专制政府的主要推动者，如斯特拉福伯爵和劳德大主教等人，并取得了胜利。但是对于最后一项，查理一世自然不会轻易放弃自己的权力，王权与清教徒议会的新较量也就拉开了帷幕。

长期议会召开后，国王失去了对议会的控制，国家的主权处于王权与清教徒议会的激烈争夺中。1642 年 1 月，查理一世离开伦敦北上，组织保王党，企图通过武力解决同议会的争斗。自此，两大政治力量彻底决裂，政治冲突演变为一场内战。内战的结果，国王不仅败阵，而且在激进派清教徒强烈的共和主义思潮下被送上了断头台。清教革命由此进入高潮。

自 16 世纪中期以来，清教运动已经持续近一个世纪之久，清教徒不仅产生了完善的宗教思想体系，而且也形成了成熟的社会和政治思想。自长期议会于 1640 年 11 月召开起，至 1660 年斯图亚特王朝复辟，20 年的革命时代为清教徒在国内实践宗教的、社会的和政治的理想提供了历史性的契机和舞台。

首先，在宗教运动方面，大体可以分为长老派和独立派清教运动两大

---

① Barry Coward, *The Stuart Age: A History of England, 1603 – 1714*, London: Longman, 1980, p. 154.

② 这届议会在名义上一直持续了 13 年之久，因而被称为"长期议会"（Long Parliament）。

③ J. R. Tanner, *English Constitutional Conflicts in 17th Century*, Cambridge: Cambridge University Press, 1951, p. 91.

④ Ibid., p. 92.

阶段。1643 年，长期议会宣布废除主教制，实现了 16 世纪以来清教运动改革教会体制方面最大的理想。不久，由 121 名牧师、30 位议员和 8 名苏格兰代表出席的威斯敏斯特宗教会议（The Westminster Assembly）召开，以讨论具体的信仰问题。会议实际上存在到 1649 年，通过了一系列宗教文件，合称为《威斯敏斯特信条》（Westminster Confession of Faith）。由于这一时期议会主要由长老派清教徒控制，因而《威斯敏斯特信条》主要体现了长老派的主张。其内容主要包括以下方面。其一，1643 年通过的《公众礼拜指南》（Directory of Public Worship）取代伊丽莎白时期较温和的《公祷书》，迈出了清教运动革命性的一步。[①] 其二，1646 年，议会批准按照宗教会议提出的管理方式建立长老会制教会。其三，1648 年，议会批准由宗教会议于 1647 年编订，并经过修正的《威斯敏斯特信条》。其四，作为对信条进行解释的《威斯敏斯特大教理问答》（Westminster Larger Catechism）和《威斯敏斯特小教理问答》（Westminster shorter Catechism）先后通过，构建了一套完整的长老会制教义和组织体系。斯珀尔指出，这些文件可以视为"英国加尔文传统的基准性文件"和长老派开展清教运动的"堡垒"。[②] 必须提及的是，由于"传统的安立甘宗信仰已经深深扎根于英格兰大众文化之中"[③]，长老派领导的清教运动的坚定支持者主要局限于中等阶层，特别是"受过高等教育的教士、乡绅和城市精英分子"为代表的少数人。[④] 因而，对于广大民众来说，长老派清教运动致力于建立长老会制教会的理想并没有在广大民众中间引起强烈的拥护和反响，同时，英国内战和清教徒内部的冲突也并未给长老派真正实践这一宗教体系的平台和机会。

　　相较于长老派领导的清教运动，在共和国和克伦威尔统治期间，独立派推行的"清教改革"更为激进。这一时期，国家和清教的主要领袖克

---

① C. Durston, "Puritan Rule and the Failure of Cultural Revolution", in C. Durston & J. Eales, eds., The Culture of English Puritanism, 1560 – 1700, London: Macmillan, 1996, p. 211.

② John Spurr, English Puritanism 1603 – 1689, London: Macmillan, 1998, p. 103.

③ John Coffey, Persecution and Toleration in Protestant England 1558 – 1689, Harlow: Longman, 2000, pp. 158 – 159.

④ Ann Hughes, "'Popular' Presbyterianism in the 1640s and 1650s: the Cases of Thomas Edwards and Thomas Hall", in Nicholas Tyacke, ed., England's Long Reformation, 1550 – 1800, London: UCL Press, 1988, p. 235.

伦威尔被称为"偏执与宽容的矛盾结合体"①。他在表面上倡导宗教宽容，宣称："基督教的精神不在各种教派形式之中，而在于其本质，即'爱'当中。"② 同时他又实施激进的、强制性的宗教政策。其一，他强化对教会的控制，如建立"审查委员会"（Committee of Triers）和"驱逐委员会"（Committee of Ejectors），清洗教会中的异己分子；③ 委任"少将"（Major-Generals）对包括宗教在内的地方事务实施具有军事专制色彩的管理。其二，他实施宗教新规，强制干涉民众的宗教信仰，如 1655 年，他签署法令严禁人们使用自宗教改革以来习以为常的《公祷书》。总之，无论是长老派还是独立派领导的清教运动都演变为一场狭隘的清教革命，其极端性和激进性已经不再适应革命胜利后民众对信仰自由的时代要求，从而为其最后走向衰亡种下了恶果。

其次，社会改造方面，清教徒主导的议会军在内战中击败国王，掌握了国家最高权力，清教徒"得到一次在全国推行清教文化价值观的绝佳机会"。④ 这一时期，清教徒议会通过了一系列"社会清教化"的改革法令，如 1650 年通过的一项法令规定，将严厉惩罚那些亵渎主日、安息日、感恩日等重要宗教节日的行为。在宗教节日里叫卖的商品要被没收；安息日旅行的人和车夫都要被罚款 10 先令；除非前往教堂，任何人不得使用船只、马匹和轿子，否则要被罚款 10 先令；在神圣节日里去酒馆者，要被处以 10 先令罚金。对于上述的违规者，由军官、法官和治安官负责搜捕，如果他们失职，也将面临罚款。议会还强令所有教堂在每年三月第一个礼拜日宣读这项法令。⑤ 1654 年 3 月颁布的一项法令规定，以斗鸡为名的各种集会常常扰乱社会治安，并带来赌博、酗酒、诅咒、争执等恶劣行

---

① John Coffey, *Persecution and Toleration in Protestant England*, *1558 - 1689*, Harlow: Longman, 2000, p. 147.

② W. C. Abbott, *The Writings and Speeches of Oliver Cromwell*, Vol. II, Cambridge（Mass.）: Harvard University Press, 1939, pp. 284 - 285.

③ Christopher Hill, *God's Englishman*: *Oliver Cromwell and the English Revolution*, New York: Dial Press, 1970, p. 189.

④ C. Durston, "Puritan Rule and the Failure of Cultural Revolution", in C. Durston & J. Eales, eds., *The Culture of English Puritanism*, *1560 - 1700*, London: Macmillan, 1996, pp. 207, 211.

⑤ John Stoughton, *Ecclesiastical History of England*, *1640 - 1660*, Vol. 2, London: Jackson, Walford & Hodder, 1867, p. 15.

为，即日起都将视为非法，并处以重罚。[①] 另外，还有在礼拜日禁止船只航行和手工工场开工的规定，等等。不难看出，清教徒议会在社会改造方面奉行的是一种"禁欲苦行主义"的模式。

最后，政治改革方面，清教徒在战胜国王后，清教主义政治理想有了实践的舞台。清教徒的政治实践分为共和国与护国政府两个阶段。1649年，查理一世被独立派清教徒主导的高等法庭送上断头台，"国王之死"将清教革命推向高潮。1649 年 2 月，残缺议会（Rump Parliament）选出第一个国家委员会（Council of State），着手建立共和国。5 月 19 日，议会和国家委员会共同宣布英格兰成为一个"共和与自由的国家"（Commonwealth and Free State）。新的国玺表明了共和国的性质与基石：正面绘制着英格兰和爱尔兰的地图以及两个王国的军队；反面是下院的浮雕及献词："上帝保佑下恢复自由之元年"（In the first year of freedom by God's blessing restored）；基座上还刻着"革除暴政，重建政权"（Exit Tyrannus, Regum Ultimus）字样。[②] 这一英国历史上唯一的共和国存在了四年时间（1649—1653），反映了清教主义平等与民主共和的观念。

1653 年，军官委员会（Council of Officers）与国家委员会（Council of State）就解散残缺议会达成一致，残缺议会被以暴力方式解散，这意味着作为共和国两大基石的残缺议会和独立派领导的军队之间的联盟解体了，军队成为国家的绝对主宰。当年 12 月，军政府颁布《政府约法》（Instrument of Government）[③]，建立护国政府，克伦威尔任"护国公"（Lord Protector）。《政府约法》被一些学者认为是英国历史上存在的唯一一部实体宪法。在护国政府期间，克伦威尔为首的独立派清教徒对议会、地方行政机构进行了改造。议会改革上，克伦威尔组织成立了"装饰门面"的"贝尔邦议会"（Barebone's Parliament），以取代残缺议会，并宣

---

① C. H. Firth & R. S. Rait, eds., *Acts and Ordinances of the Interregnum*, *1642 - 1660*, Vol. Ⅱ, London: H. M. Stationery Office, 1911, p. 861.

② J. R. Tanner, *English Constitutional Conflicts in 17th Century*, Cambridge: Cambridge University Press, 1951, p. 155.

③ 关于《政府约法》的具体内容，参见 J. P. Kenyon, ed., *The Stuart Constitution: Documents and Commentary*, *1603 - 1688*, Cambridge: Cambridge University Press, 1966, pp. 342 - 248。

称，这个议会是"在上帝的召唤下为他的统治而创建的"①。但在实质上，它不过是一个执行其个人意志的工具而已。地方行政机构改革方面，克伦威尔在全国实行了具有军事管理性质的少将制度（Major-Generals），引发了诸多不满。从性质上来讲，护国政府是一个典型的军事寡头政体。坦纳尖锐地指出："军事毫不掩饰地公开表明：它乃是权力的源泉和政府的唯一基础。原来的政府机构都被摧毁，军队领袖成为王国保留下的唯一权威。"②

在一定意义上，20 年的革命乃是清教徒战胜国教会和专制王权，推进清教运动的宗教时代。清教长老派和独立派在清教徒革命中先后居于主导地位，他们在宗教、社会和政治领域不断推进清教主义，使清教运动达到高潮。在王权被击败后，清教徒革命性地获得了创建清教理想国的伟大契机，他们基于平等、自由和民主共和的理念成立了英国历史上第一个共和国。但是，客观地说，清教徒的政治思想尚不成熟，宗教热情又常常被政治实用主义和投机主义侵蚀和利用，最终，清教共和国的理想被异化的军事专制所埋葬。清教运动也在经历高潮之后，走向衰落。

1659 年，克伦威尔去世，留下了"一个充满政治冲突和内战危险的家族权力"③。其子理查德·克伦威尔（Richard Cromwell，1626—1712）任护国主公九个月后黯然下台。理查德下台的直接原因在于他缺乏管理作为统治支柱的军队的经验。④ 还有学者进一步指出，这是由于他在"维系克伦威尔支持者、共和主义者、军官及下院议员之间平衡的失败"。⑤ 无论如何，护国政体经历了 6 年时间宣告解体。

正值国家限于无政府的混乱状态时，在野的长老派议员联手苏格兰驻军司令乔治·蒙克（George Monck，1608—1670）进一步终结了独立派军

① John Spurr, *English Puritanism 1603 – 1689*, London: Macmillan, 1998, p. 115.

② J. R. Tanner, *English Constitutional Conflicts in 17th Century*, Cambridge: Cambridge University Press, 1951, p. 166.

③ A. I. Macinnes, *The British Revolution, 1629 – 1660*, New York: Palgrave Macmillan, 2005, p. 217.

④ M. A. Kishlansky, *A Monarchy Transformed Britain, 1603 – 1714*, London: Penguin, 1997, p. 217.

⑤ Barry Coward, *The Stuart Age: A History of England, 1603 – 1714*, London: Longman, 1980, p. 235.

政府的统治。1660 年 4 月 25 日，长老派与王党分子建立正式联盟，召开了新议会，因没有国王授权，这届议会通常被称为"公约议会"（Convention Parliament）。新议会的主要任务就是协助查理二世在英国复辟斯图亚特王朝。至此，清教革命宣告彻底失败，民众从清教徒严苛的宗教和军事专制统治中暂时解脱。清教革命在民众的呼声中开始，又在民众的怨声载道中结束，个中原因是什么呢？这要从清教徒的思想主张和清教徒的组织问题两方面来考量。

就思想主张来说，清教从兴起到形成一次次运动，其经历乃是一个从顺应潮流到被潮流抛弃的渐进发展过程。清教运动之所以能在早期斯图亚特王朝勃兴，并在随后的革命中达到高潮，主要原因正在于其主张适应了从传统社会向现代社会转型时期英国人反对专制王权的需要。内战爆发后，清教徒领导议会击败国王，并建立清教政权，但此后，清教主张越来越激进，政治化倾向也越来越强烈，逐渐背离了民众的时代诉求，也由此逐渐丧失了其赖以发展壮大的民众基础和宗教运动的纯洁性，从而走向衰落。具体如下。

首先，革命胜利后，人们渴望的信仰自由与宗教宽容并没有实现，清教政权的宗教政策反而加剧了英国长期存在的宗教冲突。特别是在护国政府时期，克伦威尔虽然宣扬宗教宽容，但又利用国家机器推行严苛的宗教政策。普通大众的宗教信仰被强制纳入清教徒勾勒的宗教理想之中，宗教异己分子被严酷打压，信仰自由成为一句空话。

其次，革命期间既激进又严苛的清教社会改造思想，对瓦解清教运动的群众基础起到推波助澜的作用。清教徒推行的禁欲苦行主义的生活方式并不适应相对自由的英国传统社会。对于经历战乱和推翻了专制王朝的广大民众来说，他们迫切需要建立起一个稳定有序、宽容和谐的社会，而清教统治者推行社会改造的激进政策，公然干涉人们的日常生活，使民众产生极大反感。他们开始怀念斯图亚特君主对社会旧俗的宽容[1]，甚至这种

---

① 早期斯图亚特君主对社会娱乐等持宽容态度。1618 年，詹姆斯一世曾颁布《娱乐声明》，允许合法的娱乐活动，如在星期日礼拜后可以参加跳舞、箭术或跳跃等。1633 年，查理一世重申《娱乐声明》，并做了补充。参见 J. R. Tanner, ed., *Constitutional Documents of the Reign of James I*, Cambridge: Cambridge University Press, 1960, pp. 54 – 56。

"对传统旧俗的忠诚成为反抗清教统治的旗帜"①。最终，民众从对清教徒的同情与支持，转向了与清教运动的对立。

　　最后，宗教政治化在使清教运动丧失宗教纯洁性的同时，也沦为政治变革的牺牲品。英国革命胜利后，清教徒并没有团结一致肃清王党势力，巩固革命成果，相反，尤其是长老派和独立派，他们从宗教派别之争逐渐上升到政治党派之争，政治利益取代宗教信仰成为相互缠斗的主要目的。结果，独立派战胜长老派和王党分子等政治势力，确立了自己的统治地位。其后成立的共和国，也仅存在四年（1649—1653），就被护国体制取而代之。克伦威尔作为"无冕之王"，专制性较之早期斯图亚特君主，似乎更胜一筹。这样，护国主制，这一介于共和制与君主制之间的畸形政体，不仅没有解决长期存在的宪政冲突，反而使英国陷入更复杂的政治危机。至此，宗教运动的纯洁性荡然无存。在这种情况下，人们开始怀念斯图亚特王朝的统治。克伦威尔死后，在长老派和国内外王党分子的支持下，查理二世复辟成功，清教运动随着清教政权的垮台而覆亡。

　　总之，清教徒在宗教和社会改造思想上的激进性及宗教政治化的特点是导致清教运动衰亡的重要因素。革命胜利后，进入高潮的清教运动没有及时做出适应形势变化的调整，其推行的宗教、社会与政治改造措施背离了宗教宽容、社会稳定及政治民主化的时代要求。在此背景下，清教运动逐渐丧失了民众基础，走向了时代发展的对立面，最终为时代所抛弃。

　　从清教徒组织上来说，尽管各派清教徒在内战时期能够团结合作，战胜王权，但在内战胜利后，清教徒并没有团结一致肃清王党势力，巩固革命成果，相反，清教徒陷入一场激烈的分裂与冲突之中。清教徒组织上的分裂不仅在内部瓦解了自身的战斗力，同时也给王党分子和国教徒等外部势力提供了可乘之机。② 最终成为埋葬清教徒革命的重要因素。

　　首先要指出的是，革命期间清教徒的分裂呈现多层次化的特点。除长老派和独立派之外，还出现了平等派、第五王国派、贵格会、掘地派等新

---

① C. Durston, "Puritan Rule and the Failure of Cultural Revolution", in C. Durston and J. Eales, eds., *The Culture of English Puritanism*, *1560 - 1700*, London: Macmillan, 1996, p.232.

② 邵政达：《英国清教运动衰亡原因探微》，《学海》2016 年第 5 期。

的清教徒派别。① 不仅如此，相较于 16 世纪后期的分裂，这次分裂的主导因素不再是宗教信仰上的分歧，而更主要的是政治观念和政治权益的斗争。他们从宗教派别之争逐渐上升到政治党派之争，政治利益取代宗教信仰成为相互缠斗的主要目的。

　　早在内战初期，清教徒内部就已陷入激烈的争论，诚如坦纳所说："长期议会像对付斯特拉福或废除星室法庭和高等教务法庭一样，急切地要制定出一套新的教会规范。但问题在于：就打破教会旧制度来说，达成一致是不难的，但就重建教会制度，则很难达成一致，这样，长期议会被分成两大敌对的阵营。"②

　　关于如何处置国王的问题，彻底激化了清教徒内部的矛盾，引发了组织上的分裂。1648 年 9 月，议会两院决定重启与国王的谈判。不过，在谈判开始前，约有 4 万名居住在伦敦或在伦敦附近的人集会反对保留王权与上院。请愿者声称："下院由人民选出并代表人民，是英格兰最高权威"，他们还说："一个安全、自由的国家却由两个或三个最高权威统治是不可能的。"③ 在这种情况下，长老派、独立派和平等派等政治派别各执己见，冲突不断。平等派提出对引起流血战争的查理一世进行惩罚；占议会多数的长老派议员坚持同国王达成协议；独立派则坚持要对国王进行审判。最终，独立派利用对军队的控制进行了议会清洗。1648 年 12 月，独立派的上校军官普莱德率军占领议会，清洗了一批被认为是敌人的长期议会议员，主要是长老派议员。残余议员不足 60 名，距离法定人数少 40 人。④ 因此这届议会也被称为"残缺议会"。

---

　　① 平等派主张建立共和制度、实行普选、进行广泛的社会改革等，后被克伦威尔领导的独立派镇压；第五王国派是清教徒中的极端分子，他们认为以基督为王的千年王国即"第五王国"即将降临人间。在此之前，由"圣徒"代基督统治。他们曾发动武装暴动，后被克伦威尔镇压。贵格会奉行神秘主义、和平主义，反对洗礼与圣餐；掘地派主张建立公有制的共和国，具有空想社会主义的特征，后遭到镇压。

　　② J. R. Tanner, *English Constitutional Conflicts in 17th Century*, Cambridge：Cambridge University Press, 1951, p. 99.

　　③ Ibid., p. 151.

　　④ 后来，老的议员被部分重新接收，新的议员被选举进来，但在 1649 年的上半年，最多人数也只有 77 人，甚至晚至 1652 年，议员数量也没有超过 125 人。参见 J. R. Tanner, *English Constitutional Conflicts in 17th Century*, Cambridge：Cambridge University Press, 1951, p. 152。

普莱德清洗实质上是军队全面介入政治、建立军事专制政府的前奏，该事件也标志着下院与军队的合作朝向军队专权的方向演进。普莱德清洗将所有权力都交给作为议会少数派的独立派，而独立派受军官委员会（Council of Officers）控制。很快，下院单独组建高等法庭对查理一世进行审判，并判处其死刑。查理一世死后，独立派主导下的议会开始着手建立共和国。

组织上的分裂对于清教运动的发展来说，带来了严重的后果。一方面，长老派与独立派的分裂与争斗使清教运动失去了统一的领导核心，葬送了清教革命。早期斯图亚特王朝，两派在反抗专制王权和反对宗教迫害上具有共同的目标。内战爆发后，长老派主要掌握着议会，独立派则控制着议会军，他们的相互配合为战胜王党提供了政治与军事保障。革命胜利初期，两派虽有分歧，但尚能维持合作共存的局面，长老派在国内推行清教改革，而独立派在苏格兰和爱尔兰继续进行战争。但随着内战的结束，他们的矛盾不断凸显，双方在政治、宗教问题上针锋相对，致使"任何革命措施都无法实施"。[①] 如在如何处置查理二世的问题上，长老派主张与国王谈判以达成妥协，而独立派则坚持废黜国王，两派的分歧变得不可调和，以至于发生了武力冲突。1648 年 12 月，独立派军官托马斯·普莱德（Thomas Pride）率军占领议会，清洗了一批长期议会议员，主要是长老派成员。残余议员已经不够议会法定人数，因而此后的这届议会被称为"残缺议会"（Rump Parliament）。"普赖德清洗"（Pride's Purge）结束了清教两大派别合作的基础。为了彻底打消长老派和王党分子对斯图亚特君主抱有的幻想，残缺议会通过法令，宣布停止与国王谈判，并组建高等法庭（High Court of Justice）审判查理一世。独立派的胜利宣告了军事专制主义的诞生，也使长老派沦为宗教上的少数派和政治上的在野党。随着革命中两大清教派别联盟的瓦解，清教运动由此开启了衰落历程。

另一方面，平等派的出现及其与独立派的冲突对清教运动的发展造成了消极影响。1647 年，独立派军官提出《建议要点》（*Heads of Proposals*），作为政治纲领，其基本精神是建立有限君主制以及实现军队、议会

① John Spurr, *English Puritanism, 1603 - 1689*, London: Macmillan, 1998, p. 115.

和国王三者对政治权力的分享，① 实质上就是要建立军事专制性质的寡头政体。代表军队下层利益的平等派对此持反对意见，他们从人民的自然权利（natural rights）出发，② 提出了与独立派截然不同的政治纲领《人民公约》（An Agreement of the People）。其主要内容包括：废除君主制和上院、建立一院制（下院）议会以及实现成年男子普选权、法律面前人人平等、宗教和言论自由等。③ 平等派的基本政治主张乃是建立一个体现民权思想的民主共和国。两派在政治主张上的冲突，以平等派被镇压而告终。1647 年，克伦威尔强行终止与平等派的普特尼辩论（Putney Debates），命令新模范军在鲁易斯利普荒原（Ruislip Heath）、金斯敦（Kingston）和魏尔（Ware）三个地点接受检阅，并签署效忠最高司令官费迪南多·费尔法克斯（Ferdinando Fairfax，1584—1648）和军队委员会的声明，以此表明他们愿意接受独立派的政治主张。对此，平等派做出了反应。由托马斯·哈里逊（Thomas Harrison）和罗伯特·李尔本（Robert Lilburne）等人指挥的平等派军队，在未经上级军官许可的情况下，前往检阅地魏尔附近的灌木林原野集结。李尔本团的士兵赶走了该团的独立派军官，并在军帽上别上《人民公约》，上面写着"英格兰的自由，士兵们的权利"（England's Freedom，Soldiers' Rights）的口号。克伦威尔以维护军队团结和反对无政府状态为借口，逮捕了参与"魏尔兵变"（Ware Mutiny）的大批平等派中下级军官和士兵，并亲自杀害了理查德·阿诺德等激进分子，平等派运动宣告失败。这样，独立派在缔造一个军事独裁政权的同时，也使信仰自由、政治民主的清教理想彻底破灭，清教运动作为一场宗教改革运动的纯洁性荡然无存。

　　综合来看，清教运动作为英国宗教改革的延续，推进了英国新教主义的深化发展，引领了英国宗教运动的潮流，形成了独特的英国清教思想。

---

① J. P. Kenyon, ed., The Stuart Constitution: Documents and Commentary, 1603–1688, Cambridge: Cambridge University Press, 1966, pp. 85–86.

② Christopher Hill, Puritanism and Revolution: Studies in Interpretation of the English Revolution of the 17th Century, London: Secker & Warburg, 1958, p. 80.

③ "An Agreement of People", in Charles Blitzer, ed. The Commonwealth of England: Documents of the English Civil Wars, the Commonwealth and Protectorate, 1641–1660, New York: G. P. Putnam's Sons, 1963, pp. 42–43.

这一思想不仅在当时产生了深刻的社会影响，也对此后英国乃至北美的政治和宗教哲学影响深远。同时，清教运动在发展中逐渐突破狭隘的宗教范畴，将清教理想引向政治领域。宗教与政治的耦合将清教运动推向了高潮。革命期间的清教徒创建了一个充满清教主义理想的共和国，将平等、自由、民主的思想应用到社会和政治改造当中，取得了非凡的成就。但是，清教徒的实践也因为其思想上的激进性和组织上的分裂等原因而产生异化，最终革命失败，清教运动在短暂的高潮过后走向衰落。

第 五 章

新教体制的巩固与国教霸权

约翰·洛克在写于 1660—1662 年间的《政府短论两篇》（*Two Tracts on Government*）中不无感慨地说道："几乎所有这些年里令基督徒困惑的灾难性革命都围绕这一关键而发生，没有哪个如此邪恶的预谋不披着宗教的外衣，没有哪次反叛出于自身目的不冠以华丽的宗教改革的名号……所有这些给欧洲带来浩劫和废墟、导致数百万人流血、至今仍未熄灭的战火，最初都是由来自祭坛的薪炭点燃的……"① 洛克对宗教冲突的厌恶态度代表了经历 20 年革命的英国民众最普遍的感受。正因如此，包括清教徒在内的各派势力才能在克伦威尔家族倒台后迅速达成共识，确立一种看似保守、实则折中的政治和宗教安排：政治上，迎回旧王朝，恢复古老的王政，同时巩固议会的政治地位；宗教上，重新回到伊丽莎白一世确立的、信仰统一的中间道路上来，即重塑国教会的权威与统一。这样一种政治和宗教的妥协路线是能够团结大多数人的选择，在革命中被颠覆的社会秩序也得以重新回到稳定的常态。

当然，无论是以清教徒为代表的激进主义左派，还是天主教徒为代表的右派，都没有被清除干净，这是折中主义必然会面临的问题。因此，复辟王朝的国教会仍要面对左、右两方面的攻击，而尤为危险的是，天主教徒还得到了王权的有力支持，结果是——宗教冲突"风云再起"。在天主教复辟的威胁下，国教会与清教徒最终达成和解，双方的利益是：国教会

---

① John Locke, *Two Tracts on Government*, ed. by Philip Abrams, Cambridge：Cambridge University Press，1967，pp. 160 – 161，211. 转引自 ［英］ J. C. D. 克拉克《1660—1832 年的英国社会：旧制度下的宗教信仰、观念形态和政治生活》，姜德福译，商务印书馆 2014 年版，第 54 页。

继续享有特权，而新教非国教徒则获得信仰自由。

第一节　复辟王朝的宗教冲突

1660 年 4 月，流亡在荷兰的查理二世发布了《布列达宣言》（*Decla-ration of Breda*），他承诺任何人不会因在《宣言》发布前反对其父王查理一世和他本人而受到侵害；只要没有破坏王国和平，任何人都不会因为宗教上的分歧而受到侵扰。① 这一宽容宣言给予参加革命的清教徒以政治保障和信仰自由，对于革命期间土地和其他财产的变更，也不强行恢复。1660 年《赔偿和赦免法》（*Act of Indemnity and Oblivion*）仅仅施加三年特别税收作为对过去 20 年间权利受损者的补偿，税收的标准为：侵害他人利益的绅士阶层每人 10 镑，低于这一等级者每人 2 镑。② 当然，审判和处死查理一世者和革命主要领导人不在宽容之列。审判查理一世的高等法庭成员中的 9 人，如哈里逊将军（General Harrison）、哈克少校（Huck Major）等被以"弑君者"罪名处死，革命的主要领导人如托马斯·克伦威尔、约翰·皮姆和约翰·布雷德肖（John Bradsaw）等人还被挖坟戮尸。无论如何，经历了 20 年跌宕起伏的革命浪潮与宗教冲突，民众最迫切需要的社会安定有了保障。在继承革命部分既定成果的基础上维护旧传统是斯图亚特王朝复辟的政治基石。

尽管在一定程度上继承了革命的遗产，但发动革命的清教徒必须被排除出政治舞台成为复辟王朝的首要任务。在 1661 年 5 月由查理二世重新召开新议会，缺乏合法性基础的"公约议会"完成了复辟旧王朝这一历史使命后终结。在这届通常被称为"骑士议会"（Cavalier Parliament）的新议会中，曾在革命前广受诟病的"劳德派"（Laudians）③ 和保王党成为议会中的多数派，而在复辟问题上充当"马前卒"的清教长老派被彻底排挤出去。

---

① Andrew Browning ed., *English Historical Documents*, *1600 - 1714*, London: Taylor & Francis, 1996, pp. 57 - 58.

② Ibid., p. 164.

③ 即劳德主义（Laudianism）的追随者。威廉·劳德（William Laud）1633 年出任坎特伯雷大主教，成为高教会的首领和迫害清教徒急先锋。1645 年，劳德被以叛国罪处死。

在取得议会的主导权后，骑士议会着手重建国教会，并推行国教"霸权"政策。1661 年的骑士议会恢复了 1641 年废除的主教制度，新的教士集团重新建立，其顶层的 26 名主教和大主教重新坐回上院，主教以下的各级教区管理体系也回到革命前的状态。克拉克对复辟后的国教会评价说："王政复辟后的制度最缺少妥协性"，而且"宗教迫害的经历使其理论基础更加坚定、更加清楚"。① 的确，20 年伴随着流血与社会动荡的革命年代，使英国人对宗教统一的渴望比任何时候都更加强烈。骑士议会与国教会更加紧密地合作，共同维护国教会的霸权。尽管议会与国教会的紧密联合始自都铎王朝，但国教会本身强烈的政治化倾向是从复辟王朝真正开始的。这种倾向体现在两个层次上：其一，世俗贵族和主教的联盟；其二，地方乡绅与下层教士的联合。前者构成了上议院政教联合的基础；后者则是国教会统治基础和下院政教联合的表现。

正是议会与国教会的绑定，造成了另外一种严酷的事实，即查理二世许诺的宗教宽容与议会维护国教会霸权的坚定步伐发生了矛盾。复辟时期的议会，尽管无法与革命年代的崇高地位相媲美，但远比早期斯图亚特王朝时代更加强大，王权的空前衰落与议会权力的扩张是查理二世不得不面对的政治现实，也是革命最重要的政治遗产。在复辟王朝前期，议会实质居于国家权力的中心，查理二世不得不小心翼翼地维持与议会的合作。这正是一系列强化国教会"霸权"、打击清教徒法令出台的背景。由骑士议会通过的该系列法令合称"克拉伦敦法典"（*Code of Clarendon*）。尽管以克拉伦敦伯爵爱德华·海德（Edward Hyde，1609—1674）的头衔命名，但他本人并未真正参与各法令的起草，仅仅因为其掌玺大臣和国王主要谋臣的身份而冠以其名。相反，克拉伦敦伯爵本人并不是一名劳德派分子，他在宗教上倡导宽容与和解，而这部法典显然"没有克拉伦敦所希望看到的包容和理解的因素"②。

《克拉伦敦法典》主要由四部主要法令构成。其一，1661 年通过的《市政法》，要求市政机关工作的公务人员必须宣誓效忠国王，承认国王

---

① ［英］ J. C. D. 克拉克：《1660—1832 年的英国社会：旧制度下的宗教信仰、观念形态和政治生活》，姜德福译，商务印书馆 2014 年版，第 71—73 页。

② 同上书，第 73 页。

的至尊地位，并在国教教堂领受圣餐。该法令的实施，将非国教徒完全排斥在市政权力之外，意图根除清教运动和天主教徒的政治基础。其二，1662 年通过《信仰划一法》，恢复使用《公祷书》，并阐明那些想要留在英格兰教会的神职人员必须遵守的信条。该法令一经发布，就有超过 2000 名"不奉国教者"被迫退出教会，这一被称为"大驱逐"① （Great Ejection）的事件完成了对教会中清教徒的清洗。② 其三，1664 年通过的《宗教集会法》，规定凡拒绝在国教教堂做礼拜者和参加五人以上集会者都要受到监禁或驱逐，如果被驱逐后私自返回则处以极刑。1670 年又通过第二个《宗教集会法》（the Conventicle Act），规定了更严厉的"处罚方式、原则和程序"。其四，1665 年通过的《五英里法》（the Five Mile Act），规定凡拒绝接受《信仰划一法》的神职人员必须宣誓不反抗国王、不企图变更国家和教会；凡不宣誓者不可进入任何城市或原属教区五英里范围之内。③

这一法典用国教会的宗教专制主义将非国教徒排斥在政治、宗教和主流社会之外，即使他们无法进入政府机关，以谋取任何政治权力，又无法享有基本的信仰自由，甚至无法融入一般性的社会生活。其结果是 16 世纪以来持续一个世纪之久的清教运动遭到毁灭性打击，坚持信仰的长老派只能自称为"不奉国教者"（nonconformists），而其他清教派别只能接受"异端分子"（dissenters）的称呼。④ 从此，"清教徒"这一称呼就逐渐从英国历史舞台上消失了。当然，作为所有新教徒共同反对的教派，天主教徒与清教徒遭受到同样的不公正待遇。

议会主导下的国教统治政策仍然坚持一种介于天主教与激进新教主义的中间道路，是 16 世纪宗教改革折中主义路线的延续，是避免英国陷于血腥宗教冲突和宗教战争的选择，也是英国大多数贵族和民众吸取 1640

① E. B. Hulbert, *The English Reformation and Puritanism*, Chicago：Chicago University of Press, 1908, p. 277.

② C. Durston, "Puritan Rule and the Failure of Cultural Revolution", in C. Durston and J. Eales eds., *The Culture of English Puritanism*, *1560 - 1700*, London：Macmillan, 1996, p. 231.

③ C. G. Robertson, ed., *Select Statutes Cases and Documents to Illustrate English Constitutional History*, *1660 - 1832*, London：Methuen, 1923, pp. 35 - 70.

④ John Spurr, *English Puritanism 1603 - 1689*, London：Macmillan, 1998, pp. 131 - 132.

年革命教训和经验的选择。但它所带来的是对非国教徒的极度不公，他们因为宗教上的歧义无法享有与国教徒同等的政治、经济和社会地位，这与17世纪逐渐发展起来的宗教宽容思想和斯图亚特王朝复辟后民众的普遍愿望是完全相悖的。这也正是骑士议会宗教政策的最大问题所在。然而，在此后长达一个多世纪的时间里，议会尽管偶尔做出调整，但国教霸权始终是一条不可更改的宗教和政治原则。究其原因，存在下面这样一个事实：相对于国教霸权，宗教平等与信仰自由存在着另外一个巨大的麻烦问题——它意味着天主教的解放和复兴，而这正是亨利八世宗教改革的一个多世纪以来，英国人最为恐惧的一点。玛丽一世时期的天主教复辟带来的严重后果在英国人心中留下了长久的痛苦记忆。正因如此，当查理二世和詹姆斯二世在推行宗教宽容和平等政策时，不仅遭到了国教会的坚决反对，也同样受到新教非国教徒的拒绝。对于新教非国教徒来说，天主教徒的统治当然远比同为新教的国教会更为可怕，他们宁愿不要自由与平等，也不愿看到天主教的复兴，这正是复辟王朝后期新教联盟形成的根源。新教联盟是之后光荣革命顺利实现政治和宗教目标的基础，也是18世纪国教霸权存在的前提。

　　总的来讲，查理二世统治前期，作为一名务实的君主，他能够在同议会的合作中不断巩固复辟王朝的统治。但在他的统治后期，王国渐渐走出革命的阴霾，查理二世在行使王权时也更加自信。他个人的政治和宗教倾向也逐渐暴露出来，其与议会之间的矛盾也不断显现。其中最主要的问题还是在于双方对天主教徒政策上的冲突。

　　复辟初期，查理二世在宗教上采取了谨慎的策略。它在1660年发布的《布列达宣言》中表达的宗教宽容思想，是对此前20年参加革命者的安抚，以及响应民众对宗教自由的渴望。但对于新教徒各派来说，这是一个危险的信号。正如斯珀尔所说："这个'空洞的宽容'起到的负面作用远大于其正面的，因为这个许诺将被天主教徒作为复兴的保护伞。"[1] 包括新教非国教徒诸派也很快意识到了这一点。1670年的《多佛条约》使新教徒的这种担忧得到一定程度的验证。1670年6月查理二世与法王路易十四签订的《多佛条约》（*Treaty of Dover*），表面上要与法国建立针对

---

[1]　John Spurr, *English Puritanism 1603 - 1689*, London: Macmillan, 1998, p. 128.

荷兰的军事同盟，但条约附加了秘密条款，即查理允诺在未来战争中帮助法国打击新教的荷兰，并在条件许可时公开宣布自己是天主教徒，而法国则答应在查理复辟天主教时给予财政和军事上的支持。[①] 虽然密约内容并未公开，但传言在国内迅速传播。国内的反天主教热情被激发起来。

在第三次英荷战争（1672—1674）开战前三周，查理二世不顾国人的反天主教情绪，发布了《信仰自由宣言》（*Royal Declaration of Indulgence*），表示要将宗教自由扩大到本王国境内外所有非国教徒，停止执行相应的刑法和对非国教徒的惩罚。[②] 这是查理二世利用法律中止权变更现有法律（主要是指《克拉伦敦法典》）的尝试，公开挑起了同议会的冲突。在所有新教徒看来，这是查理二世企图恢复天主教的一个步骤，因而引发了激烈的反应。

议会首先掀起一股反天主教的抗议风潮。下院公开抨击国王的行为破坏了宪政传统，为此还于 1673 年 2 月通过了一项专门决议：宗教事务方面的法律不能被议会以外的权力所中止。[③] 为了迫使查理二世收回宣言，议会还以不批准对荷兰的战争拨款相要挟。议会的抵制还得到了普通法职业群体的有力支持，即使是国王任命的法官群体也坚决反对国王变更法律的特权，与议会站在一起。新教非国教各派也没有上当，他们公开拒绝国王给予的自由，表示放弃改革主张，支持国教会的宗教统一。这一事件成为新教徒第一次公开的统一阵线，建立了新教联盟。议会和新教联盟的坚决态度让查理二世"认识到人们对天主教的极度恐惧"和联合抵制的决心。[④] 值得一提的是，这一事件并没有因查理二世收回宣言而告终，它还持续发酵，最终迫使查理二世承诺采取一项"相反原则的措施"。1673 年 3 月，《宣誓法》（*Test Act*）获得通过。根据这项法律，在任何民事、军

---

① P. L. Hughes & R. F. Fries eds. , *Crown and Parliament of Tudor and Stuart England*：*A Documentary constitutional*，*1485 – 1714*，New York：G. P. Putnam's Sons，1959，pp. 272 – 274.

② Andrew Browning ed. , *English Historical Documents 1600 – 1714*，London：Taylor & Francis，1996，p. 77.

③ 下院对国王《信仰自由宣言》的回复，参见 J. P. Kenyon, ed. , *The Stuart Constitution*：*Documents and Commentary*，*1603 – 1688*，Cambridge：Cambridge University Press，1966，pp. 409 – 410。

④ C. G. Robertson ed. , *Select Statutes Cases and Documents to Illustrate English Constitutional History 1660 – 1832*，London：Methuen，1923，p. 75.

事公共部门任职者都要在任职三个月内进行神圣宣誓，并声明反对传统天
主教的"化体说"。[①] 这一法律是对《克拉伦敦法典》确立的国教霸权的
强化，它尽管适用于所有非国教徒，但无疑主要是针对天主教徒的。

　　《宣誓法》通过后，查理二世的弟弟约克公爵詹姆斯因拒绝宣誓和反
对天主教而辞去了海军大臣一职。这一事件对于复辟王朝后期的政治和宗
教发展具有深远的影响。尽管他从未公开声明自己的天主教信仰，但这一
事件已等同于公开表明他的天主教徒身份。由于查理二世没有合法子嗣，
詹姆斯作为王位的第一顺位继承人，他的信仰问题成为英国人关注的焦
点。在某种程度上，查理二世发布《自由信仰宣言》的目的是在试探议
会和民众对天主教徒的容忍底线，试探的结果让查理二世清晰地认识到天
主教在英国不可能得到容忍。基于这样一个事实，务实的查理二世反对詹
姆斯信仰天主教，并要求他的两名侄女，即玛丽和安妮必须接受新教教
育。玛丽和安妮是詹姆斯的第一任妻子、克拉伦敦伯爵的女儿安妮·海
德[②]所生。在查理二世的安排下，两人还先后嫁给了两位新教徒，即荷兰
执政威廉和丹麦王子乔治（Prince George of Denmark）。但是，查理二世
对詹姆斯的天主教信仰仍抱有同情态度。正因如此，1673 年 9 月，查理
二世又允许詹姆斯迎娶了一位天主教妻子，即来自意大利莫德纳（Mode-
na）的玛丽亚·贝亚特丽斯（Maria Beatrice）。

　　詹姆斯辞去海军大臣职务和娶天主教妻子两件事清晰地表明了他的天
主教信仰，这成为此后数十年里一系列问题的导火索，其中"天主教阴
谋案"（Case of Popish Plot）和"排斥法案危机"掀起了一场反天主教的
高潮。

　　"天主教阴谋案"起因于 1678 年一件未经证实的、行刺查理二世的
事件。一位叫提图斯·奥茨（Titus Oates）的人和他的同伙指控天主教徒
制订了一套刺杀查理二世的计划，参与人包括约克公爵夫人的秘书爱德
华·科曼（Edward Colman）和王后布拉甘扎的凯瑟琳（Queen Catherine
of Braganza）的内科医生乔治·韦克曼（Sir George Wakeman），后者试图

---

　　① 　G. B. Adams & H. M. Stephens, eds., *Select Documents of English Constitutional History*, New
York: Macmillan, 1919, pp. 436 – 439.

　　② 　1671 年，安妮·海德死于难产。

下药毒死查理二世。他指控说天主教徒企图将信仰天主教的詹姆斯推上王位，以迫害和屠杀新教徒。奥茨的说法受到质疑，查理二世本人也不相信，但民众和议会仍被反天主教情绪所感染，倾向于相信这一阴谋。加之最初接手该案的法官戈弗雷爵士被谋杀，人们更加相信天主教阴谋确实存在。该案在王座法庭中审理，韦克曼被宣判无罪。判决公布后，民众普遍相信法庭的审判并不是公正独立的，法官和陪审员们受到公众舆论的强烈谴责，他们甚至不得不"因恐惧公众的暴动而从各自家中逃亡"①。首席法官斯克罗克斯被一群民众追打，所乘马车里甚至被扔进一条死狗，下院还在次年成立一个专门委员会对其提出弹劾。② 这一迷雾重重的案件在随后持续发酵，数十人受该案牵连被处死，全国范围内的反天主教风潮迭起。该案还促成当年议会通过了第二个《宣誓法》，将宣誓的范围进一步扩展至议会两院，以彻底清除出议会中可能潜藏的天主教徒。

"天主教阴谋案"后，人们对詹姆斯继承王位及可能引发的天主教复兴和新教危机更加忧虑。此时的查理二世已经年迈，尽管他有许多私生子女，但却没有合法的子嗣可以继承王位，詹姆斯在王位继承中的优先地位已经成为不可改变的事实。为此，议会中以沙夫茨伯里伯爵安东尼·阿什利·库珀（Anthony Ashley Cooper, 1st Earl of Shaftesbury, 1621—1683）为首的议员试图通过一项《排斥法案》（*The Exclusion Bill*）排除约克公爵詹姆斯的王位继承权，这一提案连续三年被提交到议会讨论。在这一问题上，议会与政府中的政治集团分成两大阵营公开角力。议会的分裂泾渭分明，以沙夫茨伯里伯爵为首的一方被称为"辉格"（Whig，源出苏格兰盖尔语，意为"盗贼"），反对《排斥法案》的一方以丹比伯爵（Thomas Osborne, Earl of Danby, 1632—1712）为首，被称为"托利"（Tory，源出爱尔兰语，意为"不法之徒"）。查理二世与托利党紧密合作，打击辉格派议员，并两次解散议会。沙夫茨伯里伯爵后来遭到迫害，被迫流亡海外，客死异乡。

为了彻底为詹姆斯的继位扫清道路，查理二世于 1681 年解散议会，

---

① J. P. Kenyon, *The Popish Plot*, New Haven: Phoenix Press, 1972, p. 177.

② Jennifer Carter, "Law, Courts and Constitution", in J. R. Jones, ed., *The Restored Monarchy 1660 - 1688*, Totowa (N. J.): Rowman and Littlefield, 1979, pp. 87 - 88.

实行个人统治。克拉克指出："天主教阴谋和排斥危机确实有打破1660年重新建立起来的温和主义和保王主义立场的危险"，这一危险最终"在詹姆斯二世的身上变成了现实"。[①] 的确，查理二世实行无议会统治，意味着他抛弃了革命的遗产，打破了议会与王权在复辟初期达成的政治平衡，继承了其父查理一世专制主义的衣钵。这一政策引发的严重政治后果在当时并没有显现，但民众的反天主教情绪正日益同反专制主义合而为一，汇聚成一股强大的"革命"意志。

1686年，在实行了五年的个人统治后，查理二世去世，约克公爵詹姆斯登上王位。尽管在加冕典礼上，詹姆斯声称他将继续维护传统的国教会，但他对天主教的虔诚信仰很快付诸行动，印证了人们最初的担忧。

首先，詹姆斯打破《克拉伦敦法典》的相关规定，利用手中的特赦权起用天主教徒担任政府、军队官员，以壮大天主教徒的政治势力。1640年革命前，英国一直没有真正的常备军，克伦威尔等人创建的新模范军是第一支现代意义上的常备军，在内战中担当议会军的主力，在击败王党军队的战争中发挥了关键作用，使英国人意识到常备军的巨大功用。斯图亚特王朝复辟后，查理二世将乔治·蒙克率领的新模范军进行改组和保留，其人数为5000人左右。詹姆斯二世继位后，不断扩充这支常备军，以此作为专制统治的支柱。为了更加有效地控制军队，詹姆斯二世安插了大量亲信充任军官，其中有一些是天主教徒，爱德华·黑尔斯（Edward Hales）就是其中之一。但是，根据《市政法》和《宣誓法》的规定，担任国家公职人员必须按照国教徒礼仪宣誓，并声明反对天主教。因而，国王任命天主教徒为军官是非法的。

1686年，"戈登诉黑尔斯案"（*Godden v. Hales*）将这一问题置于公众舆论中。该案的争论焦点在于国王是否享有特赦权，即特赦臣民使之免受法律限制。该案起因于詹姆斯二世任命天主教徒黑尔斯为军官后，黑尔斯并未依照《宣誓法》的规定进行宣誓，他的仆从戈登出于个人利益控告黑尔斯违法。案件被提交到王座法庭，詹姆斯二世使用法律特赦权对黑尔斯予以庇护。在庭审中，12名法官中有11名迫于国王的压力而支持国王

---

① ［英］J. C. D. 克拉克：《1660—1832年的英国社会：旧制度下的宗教信仰、观念形态和政治生活》，姜德福译，商务印书馆2014年版，第87页。

的特赦权。他们还对国王特赦权提出法理辩护，提出了如下观点："一，英国国王是最高统治者；二，英国法律即是'国王的法律'（king's laws）；三，基于必要的理由对特别的案件实施特赦权是国王不可分割的权力；四，国王是对实施特赦权与否的必要性和理由唯一的判定法官。五，国王这一特赦权并非是人民赋予国王的，而是国王权威和特权的古老传统，从来没有被剥夺过，也不能被剥夺。""黑尔斯案"及在该案中体现出的法官对国王的依附性加深了议会和民众对詹姆斯二世复辟天主教的担忧。

在政府和王室法院中，詹姆斯二世也大量任用亲信，其中许多都是隐藏的天主教徒。在地方上，詹姆斯二世也有计划地扩充自己的势力，据统计，1687 年詹姆斯二世安插了 455 名王党分子担任地方治安法官，1688 年这一数字已达 795 名（总数为 1197 名），[1] 在这些治安法官中有多达 19% 的人是天主教徒。[2]

其次，詹姆斯二世重建教务司法委员会作为复兴天主教的核心机构。根据 1641 年长期议会的法令，所有特权法庭都被废除，其中包括高等教务法庭，并宣布撤销伊丽莎白一世《至尊法》中关于组建该法庭的法令。法令同时规定"此后禁止组建享有类似高等教务法庭的特权司法机构"。[3] 作为革命的重要成果，查理二世在王朝复辟后也接受了长期议会的相关法令。但是，詹姆斯二世无视这一法律规定，悍然将教会的管理权交给一个七人委员会，并授予他们剥夺圣职和革除教籍的大权，这意味着基于国王特权的宗教法庭得以复兴。对此，梅特兰一针见血地指出："他的目的几乎无需掩饰，那就是强行复辟罗马天主教。"[4]

再次，通过推行宗教宽容政策给予天主教徒合法地位。1687 年，詹姆斯二世效法其兄长查理二世的做法，公开发布了一个《信仰自由宣

① John Miller, *Popery and Politics in England, 1660 – 1688*, Cambridge: Cambridge University Press, 1973, pp. 269 – 272.

② Jennifer Carter, "Law, Courts and Constitution", in J. R. Jones, ed., *The Restored Monarchy 1660 – 1688*, Totowa (N. J.): Rowman and Littlefield, 1979, p. 90.

③ J. R. Tanner, *English Constitutional Conflicts in 17th Century*, Cambridge: Cambridge University Press, 1928, pp. 98 – 99.

④ F. W. Maitland, *The Constitutional History of England*, Cambridge: Cambridge University Press, 1919, p. 312.

言》，表示要给予本王国范围内的基督教各教派，包括天主教和新教，以充分的宗教自由，还要向他们开放政府官职。[1] 但此时的新教徒已经彻底地认识到，这一宣言"实质是对天主教徒赏赐的礼物"。[2] 因此，新教徒之间的联盟更加紧密，国教会的教士们拒绝宣读宣言，新教非国教各派别则支持国教会的抵制行动。但是，詹姆斯二世并非一名务实的政治家，而是一位"野心勃勃，又有宗教偏执"[3] 的天主教徒，面对新教徒联盟的公开反对，他并没有像他的兄长那样选择妥协，而是在第二年再次发布《信仰自由宣言》，并严令各地主教必须在所有国教教堂连续两个礼拜天宣读这份文件。[4] 这一事件激起了教俗两界的强烈反抗，最终成为光荣革命爆发的主要导火索之一。

　　总之，自1672年起，查理二世转变了此前对骑士议会制定的宗教政策的认可态度，试图通过打破议会奉行的国教霸权政策，通过实施"宗教宽容"来达到复兴天主教的目的，但在国教徒和新教非国教各派的联合反对下而失败。在詹姆斯二世统治期间，天主教复兴的步伐加快，他试图通过专制主义强行达到复兴天主教的目的，不仅促成新教徒各派建立可靠的反天主教联盟，而且促成议会中托利党与辉格党握手言和，最终引发了光荣革命。综合来讲，复辟王朝时的宗教冲突在政治领域的表现是君主与议会的冲突，这种政治与宗教耦合的结果是通过政治革命的形式解决宗教问题，这正是16世纪以来英国宗教发展的突出特点。

第二节　新教体制的巩固

　　詹姆斯的做法给他自己的统治造成严重后果，正如琼斯所说："为了追求不切实际的、天主教英格兰的幻想，詹姆斯挥霍掉了自己本就不多的

---

　　[1]　Andrew Browning, ed., *English Historical Documents, 1600–1714*, London: Taylor & Francis, 1996, p. 621.

　　[2]　Peter Earle, *The Life and Times of James Ⅱ*, London: Weidenfeld & Nicolson, 1972, p. 163.

　　[3]　Jock Haswell, *James Ⅱ*, London: Hamish Hamilton, 1972, pp. 235–236.

　　[4]　Andrew Browning, ed., *English Historical Documents 1600–1714*, London: Taylor & Francis, 1996, p. 83.

政治资本。"① 詹姆斯第二次发布《自由信仰宣言》后，包括坎特伯雷大主教威廉·桑克罗夫特（William Sancroft，1617—1693）在内的七位主教联名递交了著名的"七主教请愿书"（*Petition of the Seven Bishops*）。他们恳请国王收回成命并申明他们不会违背良心和法律宣读这份宣言，同时指出国王无权废除议会已通过的法律。② 詹姆斯二世并不理会，反而以诽谤政府罪（seditious libel）将他们投入伦敦塔。1688 年 6 月 "七主教案"在王座法庭审理，首席法官罗伯特·怀特爵士（Sir Robert Wright）被坎贝尔勋爵称为"英国法庭上出现过的最卑劣的恶棍"。③ 他遵从国王的指示，要求陪审团裁决七名主教有罪。陪审团在法官们的强大压力下，没有屈服，坚持裁决七主教无罪。丹宁勋爵盛赞他们"拯救了英国宪法"④。

"七主教案"是詹姆斯二世天主教复辟政策失败的标志，也是其个人统治遭遇的最大危机。以七主教为代表的国教会领袖们站到了君主的对立面，动摇了复辟王朝政权的根基。全国范围的反专制、反天主教的呼声像一股巨大的洪流淹没了詹姆斯二世苦心经营的天主教复辟事业。有学者指出："詹姆斯的天主教化政策几乎导致了暂时的民族统一意识。"⑤ 正值此时，詹姆斯二世的天主教徒王后又"不合时宜"地生下一名王子。曾寄希望于詹姆斯死后由其两位新教徒女儿继承王位的各派势力彻底放弃了幻想。王子的诞生意味着詹姆斯的天主教事业将继续延续下去，这成为集结全国反天主教力量的一声号角。

"七主教案"宣判当天，一封由议会两党和国教会的七名头面人物签名的密信被送出伦敦。信中载明了一场"叛乱阴谋"——邀请荷兰执政威廉率军前往英国保护英国人民的自由和财产。这七人由三名辉格党人和三名托利党人以及伦敦主教构成，他们基本代表了议会和国教会的主流意

① J. R. Jones, "The Later Stuart Monarchy", in J. R. Jones, ed., *The Restored Monarchy*, *1660 - 1668*, Totowa (N. J.): Rowman and Littlefield, 1979, p. 45.

② P. L. Hughes & R. F. Fries eds., *Crown and Parliament of Tudor and Stuart England*, *A Documentary constitutional*, *1485 - 1714*, New York: G. P. Putnam's Sons, 1959, p. 299.

③ Lord Campbell, *The Lives of the Chief Justices of England*, Vol. II, London: John Murray, 1849, p. 104.

④ ［英］丹宁勋爵：《法律的未来》，刘庸安、张文镇译，法律出版社 2011 年版，第 59 页。

⑤ ［英］J. C. D. 克拉克：《1660—1832 年的英国社会：旧制度下的宗教信仰、观念形态和政治生活》，姜德福译，商务印书馆 2014 年版，第 90 页。

见。当然，威廉也并非外人，他是查理一世的外孙，詹姆斯二世的外甥和女婿。[①] 威廉的妻子玛丽作为长公主，原本将在詹姆斯二世死后继承英国王位，但一个小王子的诞生使这一希望破灭。早在詹姆斯二世来自意大利的王后宣布怀孕之时，威廉就曾公开向英国民众表示反对詹姆斯二世的宗教政策，议会中的政客与威廉也一直保持着秘密往来。

来自伦敦的邀请使威廉大喜过望，他很快于 1688 年 11 月率领一支 15000 人的军队浩浩荡荡在英国托尔湾登陆。在进军伦敦的一路上，不断有人投奔威廉，就连被詹姆斯二世派去阻击威廉的约翰·丘吉尔（John Churchill）也临阵倒戈。在兵临城下之际，众叛亲离的詹姆斯二世害怕落得其父王查理二世的下场而选择逃亡。詹姆斯二世的逃亡为威廉夫妇顺利即位提供了现实条件。1689 年初召开的公约议会（Convention Parliament）宣布：詹姆斯二世自动逊位，"王位虚悬"。威廉夫妇由此兵不血刃地通过"政变"登上王位。光荣革命的成功及随后《权利法案》的颁布宣告了自 1640 年以来宪政革命的结束，议会也因"册立之功"进一步巩固了政治权力，并确立了最高主权地位，而王权被置于法律之下和议会之中。

在宗教问题上，詹姆斯复辟天主教的图谋被彻底推翻，新教原则成为英国此后一百多年的基本政治原则。在威廉三世时代，巩固新教体制是首要问题，宗教政策也始终围绕反天主教主义和新教徒和解这两个基本原则，这是符合当时议会各派和民众主流愿望的，特别是新教徒和解与宗教宽容得到普遍的"肯定和珍爱"[②]。具体如下。

一方面，维护新教体制，继续反对天主教。根据《1689 年权利法案》的规定，在威廉三世和玛丽二世无子女的情况下，由玛丽的妹妹、信仰新教的安妮公主及其后嗣继承王位。其中还特别强调君主必须符合的新教原则——"顺从或将要归顺天主教或罗马教会，或与之保持联系，或公开声明自己的天主教信仰，或者与天主教徒联姻，则将被驱除，并永远不能

[①]　威廉的母亲是查理一世的长女玛丽公主，他的妻子是詹姆斯二世的长女玛丽（即后来的共治君主玛丽二世）。

[②]　[英] J. C. D. 克拉克：《1660—1832 年的英国社会：旧制度下的宗教信仰、观念形态和政治生活》，姜德福译，商务印书馆 2014 年版，第 80 页。

继承、占有和享有此王国、爱尔兰及其所属领地之王位和政府……"① 此外，议会还对君主的加冕誓词做了修改，要求国王必须宣誓他将全力"维护上帝的律法，真正的福音事业和法律所建立的改革后的新教"，并"保证王国的主教、教士和被委以责任的教会享有法律所赋予的一切权利"。②

1701 年《王位继承法》进一步明确了英国的王位继承中的新教原则。安妮的子嗣问题是推动《王位继承法》出台的重要原因。她在 1683 年嫁给丹麦的乔治王子以后，至少怀孕过 17 次，其中至少有 12 次流产或胎死腹中。在她成功诞下的五名子女中，有 4 个没有活过两岁；只有 1689 年出生的格罗塞斯特公爵威廉王子（Prince William, Duke of Gloucester）幸存。但遗憾的是，1700 年，11 岁的威廉王子不幸夭折，而此时已 35 岁的安妮女王饱受痛风病折磨，再次生育一个健康子女的希望极其渺茫。加之威廉三世和玛丽二世没有生育子女，这意味着《权利法案》规定的继承顺序将在安妮女王之后终结，英国将遭遇继承人危机；同时，海峡对岸活跃着的詹姆斯党人将有机可乘，英国有再度沦为天主教王国的危险。正是在此背景下，议会通过 1701 年《王位继承法》将君主的新教原则继续下去。该法规定安妮若无子女，则由詹姆斯一世信仰新教的外孙女索菲亚公主（Sophia of Hanover, 1630—1714）及其后代承继大统；法令进一步明确任何与罗马天主教会结盟、承认天主教或与天主教徒联姻者均不得继承、保有王位或以其他名义管理王国，并要求国王必须在其首届议会的第一天公开宣布反对罗马天主教的圣餐变体论。③ 上述内容在本质上设定了光荣革命后宗教政策的基调，即反天主教主义。

为了应对国外詹姆斯党人的影响及打压国内天主教复兴的势头，1700 年议会通过了《进一步限制天主教兴起法》（*An Act for the further preventing the Growth of Popery*），进一步加强对天主教的打击力度。该法明确现

---

① 毕竞悦、泮伟江主编：《英国革命时期法政文献选编》，毕竞悦等编译，清华大学出版社 2016 年版，第 454 页。

② *The Coronation Oath*, 1689, 参见 C. Grant Robertson, ed., *Select Statutes Cases and Documents 1660 – 1832*, London: Methuen & Co. LTD., 1923, pp. 118 – 120。

③ Andrew Browning, ed., *English Historical Documents, 1600 – 1714*, London: Taylor & Francis Routledge, 1996, pp. 129 – 135.

行的反天主教法律必须得到贯彻执行，同时鼓励民众抓捕和检举民间社会中的罗马天主教主义者，并可获得高达 100 英镑的资金。对于经检举证实从事天主教活动的罗马天主教牧师或天主教平信徒给予严厉的惩罚，并可判处终身监禁。①

　　另一方面，促进新教徒的宗教和解，并给予新教非国教徒信仰自由和一定的法律权利。在 1689 年的《权利法案》中，申明设立宗教事务特权法庭或一切同类法庭都是非法和有害的，并规定新教徒可以在法律允许范围内，拥有"以防卫为目的"的武装。② 1689 年，在议会和威廉三世的共同推动下，议会通过了《宗教宽容法》（Act of Toleration），为饱受各教派关注的宗教问题明确了方向。《宽容法案》共 18 条。主要包括以下几点内容。其一，实施新教徒内部的宽容政策。法案宣布废除伊丽莎白女王以来的一些针对非国教徒的严苛法令，但明确针对天主教徒政治权利的限制法令仍然有效。其二，明确非国教徒的相应权利，如允许非国教徒担任基层公职人员；对于接受新划定法案者可有条件地进入政府机关；减免他们因宗教分歧而带来的罚款；给予浸礼派与其他非国教派别同等的地位；等等。其三，规定所有教徒都要尽的宗教义务。首先是对于坚持拒绝接受新划定法令的非国教徒，规定必须接受如下宣誓以免除罚款和享受权利。宣誓内容包括两点：一是宣誓忠诚于威廉与玛丽，拒绝外来的任何权威；二是宣誓信仰基督教三位一体的基本教义和《圣经》的神圣权威。此外，法令还规定如下法律义务：所有教徒都不得故意侮辱教堂和教职人员；严守安息日规定；所有宗教集会须登记，获得批准后才能举行；等等。③

　　作为新教和解与光荣革命的产物，《宽容法案》在保证国教霸权的基础上给予了新教徒有条件的信仰自由。这些条件包括：一，新教非国教徒必须承认光荣革命的成果，效忠于威廉和玛丽，反对詹姆斯二世及其后嗣；二，拒绝接受罗马教皇的权威和天主教，即坚持反天主教立场；三，

---

　　① Andrew Browning, ed., *English Historical Documents*, *1600 – 1714*, London: Taylor & Francis Routledge, 1996, pp. 404 – 406.

　　② G. B. Adams & H. M. Stephens, eds., *Select Documents of English Constitutional History*, New York: Macmillan, 1919, p. 464.

　　③ C. Grant Robertson, ed., *Select Statutes Cases and Documents*, *1660 – 1832*, London: Methuen & Co. LTD., 1923, pp. 123 – 128.

承认国教会的统治地位。从某种程度上可以说，《宽容法案》的内容是两个方向的，它一方面肯定了新教非国教徒在光荣革命中的"同盟者"地位，给予其相应的宗教宽容与信仰自由，但又重申国教徒不可动摇的统治地位，及以此为基础的对非国教徒的明确限制。在光荣革命后的一段时期，这两点是平衡发展的。

　　威廉三世在位时期，"新教同盟"得到进一步巩固。作为一名外来君主，扩大统治基础是威廉三世政府宗教政策的出发点，在肯定国教会统治地位的前提下，威廉三世一直尝试给予新教非国教徒更多的权利。早在继位之初，威廉三世就向议会建议应有条件地允许新教非国教徒服务政府，他授意亲信向议会提出修改《克拉伦敦法典》中对非国教徒担任政府官职的限制。遭到议会否决后，他退而求其次，意图避开对既有法律的更改，通过调整和放宽通常的就职宣誓，以接纳部分非国教徒进入政府机关或议会，但也未获成功。议会的坚决态度缘于两个主要因素：其一，国教徒控制的议会不愿看到由于新教非国教徒进入政府和议会后，损害其政治垄断地位；其二，害怕向新教非国教徒开放政府官职会造成一发不可收拾的局面，使一些新教极端分子，甚至是天主教徒借机进入政府和议会，破坏光荣革命的成果。尽管如此，在威廉三世的极力推动下，议会还是在1696 年通过了一项《贵格会解放法案》（*Act in relief of Quakers*），解除贵格派教徒的通常宣誓，从而赋予了贵格会这一激进的新教派别与其他新教非国教徒享有同等的自由和权利。[①] 这一法令也是新教内部宗教宽容原则的重要表现。

　　1702 年，威廉三世在一次意外中坠马，不久病死。根据《王位继承法》的规定，安妮公主继承了王位。安妮是詹姆斯二世与第一位王后安妮·海德（Anne Hyde，1637—1671）的女儿，她幼年曾居住在法国，但6 岁以后一直在英国接受教育，在她的导师伦敦主教亨利·康普顿（Henry Compton）的教导下成长为一个有着坚定安立甘信仰的公主。尽管她的父亲拥有明显的天主教倾向，但她从小就具有反天主教的思想，正如她在给她的姐姐玛丽的信中提到的，她反感危险的天主教，而欣赏简单、明确

---

① Andrew Browning ed. , *English Historical Documents*, *1600 – 1714*, London：Taylor & Francis, 1996, p. 404.

的国教教义和礼仪。① 安妮由于身体健康状况欠佳，主要依靠亲信大臣的
辅助进行统治，但在托利党与辉格党的激烈政治斗争中，她仍扮演着关键
角色。

安妮女王时期，巩固和加强国教统治地位成为宗教政策的主要出
发点。

首先，1706 年《确保英格兰教会安全法案》重申英国国教会的统治
地位及君主保护国教会的宗教义务。在英格兰与苏格兰合并前夕，为了应
对英苏合并带来的两个国家教会的问题，苏格兰和英格兰各自出台了一部
保证各自教会独立的法案。《确保英格兰教会安全法案》是在坎特伯雷大
主教托马斯·坦尼森（Thomas Tenison，1636—1715）的建议下，由英格
兰议会通过的保障法案。该法案主要包括两点：一是重申此前确立的国教
会基本教义、礼仪和组织形式等相关法律的效力；二是规定安妮女王及其
后的历任国王都须宣誓保护且不更改国教会信仰及其相关制度。②

其次，1711 年通过《偶然遵从国教法》（Occasional Conformity Act）
打压非国教徒，巩固国教徒的政治"霸权"。安妮女王在位期间，党派斗
争激烈。一般来讲，托利党人大多在宗教问题上比较保守，倾向于强化国
教权威，限制非国教徒；辉格党人则主张在不威胁国教统治地位的基础
上，给予非国教徒更多的权利。自 1702 年起，托利党人三次提出相关法
案，目的是防止非国教徒通过临时遵从国教圣礼而获得担任官职的资格。
托利党人限制和打压非国教徒的做法受到辉格党人的攻击，尽管安妮女王
本人乐于强化国教权威，但她并没有轻易改变威廉三世以来的宗教宽容氛
围。但 1710 年以后，由于女王与托利党在西班牙王位继承战争③
（1701—1714）的问题上意见相合，为了换取政治利益，辉格党也被迫妥
协，放弃了非国教徒的利益，《偶然遵从国教法案》于 1711 年获得通过。

---

① Maureen Waller, *Ungrateful Daughters：The Stuart Princesses，Who Stole Their Father's Crown*,
New York：St. Martin's Griffin, 2002, p.60.

② G. S. Pryde, *The Treaty of Union of Scotland and England* 1707, London：Thomas Nelson and
Sons Ltd. , 1950, pp.111 – 112.

③ 1702 年法国与西班牙、萨伏依、巴伐利亚及几个德意志邦国组成同盟，要求将西班牙王
位传给法国国王路易十四的次孙安茹公爵腓力。由奥地利哈布斯堡家族控制的神圣罗马帝国、英
国、荷兰、勃兰登堡、葡萄牙及数个德意志邦国及大部分意大利城邦组成反法同盟，支持由哈布
斯堡家族的奥地利大公查理继承王位，双方进行了长达十几年的战争。

该法案主要是抵制非国教徒通过偶然或临时性的宣誓而得以在公共部门任职的行为，强调在公共部门的任职者必须具备真正的国教信仰。法案规定在 1712 年 3 月 25 日之后，全体担任政府官职者不仅在宣誓中接受国教圣礼，且在就任后的任何场合都要遵从国教的教义和礼仪，否则将被剥夺任职权利。其中，"全体人员"指所有从国王那里领薪俸者，包括任职于军队或民事部门的人员，以及王国内所有为王室服务的人。"任何场合"指王国境内（限于英格兰、威尔士与苏格兰的贝里克区）10 人以上的非国教徒秘密集会、一般集会以及超过 10 人的家庭聚会。如果未遵从上述要求而被指控者想重新获得职务，必须在一年内至少三次按照国教会礼仪接受圣餐礼，并禁止参加任何一般集会和非国教徒的秘密集会。① 这一法案显然与威廉三世时期向非国教徒让渡权利的政策背道而驰，它强调了政府公共部门任职者的宗教统一和纯洁性，将非国教徒彻底排除在外。

再次，1714 年通过《反教会分裂法》（*Schism Act*），试图进一步巩固国教权威，使国教霸权达于顶峰。这部法律在主旨上与《偶然遵从国教法》是一致的，只是其针对的领域是教育方面。其主要内容是严格限制非国教徒在学校担任职务。查理二世时期颁布的《信仰划一法》中，规定学校的教师任职须接受英国国教教义和礼仪，但由于复辟王朝和威廉三世都奉行相对宽容的宗教政策，所以非国教徒自己开办学校或在学校任职的情况仍然存在。鉴于此，为了严格执行限制政策，该法案规定：在英格兰、威尔士和苏格兰贝里克区的公立和私立初高级学校的教员、校长和学校所有者都必须宣誓"服从由法律确定的英国教会教规"，并从所在教区大主教或主教那里获得许可证，违反规定的要被处以三个月监禁。对于许可证的获得及其宣誓要求等也都有严格规定和处罚措施。② 不过，该法案通过后不久，安妮女王去世，因而并没有得到真正的强制实施。

至此，经过威廉三世时期宗教宽容的发展和安妮女王时期对国教会统治地位的强化，英国的新教体制最终确立下来。其特点鲜明地体现在两个方面：其一，新教徒内部实现宗教宽容与和解；其二，国教徒享有政治特

---

① Andrew Browning ed. , *English Historical Documents*, *1600 - 1714*, London: Taylor & Francis, 1996, p. 407.

② Ibid. , pp. 409 - 410.

权。当然，二者并非割裂的，而是互为基础和条件：新教徒的宽容建立在国教霸权的基础上，国教霸权又是以新教徒的和解为前提的。换句话说，对于国教徒来说，他们垄断着政治，甚至是经济和社会特权，但不再坚持信仰上的统一；对于新教非国教徒来说，他们享有信仰自由，但须认可国教徒的特权地位。这一新教体制奠定了18世纪英国宗教发展的基本模式。此外，值得注意的是，光荣革命确立了英国政治的宪政主义，基于这样一个政治前提，英国的宗教问题终于迎来由稳定的民意决定的时代，而不再受制于君主个人宗教倾向的影响。同时，君主的宗教倾向也被法律所限制。随之，因宗教问题而爆发内战或大规模迫害的时代也已不再。

第三节　苏格兰长老制教会

1689年，苏格兰借着英格兰光荣革命的春风，也进行了一场影响深远的"革命"，苏格兰议会摆脱王权的束缚，成为国家权力的真正中心。随后通过的1689年《权利法案》，明确废除了主教制度，规定天主教徒不得担任国王和政府机关人员，并且召回此前被流放的牧师。但对于国王的问题，苏格兰的情况显然比英国更加复杂。英国的公约议会宣布詹姆斯二世逊位，玛丽公主与荷兰执政威廉为英国共治君主。尽管这场革命的合法性通过后续的一系列法律予以追认，但所有法律和"政变"行为都由英国议会前后操纵，与同作为独立王国的苏格兰并没有法律上的关系。换句话说，詹姆斯二世的逊位，仅仅是他不再担任英国国王，但英国议会无权废除其苏格兰王位，因而他在法律上仍是苏格兰国王詹姆斯七世（James Ⅶ）。为此，苏格兰议会关于是否废除詹姆斯的王位问题展开激烈争论，其结果是苏格兰议会分裂为分别支持威廉三世和詹姆斯的威廉党和詹姆斯党。由于威廉党人占据多数，因此，苏格兰议会随后向威廉三世提出以政治利益换取宗教自由的主张，即如果威廉三世国王夫妇接受和尊重苏格兰的长老制教会，苏格兰则接受威廉为国王。通过这一政治交换，英国国王威廉三世又成为苏格兰王国的威廉二世（William Ⅱ）。长老制教会由此在苏格兰全面恢复，成为苏格兰的国教会。

威廉三世时期，英国与苏格兰共主又独立的联合方式得以延续，但这一联合方式事实上不再适应国内外形势的发展变化。一方面，英国不断对苏格兰施压，要求两国合并，以彻底解决苏格兰问题。另一方面，英国政治、经济地位的提升也使日益处于依附地位的苏格兰倾向于合并。有学者指出："在王位联合框架下，苏格兰既无法分享到英格兰的经济机遇和成果，又不得不服从英格兰的政治和经济利益。"① 特别是在 1705 年，英格兰出台了《外国人法》（*Alien Act* 1705），处于经济危机中的苏格兰更处于被动地位。该法规定，定居在英格兰的苏格兰人都将被视为外国人，苏格兰人持有的地产也将被视为外国财产，使财产的继承变得不确定。此外，英国还对苏格兰实施经济制裁，禁止一些苏格兰的大宗商品出口到英格兰及其殖民地。但法令附加了一个条款，即如果苏格兰同意与英格兰进行合并谈判，该法令将暂缓实施。② 在这种情况下，多数苏格兰政治家开始相信与其在原来松散的"邦联"中处于被动地位，不如合并为一国，或许才是解决两国关系问题和苏格兰民族发展最好的选择。③

事实上，吞并或合并苏格兰是英国的长期战略。自 13 世纪末期起，苏格兰长期与法国结盟，对英国构成严重的威胁，两国关系经常处于敌对状态。直到 16 世纪中叶，苏格兰发生宗教改革运动成为长老制的新教国家后，与天主教法国的关系才逐渐恶化，而与新教的英国交好。1603 年，苏格兰斯图亚特王朝的詹姆斯六世南下，继承英格兰王位，成为两国共主，为英国的长期夙愿——彻底解决苏格兰问题提供了契机。此后，历任斯图亚特君主都力图加强对苏格兰的统治，推动两国的合并，但都遭到苏格兰的强烈反对而没有成功。这一基本状况延续了整个 17 世纪。

至安妮女王时期，英苏之间政治上的合并已经达成基本的共识，但是，问题的关键在于政治合并必然带来的宗教问题。事实上，宗教问题已经成为两国合并中的最大障碍之一。

首先，两国宗教制度存在巨大的差异。尽管同是新教国家，但苏格兰的长老制教会与英格兰的安立甘教会在本质上是非常不同的。

---

① 李丽颖：《英格兰、苏格兰合并过程中的宗教问题》，《世界宗教研究》2011 年第 2 期。

② Michael Lynch, *Scotland: A New History*, London: Pimlico, pp. 311 - 314.

③ G. S. Pryde, *The Treaty of Union of Soctland and England* 1707, London: Thomas Nelson and Sons Ltd. , 1950, p. 34.

一方面，在教会的组织体系上，英格兰保留了天主教的等级式组织制度，这一制度与世俗的政治组织制度并行又交叉，主教既是教会的主要领袖群体，又是政治生活的重要参与者，因而有学者指出："主教是手握权力的国家官员，而不是一个特殊的族类。"① 与此不同，苏格兰的长老会制度遵从的是加尔文式的教会管理。这一制度从根本上否认教职人员或信众之间的等级划分，只是为了管理方便，通过民主选举的方式建立了不同层级的宗教会议来管理教会。其中，长老会议是以堂区为单位的、最基层的教会组织。其上由多个堂区的长老共同组成的教务评议会，作为协调和管理各堂区的机构。教会法院是设立在多个教务评议会之上的协调和监管机构。最高的层级是全国宗教大会，它是由牧师和各地选举产生的长老共同对教会重大问题做出决策的机构。

另一方面，在教会的基本教义和礼仪上，安立甘教会保留了大量的天主教残余，而苏格兰长老会则净化得比较彻底。在教义上，苏格兰长老会明确以《圣经》作为信仰的唯一依据，而安立甘教会尽管在明确《圣经》的最高信仰准则地位的同时，也保留了《尼西亚信经》等次经的准则地位；在教会礼仪上，苏格兰长老会继承加尔文宗的主张，废除了所有无《圣经》依据的圣礼，而安立甘宗将天主教传统礼仪中的大部分内容都继承了下来。总之，两国教会的巨大差异决定了两国的合并只能是政治上的合并，而无法实现宗教上的统一，如此必将面临这样一个棘手的问题——安立甘教会是英国政治的组成部分，不可能和政治割裂，英苏的合并必然使苏格兰处于安立甘教会的统治之下，这是苏格兰人很难接受的。

其次，此前两国在宗教问题上曾发生过许多龃龉和冲突，给双方都留下了无法抹去的阴影。一方面，斯图亚特君主在苏格兰强制推行的安立甘化改革，给苏格兰民众留下痛苦的记忆。自詹姆斯一世入主英格兰后，就不断在苏格兰推行所谓的"安立甘化"，即试图使王权凌驾于教权之上，用英格兰的安立甘教会制度改造苏格兰。1606—1612 年，詹姆斯通过对宗教会议和苏格兰议会的控制，恢复了在苏格兰宗教改革运动中被废除的

---

① [英] J. C. D. 克拉克：《1660—1832 年的英国社会：旧制度下的宗教信仰、观念形态和政治生活》，姜德福译，商务印书馆 2014 年版，第 70—71 页。

主教制度，赋予主教们类似于英国主教的政治和宗教权力。① 1621 年，在詹姆斯一世（即苏格兰国王詹姆斯六世）的授意下，苏格兰议会又通过了《珀斯五项规章》（*Five Articles of Perth*），这一文件是詹姆斯强行在苏格兰推动安立甘教会宗教礼仪的尝试。② 查理一世继承其父的政策，1637 年，他依照安立甘教会模式引入新的《公祷书》，强迫苏格兰人接受，激化了双方的矛盾，最终引发了两国间的战争，即主教战争。复辟王朝时期，查理二世重新推行"安立甘化"改革，恢复革命期间被废除的圣职委任制度，并清洗了苏格兰反对主教制和拒绝向国王效忠的教会人员。英国长期以来的宗教同化政策给苏格兰人留下了难以磨灭的阴影。光荣革命后，苏格兰重新恢复了长老制教会，他们极其珍视这来之不易的宗教自由。

另外，英国人对苏格兰的教会制度持排斥态度，对英苏合并可能对英国教会统一产生的威胁感到恐慌。自伊丽莎白一世时期起，英国的清教运动就不断冲击着国教会统一，清教长老会运动正是谋求将安立甘教会改造成苏格兰式的长老制教会的一场运动。在 1640 年革命爆发后，清教徒与苏格兰建立了神圣盟约，联合起来对抗查理一世的王军。但在革命中，清教徒并没有真正建立一套符合民众意愿的教会制度，反而因内部的冲突和严酷激进的宗教革命给民众留下血腥与专制的印象。为此，对于大多数英格兰人来说，他们并不希望两国的合并使苏格兰的长老制教会成为与安立甘教会同等地位的国教，从而可能引发英国新的宗教冲突和政治危机。

总之，双方都珍视光荣革命后建立的来之不易的宗教体制，对王国合并可能引发的宗教冲突，甚至是新的革命与政治危机感到恐惧，这种恐惧对于处于弱势的苏格兰更为突出。苏格兰长老会的领袖们明确反对合并，他们惧怕新的安立甘化运动会卷土重来，吞食光荣革命后刚刚恢复的长老会制度。教会独立成为苏格兰人最强烈的诉求。部分英格兰人出于对新宗教冲突的担忧，也反对合并，或者要求在对苏格兰教会进行安立甘化的基

①　参见李丽颖《英格兰、苏格兰合并过程中的宗教问题》，《世界宗教研究》2011 年第 2 期。

②　Mark Kishlansky, *A Monarchy Transformed*：*Britain*, *1603 – 1714*, London：Penguin Books, 1997, p. 130.

础上进行合并。

当然，以上的宗教问题都建立在这样一个基本认知的基础之上，即王国合并意味着政治与教会的双重合并。持这种观点的人占大多数，因为在他们眼中，两国合并后保留教会独立是不可能的，正如一些英格兰人所说："一个国家有两个国家教会，就像一个头下有两个身体，一个丈夫有两个妻子一样。"① 但事实上，两大教派的巨大差异与历史教训又使教会合并不可能获得双方接受。最终，充满智慧的政治家们在没有先例可循的情况下，遵从英国实用主义的政治传统，提出了"一国两教"的构想，即一个国家并存两个官方教会，并且二者相互独立。当然，必须指出的是，苏格兰长老教会并不享有安立甘教会中主教们享有的政治权力。

为了确保教会独立原则的实现，苏格兰议会专门通过了一项确保长老制教会安全的法案，即 1707 年《新教信仰与长老制教会法案》（*Protestant Religion and Presbyterian Church Act* 1707）。主要内容包括：其一，安妮女王及此后历任君主都必须保证苏格兰的新教信仰，并确认长老制教会作为苏格兰唯一教会组织形式；其二，女王及此后历任君主都要保证苏格兰所有大学的教职人员必须服从苏格兰现有长老制教会体制，并遵守相关宗教礼仪、宣誓制度；其三，女王确保苏格兰境内臣民永不试图颠覆现有宗教体制或做任何违背现有宗教信仰和礼仪的宣誓；其四，女王及之后历任国王都要保证该法案得以永续，并将之作为两国合并或签署其他法律、条约的前提。② 该法案在苏格兰议会通过后，英格兰议会也通过了相对应的《确保英格兰教会安全法案》。

通过上述法案，使大多数苏格兰人和部分英格兰人所担忧的宗教问题得到了基本解决。英苏合并的条件趋于成熟。1707 年 1 月和 3 月，苏格兰议会和英格兰议会先后通过《合并法案》（*Acts of Union*），大不列颠联合王国于 1707 年 5 月 1 日正式宣告成立。《合并法案》的第二条重申了联合王国的新教原则："联合王国的王位继承顺序遵循 1701 年《王位继承法》的规定，在安妮女王之后，由索菲亚公主及其子孙继承王位，且

①　B. P. Levack, *The Formation of the British State*, Oxford: Clarendon Press, 1987, p. 106.

②　http://www. legislation. gov. uk/aosp/1707/6，访问日期：2016 年 5 月 12 日。

君主必须是新教徒。"① 两国的合并基于互利互惠的原则，英格兰尽管强大，但也并没有像早期斯图亚特王朝或复辟王朝时期那样试图改造苏格兰。直至今日，苏格兰不仅在宗教领域，而且在法律、教育和文化传统上，都保留着自身的民族特点。

第四节　国教霸权及其挑战

1714 年，安妮女王病逝，《1701 年王位继承法》中规定的继承人索菲亚公主已先安妮去世，王位则由索菲亚之子、汉诺威家族的乔治·路德维格（Georg Ludwig）继承，即乔治一世（George Ⅰ，1714—1727 年在位）。乔治一世继位至 18 世纪 60 年代，英国的政党政治和责任内阁制度不断完善，政府和议会控制在辉格党贵族手中。

相对于托利党人在宗教上的保守主义，1714 年上台的辉格党政府更加宽容一些。1718 年，辉格党政府推动议会通过了《宗教信仰法》（*Religious Worship Act* 1718）取消了安妮女王去世当年颁布的《反教会分裂法》。② 《偶然遵从国教法》也于次年被废止。不过，部分辉格派自由主义者试图进一步改善新教非国教徒地位的尝试遭到坚决抵制。加之这一时期詹姆斯党人的叛乱活动与天主教问题交织在一起，使辉格党贵族政府不得不采取相对保守的宗教政策，在打击天主教徒的同时，强化国教会的统一与权威。

詹姆斯党人（Jacobites）是围绕在詹姆斯二世及其子孙周围，试图复辟斯图亚特王朝的政治集团，成员主要是天主教徒。1702 年，詹姆斯二世死后，法国承认其子"老僭位者"（Old Pretender）詹姆斯三世（James Ⅲ）为英国合法国王，为应对这一事件，辉格党政府推动议会通过了《弃绝法》（*Abjuration Act*），要求国内所有政府官员和议员、教士及律师等向现任国王宣誓效忠，并公开反对詹姆斯三世。但詹姆斯党人并未死

---

① Andrew Browning ed., *English Historical Documents*, *1600 - 1714*, London: Taylor & Francis, 1996, p. 681.

② M. A. Thomson, *A Constitutional History of England*, *1642 - 1801*, London: Methuen, 1938, p. 276.

心，在此后的半个世纪里，他们在法国和国内同情者的支持下，不断发动叛乱。早在 1708 年，詹姆斯三世就在法国支持下率领一支远征军试图进入詹姆斯党人势力较强的苏格兰，但未获成功。1713 年，由于安妮女王因疾病缠身而行将就木，托利党内发生分裂，以博林布鲁克子爵亨利·圣约翰（Henry St. John，1678—1751）为首的一部分人对流亡的詹姆斯三世抱以同情，曾与他私下联系，试图说服他以放弃天主教信仰为条件回国继承王位，但在 1714 年 3 月，詹姆斯三世公开宣布他不会改变他的宗教信仰。① 托利党与詹姆斯党人的联系使其失去了安妮女王及其继任的汉诺威王室的信任，更直接导致此后长达半个世纪的"辉格优势"时代。

汉诺威王朝建立后，詹姆斯党人利用国内同情者的支持继续煽动叛乱。其中规模最大的叛乱是 1715 年苏格兰贵族、詹姆斯党人马尔伯爵（Earl of Mar）发动的叛乱。叛乱一度声势浩大，集结了大批苏格兰贵族和来自英格兰的叛乱者，但由于支持詹姆斯三世的路易十四（Louis XIV，1661—1715 年在位）恰在这一年去世，因而，叛军没有得到法国的有力支持，最终独臂难支，被镇压下去。此后，詹姆斯党人断断续续的活动仍未中断。1745 年，在詹姆斯三世之子、"小僭位者"（Young Pretender）查理·爱德华（Charles Edward，1720—1788）的领导下又发动了一场大规模叛乱。在法国支持下，查理王子与追随者在苏格兰登陆，短时间内集聚了大批支持者。叛军很快占领苏格兰大部分地区，并攻下首府爱丁堡（Edinburgh）。之后，查理率领 4500 人的军队南下占领英格兰北方部分地区。这次叛乱比 1715 年的马尔叛乱规模更大，波及地区也更广。次年 4 月，政府军与叛军在库洛登荒原（Culloden Moor）决战取得胜利，叛乱随后在全国被平定。② 此后，詹姆斯党人没有再掀起大的叛乱活动。1788 年和 1807 年，查理与其弟亨利先后去世无嗣，斯图亚特家族中詹姆斯二世一系至此绝嗣，詹姆斯党也自此消亡。

由于国内外詹姆斯党人的复辟活动长期存在，辉格党政府在奉行反天主教政策上是毫不松懈的。正是基于反天主教原则，以新教内部宗教宽容

① Ann Lyon, *Constitutional History of the UK*, London：Cavendish Publishing Ltd.，2003，p. 278.

② Ibid.，pp. 286 - 287.

和国教统治霸权为特点的新教体制贯穿 18 世纪，尤以后者最为国教会—贵族集团所重视。事实上，英国的"政府组织和思想理论"正是以国教霸权为原则，建立了"政教联盟"式的国家体制。在这一体制下，国教会与政府彼此独立，又相互依赖，国家权力由国教徒垄断，并被顽强地维护着。柏克指出：在国教徒心目中，教会和国家是"不可分割的概念"，二者之间"牢不可破的联盟"被认为是英国宪法的基础。①

整个 18 世纪，国教会的基本组织形式没有发生大的变化，包括坎特伯雷大主教和约克大主教在内的 26 位主教是教会中的顶层人物和上议院的议员，他们不仅领有极高的圣俸，而且享有极高的政治和宗教影响力。在主教身边和各自主教座堂还有约 1000 名高级教士为他们服务或代他们管理主教区。他们共同构成了一支高级教士群体。下层教士群体主要包括遍布全国的 10000 个左右的堂区的教职人员。在经济上，国教会掌握着大量的地产和房产，并拥有征收教会税的特权和独享政府和民间捐赠的权力。此外，国教会还垄断着社会上的宗教服务职能，根据 1754 年通过的《婚姻法》规定，只有由国教牧师主持的婚礼才有法律效力，并且新婚夫妇必须交纳一定费用才能得到登记文书。

国教会顽固地维持着特权地位，拒绝接受非国教徒的批评，也不肯做出让步，日益成为 19 世纪以后人们攻击的"顽固不化的旧制度"的代名词。对国教会的批评并非仅仅基于其特权地位，事实上，国教会在享受特权地位的同时，并没有积极履行自己的宗教责任。由于固守传统，国教会体制不断僵化，大量教士疏于宗教职责，忙于追名逐利，生活上腐化堕落。特别是 18 世纪中叶以后，伴随着工业革命的启动，北方工业城镇兴起，人口大量增加，但国教会对这些地区的宗教投入并没有发生相应的变化，教堂建设和教士数量严重不足，许多民众无法享受应有的宗教引导和宗教服务。同时，国教会内部却存在大量非在驻教士（non-resident），兼职现象日益严重。迟至 1809 年的统计显示，领圣俸的正式国教会教士人数达 11194 名，其中有 7358 人为非在驻教士。②

---

① ［英］柏克：《法国革命论》，何兆武等译，商务印书馆 1998 年版，第 132 页。

② Ian R. Christie, *Wars and Revolution*, *Britain* 1760 - 1815, Edward Arnold Ltd., 1982, p. 34. 转引自李义中《18 世纪英国国教会述析》，《北京大学学报》2013 年第 4 期。

上述问题出现的原因是多方面的，一方面是当时国教会内部的风气使然，这一时期民众的信仰热情下降，大量教士也无心从事牧灵职责，加之他们大多具有较高的文化水平，因此大量离开本职工作，或进入大学任职，或服务于贵族和王室等。主教和大主教们"不务正业"的现象最为典型，他们不仅穿梭往来于宫廷和贵族宅邸之中，担任各种世俗职务，还作为上议院议员每年花费一半以上的时间常驻伦敦处理相关事务。另一方面，这一时期，英国大量的圣职推荐权并不是由教会或政府掌握，而完全控制在私人手中，他们往往基于自己的利益选择为他们提供服务的教士，这些被选择者往往致力于服务私人利益，或根本无法全职从事教会工作，大量的兼职现象也就难以避免了。

在国教会之外，还存在着"万花筒般的重要教派以及难以辨别的教派"①。除了天主教徒外，新教非国教派别中较有影响的是长老派、独立派、浸礼派和贵格派等。他们尽管人数并不多，但仍以比之国教会更坚定的信念和宗教热情从事着宗教活动。他们无法反抗强势的国教会的政治"霸权"地位，但仍顽强地维护着自身的权利。当然，由于被排挤在政治和主流社会之外，他们不得不在夹缝中寻找栖身的空间。由于信仰上的限制，他们大多从事自由的工商业活动，远离政治、宗教、教育和文化领域，18 世纪后期工业革命的启动为他们实现个人价值和提升社会地位提供了契机。这样，在 19 世纪工业革命完成后，他们便可以依靠自己的经济地位来弥补和改变政治和社会上的不公平待遇。

在国教徒享受广泛特权的时代，安立甘神学自然成为宗教领域的统治神学，但自 17 世纪后期以来，随着科学和理性主义的发展，特别是自然神论（Deism）的兴起，使传统的神学体系遭受严重冲击。艾萨克·牛顿（Isaac Newton，1643—1727）在光荣革命前一年（1687 年）发表了《自然哲学的数学原理》（*Philosophiae Naturalis Principia Mathematica*），描述了万有引力和三大运动定律。尽管牛顿本人并无意通过自己的理论体系否定传统神学世界观，但这一划时代的科学成就还是造成巨大的冲击力。正如克拉克指出的："与上帝对世界的积极监督不同，建立在牛顿物理学基

---

① ［英］J. C. D. 克拉克：《1660—1832 年的英国社会：旧制度下的宗教信仰、观念形态和政治生活》，姜德福译，商务印书馆 2014 年版，第 50 页。

础上的解释则对传统上帝观构成了严峻的挑战：上帝，就像一个钟表匠，创造了宇宙之后，退到后边，让宇宙按其不变的自然法则来运转。"① 以牛顿理论体系为代表的科学的发展确实为这一时期兴起的自然神论提供了更加明确的依据，而自然神论的盛行对传统安立甘神学的统治地位构成严峻挑战。

自然神论有着悠久的历史，中世纪的经院哲学、文艺复兴和宗教改革中都出现了自然神论的某些因素，其中一些思想甚至可以追溯到古希腊先哲的哲学思考。而这里所说的"自然神论"指的是发端于 17 世纪的英国，并建立在一神论基础上的自然神论思想。它强调上帝的存在，肯定上帝是宇宙及一切自然规律的创造者，但与传统神学的不同之处在于，上帝在创造一切后就不再干涉，让世界按自然规律独立运行。

英国的自然神论的真正开端始自有着"英国自然神论之父"称号的爱德华·赫伯特（Edward Herbert，1st Baron Herbert of Cherbury，1583—1648）（又称雪堡的赫伯特）。他在 1624 年的《论真理》中最早提出了自然神论的"五条宗教原则"。它们是："第一，存在一个至高无上的上帝；第二，他应该被崇拜；第三，神圣崇拜的主要内容是美德和虔诚；第四，我们应该为自己的罪而悔改；第五条，神确实在此世和来世都施行奖惩。"② 除了第五条在之后出现较多争议外，赫伯特实际上提出了一种新的、系统的自然神论思想。赫伯特之后对自然神论影响较大的人物是洛克，尽管他本人不能被称为一名自然神论者，但他为自然神论设立了经验论基础，此后几乎所有的自然神论者都是沿着洛克设定的认识论进行思考。

在洛克的影响下，约翰·托兰德（John Toland，1670—1722）于 1696 年发表了振聋发聩的论著——《基督教并不神秘》（*Christianity not Mysterious*），被认为是自然神论高潮时代到来的标志。在光荣革命之后相对宽松的宗教环境下，托兰德以"基督教改革者"自居，但他"拒绝承

---

① ［英］J. C. D. 克拉克：《1660—1832 年的英国社会：旧制度下的宗教信仰、观念形态和政治生活》，姜德福译，商务印书馆 2014 年版，第 308 页。

② ［美］约翰·奥尔：《英国自然神论：起源与结果》，周玄毅译，武汉大学出版社 2008 年版，第 47 页。

认传统基督教与圣经之中那些在他看来是神秘或者是超出理性的东西"。
同时，他还将这种"对于圣典的批评，以及使自然神论更加公开地成为
一个反对奥义和反对超自然事物"的批判主义建立在洛克的认识论基础
之上，从而使自然神论越发成为一个神学或宗教派别。①

　　托兰德之后，又出现了如安东尼·柯林斯（Anthony Collins）和托马
斯·沃尔斯顿（Thomas Woolston，1669—1731）等自然神论学者，但其中
最重要的代表人物，也是自然神论思想的集大成者当属马修·廷得尔
（Matthew Tindal，1653—1733）。他于 1730 年出版的《与创世同龄的基督
教》（*Christianity as Old as the Creation*）一书被认为是"自然神论的圣经"
（Deist's Bible）。② 他在著作中以论上帝为开端，对圣经、启示和神秘主义
等传统神学观念进行全面批判，将赫伯特、洛克、托兰德、柯林斯等发展
出的自然神论的诸多要素进行全面的融合，最终形成一套全面的自然神论
哲学体系。正是由于廷得尔论述的思想的全面性，他也招致来自正统神学
家们的广泛回应，进而引发了自然神论与安立甘神学之间的激烈交锋。

　　自然神论是 17—18 世纪理性主义大行其道的背景下兴起的神学思潮。
自然神论者的共同特点是倡导宗教宽容和反对教权，并以"基督教改革
者"而非"敌对者"自居。这些共同特点决定了自然神论仍可视为基督
教神学的分支，尽管它与传统基督教神学之间存在不可逾越的樊篱，但都
探讨相同的宗教问题。

　　除了自然神论，阿里乌主义（Arianism）和索齐尼主义（Socinian-
ism）对传统基督教神学也有着类似的冲击作用。阿里乌主义最早是由 4
世纪亚历山大教会的阿里乌斯（Arius，260—336）提出的，他认为基督
不具有上帝的神性，而是由上帝所造，反对圣父、圣子同体的理论。近代
以来，一位论派实际上秉承了阿里乌主义的理论"衣钵"。③ 阿里乌主义
虽然不否定启示，但对启示本质的理解有别于正统神学，它只承认圣父的

　　①　[美]约翰·奥尔：《英国自然神论：起源与结果》，周玄毅译，武汉大学出版社 2008 年
版，第 149 页。

　　②　E. G. Waring, *Deism and Natural Religion: a Source Book*, New York: Frederick Ungar Pub-
lishing Co., 1967, p. 107.

　　③　"阿里乌主义"，参见《大不列颠百科全书》第 1 卷，中国大百科全书出版社 1999 年版，
第 457 页。

完全神性及其启示。索齐尼（Faustus Socinus，1539—1604）则进一步否定了耶稣的神性，将之"贬低到道德楷模的地位"。① 从这个意义上讲，索齐尼主义更加接近于自然神论对上帝以外神性的全盘否定。

此外，泛神论（pantheism）和无神论（atheism）思想也在17—18世纪的英国有所发展。泛神论与自然神论有相通之处，但与基督教传统神学之间的沟壑更大。该派声称："宇宙作为一个整体就是上帝，换言之，除了由现有宇宙体现的综合的物质、力量和法则以外并无上帝。"泛神论者中最著名的代表人物是巴鲁赫·德·斯宾诺莎（Baruch de Spinoza，1632—1677）。他认为，"上帝与大自然（宇宙）不过是同一的实在的两个名称"②。基于此，除了上帝的绝对自由外，世间一切皆有其必然性，人类也无法获得真正的"自由意志"。无神论是"以否定上帝为第一原则的一种哲学"。在不同的时代和不同的语境中，无神论具有不同的性质和意义。近代意义上的无神论主要是由18世纪的启蒙思想家将英国自然神论、经验主义和笛卡尔（René Descartes，1596—1650）的机械论（machanism）融合后形成的一种思想。③ 在18世纪的英国，无神论具有反宗教、反神学的性质，在某种程度上可以说是自然神论和泛神论发展到极端而产生的异化思想。尽管无法媲美于自然神论，但泛神论和无神论思想也构成冲击着安立甘正统神学思想的力量。

安立甘神学家们当然不会坐以待毙，他们对以自然神论为代表的异端思想做出了坚决回应，以维护国教会神学的正统地位。其中最著名的护教者是约瑟夫·巴尔特主教（Joseph Bulter，1692—1752），他在1736年发表《自然的与启示的宗教类比》（*Analogy of Religion，Natural and Revealed*）一书，抨击了自然神论思想体系中对理性的过分肯定与信仰，指出自然宗教并不具有自然神论者强调的"普遍确定性和绝对无误性"。④

---

① ［英］J. C. D. 克拉克：《1660—1832年的英国社会：旧制度下的宗教信仰、观念形态和政治生活》，姜德福译，商务印书馆2014年版，第386页。

② "泛神论"（pantheism），参见《大不列颠百科全书》第13卷，中国大百科全书出版社1999年版，第5页。

③ "无神论"（atheism），参见《大不列颠百科全书》第2卷，中国大百科全书出版社1999年版，第18—19页。

④ 王爱菊：《理性与启示：英国自然神论研究》，人民出版社2012年版，第194—195页。

属于国教高教会派一支的哈钦森派是国教会内部坚定捍卫传统神学的保守力量。哈钦森派是指约翰·哈钦森（John Hutchinson，1674—1737）及其追随者组成的国教会宗教团体，以维护国教正统、捍卫传统神学观念为宗旨。他们反对牛顿物理学构造的世界体系，反对自然神论者的上帝观，重申三位一体的正统教义，并"重新确立与自然宗教相对的天启宗教"。他们坚持认为："……人完全依赖于上帝，人在世俗领域里不可能自给自足，依赖与社会服从是必然的；居于中心地位的是启示和传统，而教会是这两者的藏身之所。"[①] 此外，还有一批著名的安立甘主义神学家也加入到捍卫国教与安立甘主义及其所代表的传统神学观念的道路上来。其中的代表人物包括威廉·劳（William Law，1686—1761）、乔治·霍恩（George Horne，1730—1792）和威廉·琼斯（William Jones，1726—1800）等人。在他们与"异端"神学家的论战中，不仅传统安立甘神学得以重申，而且一些旧的神学观念和理论也得到了改造与更新，从而促进18世纪晚期安立甘主义的复兴。值得一提的是，18世纪中后期兴起的福音派也激烈抨击自然神论，他们对科学主义和自然神论思想带来的宗教淡漠感到痛心，试图通过使徒式的布道活动重新唤起人们的宗教热情。

综合来讲，18世纪是光荣革命后确立的新教体制不断巩固，又不断面临挑战的时代。一方面，国教霸权地位得以维护，国教会与政府之间稳固的政教联盟被上升到基本政治原则的地位。另一方面，信仰的多元主义进一步拓展，它不仅体现在新教体制所确立的信仰自由和宗教宽容，而且体现在教会内外纷繁多样的新思潮的涌现。正是这一时期确立了如下事实：无论是最具政治条件的国教会，还是各种各样的新教派别或新思潮，都不再谋求一种极端的单一民族教派，也就是说，民族和教派信仰的概念不再必须完全重合。正因如此，尽管"新教体制"存在这样或那样的缺陷，曾遭到詹姆斯党人的军事威胁，又受到自然神论、科学主义和无神论等新思潮的冲击，但直到1828—1829年一系列改革之前，它都没有在根本上被动摇。

---

① ［英］J. C. D. 克拉克：《1660—1832年的英国社会：旧制度下的宗教信仰、观念形态和政治生活》，姜德福译，商务印书馆2014年版，第309页。

第 六 章

宗教复兴运动

这里所指的宗教复兴运动，复兴的并非宗教本身，而是复兴人们对信仰的热情，呼召人们精神上对信仰的坚持。其意义在于通过宗教复兴运动抵御国教会危机和工业革命以来新社会思潮对人们心灵的腐蚀和冲击，使人们更好地在精神层面上适应18—19世纪英国经济和社会的剧烈变革。

第一节　卫斯理与福音主义

"福音主义"（Evangelicalism）一词在不同的历史阶段和语境中，有着不同的含义。一般来讲，该词在作为宗教教派或宗教思想流派的使用中，都具备一个共同的特征，即对《圣经》最高权威和基于《圣经》的基督教信仰的排他性认同。因而，16世纪宗教改革以后的"福音主义"都是反教会体制和强调回归《圣经》传统的。从这个意义上可以说，宗教改革以来的新教思想大都是福音派。当然，在不同的历史阶段、不同的国家或地区以及不同语境中，"福音主义"及其相应的"福音派"也是具有不同含义的，不能概而论之。例如，在提到18世纪英国的福音主义及其福音运动或福音派时，我们指的是卫斯理等人领导的福音运动及其对应的思想和组织。它是在特定的历史阶段和国家，由于特定的历史背景而衍生出的一场宗教运动，只适应于18—19世纪英国特定的历史环境。同样，如果我们提到20世纪美国的福音主义及福音派时，主要指的则是"后基要派"的思想，即兴起于 20 世纪 30 年代的新福音主义或新福音派。① 当然，无论是欧洲还是美国，福音主义与福音派在各个阶段的支流都不是孤立的，而是历史地联系在一起的。新福音主义与 18—19 世纪英语世界宗教大觉醒运动中的福音主义有着不可割裂的渊源，因为前者所脱胎的基要主义正是后者的一个支派。我们在本章所讨论的福音运动和福音教派（Evangelical Religion）指的是始于 18 世纪 30 年代由约翰·卫斯理（John Wesley）等人领导的英国大众新教运动或作为描述国教会内部和外部复兴运动的专有名词。"Evangelical"一词拥有这个专属意义始于 18 世纪末，而在此之前该词并没有倾向性，而是单纯指"福音的"（of the gospel）之意。②

约翰·卫斯理于 1703 年 6 月出生在英格兰北部林肯郡的埃普沃斯镇（Epworth），这里是他的父亲撒缪尔·卫斯理（Samuel Wesley）作为国教会牧师工作的地方。卫斯理的弟弟，亦是他毕生的同志和卫斯理运动的另一位重要领导人——查理·卫斯理（Charles Wesley，1707—1788）在四年后出生。值得一提的是，卫斯理兄弟共有多达 19 名兄弟姐妹，其中 9 人早夭。抚养剩余的 10 名儿女让作为国教会底层教士的撒缪尔一贫如洗。即便如此，撒缪尔夫妇并没有荒废对儿女的教育。这种难能可贵的家庭教育深刻地影响了卫斯理兄弟的一生。

卫斯理家族的父系数代都曾在牛津大学接受过良好教育，撒缪尔·卫斯理也不例外，1696 年以后，他担任埃普沃斯堂区牧师，不同于国教会中许多流于世俗的教士，撒缪尔始终坚守着自己的神圣职责与坚毅品性。在宗教观点上，他倾向于国教高教会派，政治上则倾向于相对保守的托利党。卫斯理的母亲苏珊娜（Susanna）也是一位严谨自律、受过良好教育的虔诚妇女。

---

① 基要主义（Fundamentalism）也被称为"基督教原教旨主义"。它是兴起于 19 世纪千禧年运动的美国新教守旧主义运动。基要派主张回归《圣经》及正统教义，反对对《圣经》的评判，反对一切现代化神学思想。他们强调几条基本要义，即"必须照字面意义解释《圣经》；耶稣基督即将肉身复临、马利亚确是童贞受圣灵感动而怀孕；世人必将复活和耶稣为救赎世人而死"。参见《大不列颠百科全书》第 8 卷，中国大百科全书出版社 1999 年版，第 500 页。

② D. W. Bebbington, *Evangelicalism in Modern Britain: A History from the 1730s to the 1980s*, London: Unwin Hyman Ltd, 1989, p. 1.

撒缪尔夫妇的家庭教育对卫斯理兄弟后来的宗教事业起到了至为关键的影响。撒缪尔夫妇曾在家中组织过宗教会社，向社区的儿童及下层民众布道。众多子女则被要求接受更为严格的宗教教育，阅读《圣经》和神学经典及个人祈祷是子女们每天必须进行的功课。苏珊娜还要求他们在饮食、睡眠等日常生活上定时定量，在服从长辈、礼让他人、遵守规矩方面严格自律。正是这样浓厚的家庭宗教氛围和强调节制的教育方式，使卫斯理兄弟养成了自谦自律、互敬互爱、循规蹈矩的品性。

撒缪尔夫妇尽管经济困窘，但他们仍不遗余力地让卫斯理兄弟接受良好的教育。约翰·卫斯理于11岁时进入位于伦敦的查特豪斯公学（Charterhouse School）学习。第一次走出家门的卫斯理在查特豪斯公学学习期间感受到英国社会越来越浓郁的世俗化。但是，卫斯理并没有受到世俗生活的侵扰，而是继续秉持在家中已经养成的习惯和父母的教诲。他经常参加宗教聚会，读经祷告，在贫穷的物质生活之上过着一种灵性的精神生活。

1720年，卫斯理进入牛津大学基督学院学习，从此和牛津大学结下不解之缘。在牛津大学求学期间，卫斯理继续保持着一种灵性的学习生活，阅读了大量神学著作，并开始思考信仰的本质问题。1724年，在父亲的鼓励下，卫斯理决心在毕业后献身宗教事业。次年，约翰·卫斯理由牛津主教按立为执事，从此开启了教职生涯。由于出色的学识和为人所喜的品性，卫斯理于1726年又当选为牛津大学林肯学院院士，成为一名讲师，讲授哲学、希腊文和逻辑学等课程。其间，他曾返乡协助其父处理教区工作，并在1728年被正式按立为国教会牧师。走上教士和教师的工作岗位后，约翰·卫斯理开始系统地研究神学，他阅读了大量早期教父著作及当代神学论著，并接触了一些灵修书籍。比卫斯理年长一代的18世纪著名神学大家威廉·劳对卫斯理的影响很大。劳的著作《敬虔与圣洁生活的严肃呼召》（*A Serious Call to a Devout and Holy Life*）批判了当时人们普遍重视心灵上与基督合一的宗教形式，而是突出强调了"敬虔主义"的真正意义在于：人的内在灵性生命与外在行为的合一，亦即"摆上整个生命，全然献给上帝"。① 受威廉·劳等思想家的影响，卫斯理开始越

---

① ［英］威廉·劳：《敬虔与圣洁生活的严肃呼召》，杨基译，生活·读书·新知三联书店2013年版，第2页。

来越多地追求现实生活中心灵的体验，而非外在的宗教形式。他总是以教会早期的使徒们为模范，试图追求一种完美的基督徒品格。这一时期的经历，特别是他个人对于信仰本质的探索，为他后来的宗教成就奠定了深厚的思想和理论基础。

值得一提的是，约翰·卫斯理的弟弟查理也在之后来到牛津大学求学并留校任教，成为约翰在宗教上志同道合的助手。查理同样非常注重灵性研修，延续了卫斯理家族的虔敬传统。他对当时在社会上流行的自然神论的传播非常忧虑，于是组织了后来成为循道宗前身的牛津圣社（Holy Club）。这个宗教小团体最初只有与查理志同道合的数人组成，主要是牛津大学的学生和教师。他们在固定的地方聚会祷告，相互交流信仰体验，讨论信仰问题和研读宗教经典。

卫斯理于 1729 年返回牛津后立即加入圣社，成为实际的领袖。在卫斯理兄弟的带领下，圣社的影响力在牛津大学迅速扩展。圣社成员不仅要履行特定的宗教仪礼和生活准则，如每周定期举行圣餐和禁食，相互检讨日常言行等，而且他们开始主动向外传道和从事社会服务工作。他们时常在年轻学生中传经讲道，鼓励他们追求圣洁信仰。圣社成员还将大量精力投入社会救助方面，这成为日后福音运动的萌芽。他们在民间四处走访，救济穷人、无家可归者和病人。特别值得一提的是，他们率先将社会之外的囚犯群体作为救助对象。他们既为囚犯提供必要的物质救济，如药品和生活品，又为他们提供精神慰藉，如为他们讲经布道、主持圣餐等。

圣社成员严守高教会准则、循规守道、秉持善行的活动使之成为牛津大学非常令人瞩目的团体，因而一些人将他们称为"循道派"（Methodists），即依规行事、讲求方法的一派人。需要指出的是，这时所称的"循道派"与 18 世纪晚期兴起的"循道派"并不一致，此时的循道派仅仅是围绕卫斯理兄弟而自发成立的一个国教高教会派内部小团体，以研究和践行高教会派神学为宗旨。当卫斯理兄弟离开牛津后，该团体也就无疾而终了。但不难看出，牛津圣社的活动尽管与后来福音运动中的活动存在较大差异，但多少反映了正处于探索信仰本质中的卫斯理兄弟的心路历程。他们注重心灵体验和属灵聚会的观念、关注底层民众信仰的倾向及典型的人道主义都深深地影响了后来福音运动的发展。

前往北美传教是卫斯理信仰事业的重要转折。1735 年，他接受当时北美佐治亚殖民地总督奥格里多比的邀请，随移民一起前往北美传教。自此，他放弃了在牛津大学的体面而安逸的生活，与弟弟查理·卫斯理以及英格罕姆一起于 10 月踏上了征程。10 月 14 日的日记中，他满怀憧憬地记载了前往北美的目的，他写道："唯一的目的乃是为救我们的灵魂，完完全全地为荣耀上帝而活。"① 在横穿大西洋前往北美的船上，卫斯理兄弟依然严守着自己的信仰。他在日记中记载了这种严谨守矩的日常生活：早上 4 时至 5 时个人灵修，5 时至 7 时一起研究圣经，小心参照最早期的作品，好使我们不至于偏向自己的理解。7 时进早餐，8 时是公开的祷告会。9 至 10 时我常用于学习德文，德拉摩特（一位伦敦商人之子，新加入的社员）学希腊文，我的弟弟写讲道讲稿，英格罕姆则教导小孩。12 时我们又聚集报告上次聚会后各人所做的，并讨论下次聚会以前的事工。1 时左右我们进午膳。午膳以后至下午 4 时我们每人负责向一部分人宣读或作个别谈话，斟酌当时的需要而定。4 时为晚祷会，或讲解第二经课，或在会众面前以真道问答教导小孩子们。5 时至 6 时又是个人灵修时间，6 时至 7 时我在房舱内向两三位旅客宣讲，其他的同伴也各在他们的房舱内向小数旅客讲论。7 时我们参加日耳曼人的崇拜会。那时英格罕姆就在舱里向凡喜欢聆听的人宣讲。8 时我们又聚集，互相勉励，互相开导。9 时至 10 时上床休息。"②

北美传教进展并不顺利。他们既没能获准进入印第安人部落中布道，又在传道过程中因反对奴隶贸易和杜松子酒贸易等主张，而不见容于殖民当局。北美的传道活动遭遇完全的失败，卫斯理兄弟被迫返回英国。

卫斯理宗教思想的转变，即其福音主义思想的初步形成始于 1738 年。这一年，约翰·卫斯理刚从北美回国，由于北美传道的失败经历，使他一度陷入极度的迷茫。他从摩拉维亚教徒的身上看到了信仰的伟大力量，但对自己所处的现实困境和思想迷途感到沮丧。然而，不久，卫斯理就遇到了使其实现信仰转变和个人"新生"（New Birth）的人物——摩拉维亚派传道者彼得·伯勒尔（Peter Bohler）。伯勒尔准备前往北美传道，正好途

① ［英］约翰·卫斯理：《约翰·卫斯理日记》，1735 年 10 月 14 日，许碧瑞译，宗教文化出版社 2012 年版，第 6 页。

② 同上书，第 6—7 页。

经伦敦。迷茫中的卫斯理在与伯勒尔的交流中受到极大震动。卫斯理开始认真地思考"因信称义"的真正意义及信仰的心灵体验，在这一过程中，传统的高教会派神学思想在卫斯理心中受到冲击，尽管卫斯理一生并未脱离国教会，但他的神学思想却实实在在地有别于安立甘主义的诸多基本主张。其中最核心的一点，也是福音主义最本质的一点，即突破一切等级、形式和教条主义的束缚，通过主动的"走出去"和"说出来"的福音布道活动践行基督信仰。

无论如何，福音主义思想是在卫斯理个人的传教经验和宗教体悟基础上，糅合了多种宗教思想和社会思潮的产物。苏格兰学者贝宾顿总结了福音主义的四大基本特质：一是转化主义（conversionism），即坚信一种生命需要改变和转化的信念；二是行动主义（activism），即致力于传播福音；三是圣经主义（biblicism），即对《圣经》权威的特别强调；四是十字架牺牲中心主义（crucicentrism），强调耶稣在十字架上的牺牲。[①] 贝宾顿的观点得到较为广泛的认可。还有学者认为，卫斯理的福音主义融合了知识分子的社会良知。[②] 综合来说，我们在探究福音主义思想体系的内涵和形成的过程中可以发现，它大体吸收了如下思想。

其一，路德的"因信称义"论，经过卫斯理的发展成为其救赎理论的核心。卫斯理的早年宗教思想受到安立甘主义和加尔文主义的双重洗礼，对加尔文主义的"预定论"思想的抛弃是其思想转化的前提，而对"因信称义"思想的深层次认知确立了这一转变。卫斯理在日记中记下了自己的彷徨与转化。他在北美归来后，不断反省和检讨自己，对以前的信仰非常迷惑，直到他遇到伯勒尔等人和自己实现转化之后，才得以平静和坚定。卫斯理在 1738 年 5 月 19 日的日记中记下了自己的转化历程："晚上我很勉强地去参加了一个在亚得门街的聚会，会中有人宣读路德为《罗马书》所写的序文。八点四十五分左右，当他讲论到藉着对基督的信，上帝在人心里所施行的那种改变，我觉得心里异样温暖，觉得自己确已信靠基督，唯靠基督得救；并且得到一个保证，袍已经洗清我一切的

① D. W. Bebbington, *Evangelicalism in Modern Britain: A History from the 1730s to the 1980s*, London: Unwin Hyman Ltd., 1989, pp. 2 - 3.

② 邹穗：《英国工业革命中的福音运动》，《世界历史》1998 年第 3 期。

罪，且已拯救我脱离了罪与死之律。"① 随后，正如有学者所说："怀疑和忧虑的坚冰消融了，一种宁静的自信取代了加尔文教徒那种阴沉的忧郁，随之而来的是一个坚定的信念：每个人都可以从上帝那里平等地得到灵魂的拯救，这拯救取决于他自己领受上帝恩典的信仰决断，而其确保便是精神生命的决定性转变。……卫斯理的转化事件标志着福音主义的诞生。"②

必须强调的是，尽管卫斯理认可了路德"因信称义"的思想，但其所倡导的福音主义与路德的信义宗是不同的。正如有学者所指出的：作为16世纪宗教改革主流之一的路德宗，"展示出了在更大程度上按照圣经的要求改革教会的结构、教义和灵性的激情"，其关注的焦点是"对基督教教会的改革"；与之不同，福音派更关注一种属灵性质的传道运动，即"卫护和宣扬'福音'"才是信仰的"焦点和实质"。同时，"福音派拒绝让任何有关教会体制的问题居于福音本身的前列"，"作为一种原则性的问题，其他一切相对于这一主题都被有意地置于从属的地位"。③ 确实，卫斯理福音主义的核心内容与同样发源于欧洲大陆的早期福音主义是一脉相承的，信仰的绝对属灵性质是其不可动摇的核心观点。正是基于此，卫斯理更多地受到德国虔敬主义，特别是其中的摩拉维亚教派的直接影响。

其二，虔敬主义是卫斯理福音主义的主要源头之一。虔敬主义的产生以路德宗的异化倾向为背景。路德教会在德国的发展，特别是其国教合一的原则，使其在一定程度上背离了平信徒与上帝的自由关系。对信纲教条式的认同与对信仰划一性的刻板要求，使路德宗具有了同罗马天主教会和英国国教会类似的官方和教条化倾向。这一倾向也使下层民众的宗教热情大大消退，而同时弥漫于整个欧洲的理性主义和世俗化思潮也加剧了这种倾向。在这种情况下，一些路德宗内部的修正派神学家开始对此提出异议，呼召一种回归内心、注重个人信仰体验的精神，强调个人灵性的转变和新生。同时，他们反对将圣经以外的任何信纲或解释作为权威。这一萌发于路德宗内部的思想潮流形成了影响深远的虔敬主义（Pietism）和虔

---

① ［英］约翰·卫斯理：《约翰·卫斯理日记》，1738年5月19日，许碧瑞译，宗教文化出版社2012年版，第31页。

② 邹穗：《英国工业革命中的福音运动》，《世界历史》1998年第3期。

③ ［英］阿利斯特·麦格拉斯：《福音派与基督教的未来》，董江阳译，中央编译出版社2004年版，第8—10页。

敬运动（Pietistic Movement）。虔敬派的早期代表人物是菲利普·斯彭内尔（Philip Spener，1635—1705）。他的《虔诚的愿望》（*Pia Desideria*，1675）一书是这一派别的代表作。斯彭内尔创建了著名的"虔敬会"（Collegia Pietatis），召集平信徒组成信仰团体，在家中聚会，阅读圣经、祷告，并相互交流体验。斯彭内尔本人是路德教会的牧师，但他的言行逐渐成为正统路德教会的异端。哈雷大学的 A. H. 弗兰克（A. H. Franck，1663—1727）成为斯彭内尔思想的继承者和虔敬派的旗手，他有效地组织起一场以哈雷大学为中心的虔敬运动，不仅在宗教领域，而且在世俗社会和教育方面掀起一场社会改良运动。

在德国虔敬运动中，有一支特殊的派别——摩拉维亚教派（Moravian Church）。该派起源于 15 世纪捷克胡司运动失败的地下新教徒。在德国虔敬运动的影响下，大批人逃往德意志的新教地区。许多人受到开明的德意志贵族尼古拉斯·路德维希·冯·亲岑道夫（Nikolaus Ludwig von Zinzendorf，1700—1760）的接纳，聚集到他位于萨克森地区的一处庄园，按照亲岑道夫等人的神学理念建立了亨赫特社区（Herrnhut）。① 这里很快成为德意志和捷克各地虔敬派信徒的聚集中心，影响力不断扩大。1727 年以后，这里日益成为虔敬派向世界各地传道的中心，成为遍及欧洲和美洲的大教会的"圣地"。

这一教派中对下层民众个人信仰体验和灵性转化的重视、谦卑的博爱思想和对上帝之爱的绝对信靠，都深深影响了英国福音主义。在前往北美传教的船上，卫斯理被同船摩拉维亚教派成员的谦卑精神和坚定信靠深深触动，他在日记中记下了这一经历。他写道：

> 他们处处表现出谦卑，他们替同船的旅客做些很低贱的工作，是英国人所绝不肯做的；他们这样做而不接受任何酬报，却说，这对矫正他们的骄傲心是有益处的；又说，爱他们的救主曾为他们做比这更大的事。每天都有机会让他们表现一种不计羞辱的谦逊。他们若是被

---

① J. T. Hamilton & K. G. Hamilton，*History of the Moravian Church: The Renew Unitas Fratrum*，*1722—1957*，Bethlehem，P. A.：Interprovincial Board of Christian Education，Moravian Church in America，1967，pp. 32 - 33.

人推开，击打或冲倒，他们站起来，走出去，口中没有一句怨言。现在有一个机会，看看他们是否排除了恐惧，像他们之排除了骄傲，愤怒，报复等态度一样。他们的崇拜以圣诗开始，当时刚唱到一半，浪涛冲击，把船帆撕裂得粉碎，水覆盖全船，淹浸甲板之间，好似大海已把我们吞没了。在英国人当中发出很可怕的喊声，日耳曼人却镇静地继续歌唱。事后我问他们当中的一位，"你那时不害怕么？"他答说，"感谢上帝，我不怕。"我又问，"但是你们当中的女人与小孩子也不怕么？"他很温和地答说，"不，我们的女人和小孩都不怕死。……这真是我所看见的一个最荣耀的日子。"①

在回到伦敦的彷徨期间，卫斯理也正是得到了摩拉维亚派成员彼得·伯勒尔等人的影响才完成自己的"转化"。他在 1738 年 3 月 4 日的日记中写下，他"清清楚楚地觉悟到我之不信；我没有那种我们所藉以得救的信仰"，"这严重地打击着我的思想"，甚至有了放弃传道的想法。在这样的思想瓶颈中，伯勒尔鼓励他"不要把上帝所赐给你的才能埋藏地下"。②伯勒尔认为信仰的本质是"一个人对上帝的一种坚定的信靠，认为藉着基督的功劳，他的罪德蒙赦免，并得与上帝和好"③。伯勒尔的鼓励和关于"信仰本质"的观点都深深地影响了卫斯理。此外，伯勒尔对他的弟弟查理·卫斯理也产生了重要影响，约翰·卫斯理在日记中写道："我的弟弟今天与伯勒尔一席长谈，上帝开启了他的眼睛，使他也能清楚看见那独一真实的活信仰的性质；惟有这本乎恩的信仰我们才能够得救。"④ 正是在虔敬主义思想的直接影响下，卫斯理兄弟逐渐形成了福音主义的主体思想。当年 6 月，约翰·卫斯理以一种脱胎换骨的"朝圣"心态前往摩拉维亚派的中心——亨赫特，进一步完成了他信仰的转变，促进了其福音思想体系的形成。在某种程度上，英国福音运动可视为 18 世纪弥漫整个欧洲和北美的虔敬主义的分支。

---

① ［英］约翰·卫斯理：《约翰·卫斯理日记》，1736 年 1 月 25 日，许碧瑞译，宗教文化出版社 2012 年版，第 8 页。

② 同上书，1738 年 3 月 4 日，1738 年 4 月 23 日，第 27、29 页。

③ 同上书，1738 年 4 月 22 日，第 29 页。

④ 同上书，1738 年 5 月 3 日，第 30 页。

　　其三，卫斯理吸收了阿明尼乌派的博爱思想和"自由意志论"。阿明尼乌（Jacobus Arminius，1560—1609）是近代早期欧洲著名的新教神学家。他原是归正宗牧师，后来对加尔文教义中的"预定论"产生怀疑，提出开明和宽容的主张，认为"上帝的威权与人的自由意志互不矛盾"，"上帝伸出救恩的手，凡凭信心响应这种召唤的人必蒙上帝选择"。在1610年呈送给荷兰议会的《抗议书》中，他表达了"人类的尊严要求完全的意志自由"的中心思想。之后，阿明尼乌及其追随者受到荷兰当局的驱逐和迫害，直到1630年前后才获认可。[①] 阿明尼乌主义对加尔文冷酷的"预选"思想的抨击，为真正信靠上帝的人找到了获得拯救的希望之路，同时也在自由宽容的立场上给予人在选择上的自由意志，并允许信徒对某些重要信仰问题持有不同观点。当然，在阿明尼乌主义中，"耶稣之死"的赎免意义是普遍的，包括了所有的信徒。[②] 卫斯理正是从阿明尼乌主义的观点中吸取了博爱思想，肯定上帝之爱的普遍性。他强调，"一个可以求取的更好的宗教——一个配称为属于上帝的宗教"，乃是"爱"。对于这个"爱"的宗教，卫斯理进一步指出："爱上帝与爱人类：尽心、尽性、尽力爱那先爱我们，作为我们所已接受或希望享受的众善泉源的上帝，并爱上帝所创造的每一个灵魂，每一个生存在地上的人，正如爱我们自己的灵魂一样。"[③] 同时，卫斯理支持人有选择接受或拒绝上帝恩典的自由意志。他指出："勿因他人未遵从你的观念而谴责他；让每个人都充分享受独立思考的自由；让每个人都运用自己的判断，因为每个人都有自己对于上帝的解释。憎恶任何形式、任何程度的迫害。如果你无法通过理论或劝说使一个人接受真理，那么千万不要试图去强迫地接受。如果爱不能驱使他接受，那么将他留给上帝那万能的主来评判吧！"[④]

　　[①] "阿明尼乌"与"阿明尼乌主义"（Arminianism），参见《大不列颠百科全书》第1卷，中国大百科全书出版社1999年版，第487—488页。

　　[②] D. W. Bebbington, *Evangelicalism in Modern Britain: A History from the 1730s to the 1980s*, London: Unwin Hyman Ltd. , 1989, p. 27.

　　[③] ［英］约翰·卫斯理：《几句诚恳的话——告有理性及有宗教信仰的人》，见《约翰·卫斯理日记》，许碧瑞译，宗教文化出版社2012年版，第400页。

　　[④] John S. Simon, *John Wesley and the Methodist Societies*, London: Epworth Press, 1952, pp. 295 - 296.

其四，清教主义中的道德自律意识构成了福音主义的重要内容。自 16 世纪清教主义产生以来，清教徒严于律己的道德意识就成为英国社会思潮中的重要一支。尽管清教运动在 17 世纪后期趋于衰亡，但清教主义并未随之消亡，而发展成为新教伦理中的重要内容。卫斯理在发展和完善福音主义思想体系的过程中，将清教主义融入其中，成为福音派教徒社会价值观的核心之一。的确，正如我们在上一章所提到的，18 世纪的国教会中教士腐化堕落现象严重，沉溺于世俗事务而忽视精神职责，一些国教中的清醒者和非国教徒不由地发出了"信仰处于危机中"的警示。对此，卫斯理是警醒的，他强调的信仰复兴、重建新教伦理，也正是针对国教会中流于宗教形式而忽视精神信靠的问题。从这一点来说，卫斯理领导的福音运动与清教运动是一脉相承的，甚至可以将之视为对 16—17 世纪英国清教运动的延续。正如麦格拉斯所指出的："有绝佳的理由认定，英国 18 世纪的福音派复兴是直接建立在上一个世纪的清教徒运动的基础之上的。"① 当然，尽管卫斯理的福音主义与清教主义存在契合之处和承继关系，但福音运动与清教运动还是存在本质区别的。卫斯理的福音运动是基于自由意志的，强调的是个人的"心灵的宗教"和上帝的博爱，它既不强迫别人接受，也不试图改革国教会和脱离国教会，卫斯理无意创设一种改革的观念，而倡导一种从心灵体验出发，通过传道使人们感受上帝之爱，体验信仰的力量。

综合来讲，福音主义就是卫斯理等人在吸收并糅合上述思想基础上形成的宗教思想体系。它体现为心灵的体验与个人的精神转化、对上帝的绝对信靠、对圣经的绝对服从、上帝博爱的救赎论、自由的信仰意志、卫护和传播福音的虔敬、严谨的道德自律、践行博爱与服务社会的人道主义，等等。这些可以归结到卫斯理福音思想体系的内容似乎都并非源自卫斯理，的确，这些内容都可以算作基督教的基本原则。正如卫斯理自己所说："我在上帝面前，愿意你们以及众人都明白，除非那种普通的基督教原则——我所传的那又简单又古旧的基督教之外，我与我的同道们将极力

---

① ［英］阿利斯特·麦格拉斯：《福音派与基督教的未来》，董江阳译，中央编译出版社 2004 年版，第 10 页。

拒绝与他人有所不同。"① 这一思想体系的形成从某种程度上也是卫斯理整个人生中不断探索信仰本质的成果。他通过自身的心路历程和传道经历不断感悟着信仰的力量，最终在经历一次顿悟后实现精神的转化和个人的新生。信仰在卫斯理那里实现了由外在形式向精神内在的转化，随后，在实现了自我转化后，他又转向世人，以无限的传道热情走向大众中去，像使徒一样去激发人们的信仰热情，传播上帝的福音与爱。

第二节　福音运动的兴起

卫斯理及主要由他发展出的一套福音主义思想体系很快在他本人及其追随者的主导下朝向一场宗教和社会运动的方向发展。在卫斯理领导这场宗教复兴运动的时代，我们称之为"循道运动"或"卫斯理运动"。卫斯理去世后，这场运动的影响力仍不断扩大，特别是独立的循道派和国教会中的福音派在 18—19 世纪，甚至于今日都在产生持续的影响。

作为一名国教牧师，卫斯理深知国教会最大的问题在于脱离大众，因而，卫斯理一开始就没有满足于个人信仰的转化与新神学思想体系的创建，而是走向社会，积极主动地向社会大众传道。起初，卫斯理仍前往国教会传统的布道场所——教堂布道，但当他的国教会同事一致将他作为一名背离国教会的激进分子，教堂纷纷将卫斯理拒之门外。确实，卫斯理在转化后接受了"因信称义"的思想，并四处宣讲，这一教义从根本上否定了教会制度存在的必要性，这是与国教会的基本原则相抵触的。国教会的抵制也是情理之中的事。不过，卫斯理并不气馁，并且始终宣称自己的传道是符合国教基本教义的。他在一篇日记中写道："有一个诚恳的牧师渴望明白在哪些方面我们和英国教会不同？我回答：按照我所知道的并没有不同；我们所传的教义也就是英国教会的教义；凡教会所明白的基本教义，无论在祷文、信条或讲道集方面的，和我们所信守的都没有什么不同。他问：那么在哪些方面你和英国教会的牧师不同呢？我答：凡遵守教

---

① Thomas Jackson, *The Works of John Wesley*, Vol. Ⅲ, London: Wesleyan Methodist Book Room, 1872, pp. 339 – 347.

会教义的牧师，我与他们都没有什么不同。"① 但无论如何，卫斯理及其追随者还是被排斥出了国教会。

正在此时，卫斯理兄弟的好友、牛津圣社的同人、另一位著名的福音派领袖乔治·怀特菲尔德（George Whitefield），正在英国开启一场针对下层大众的户外布道模式。1739 年 3 月，怀特菲尔德邀请卫斯理代替他向布里斯托尔的矿工们布道。尽管对户外布道仍存有疑虑，但他最终还是在 4 月 2 日站在一个土丘上向 3000 名（人数应为泛指）贫苦的矿工做了一次精彩的布道。他在日记中写道："下午四时，我更为降低自己，在大街道上宣传救恩的好信息，站在一个与城毗连的小丘上向三千人左右的群众讲道。"② 两日后，他又来到距离布里斯托尔半英里的一处村庄，向这里的 1500 人布道。之后，卫斯理的布道影响越来越大，许多人藉着他的祷告坚定了信仰，获得了"新生"。在 4 月 17 日的布道中，卫斯理写道："一个站在旁边的人立即放声大哭，极其惨恻，有如垂死者的挣扎。……另外两人亦忽视感觉到强烈的痛苦，……但不久，他们也同样地发出赞美他们的救主上帝的声音。……充满着喜乐与爱心……"③

这种状况在卫斯理的布道中愈发普遍，汤普森称之为"群众性歇斯底里"。④ 尽管卫斯理本人对这种歇斯底里的形式持反对态度，但自 1739 年开始户外布道伊始，它确实已经成为卫斯理宗布道活动中的一种"习以为常的形式"。对于卫斯理及其会众布道中出现这一特点的原因，汤普森指出："复兴派传教士们的激动的感情是他们吸引人们注意的方法：神情紧张的开场白，逼真地描述暴死和悲惨的结局；用泛泛的词藻谈论罪的深重；戏剧性地提供赎罪机会。于是户外的人群和早入卫斯理宗的会众，也因产生强烈的'热情'——神魂颠倒、呻吟、大叫、哭泣，陷入突然之间的发作而引人瞩目。"⑤ 这种说法确实有一定道理，卫斯理及其追随

---

① ［英］约翰·卫斯理：《约翰·卫斯理日记》，1739 年 9 月 13 日，许碧瑞译，宗教文化出版社 2012 年版，第 52 页。

② ［英］约翰·卫斯理：《约翰·卫斯理日记》，1739 年 4 月 2 日，许碧瑞译，宗教文化出版社 2012 年版，第 41 页。

③ 同上书，1739 年 4 月 17 日，第 42 页。

④ ［英］E. P. 汤普森：《英国工人阶级的形成》，钱乘旦等译，译林出版社 2001 年版，第 441 页。

⑤ 同上。

者将宗教热情传播到被国教会忽视的社会底层大众中去，而这些人恰是真正最需要宗教慰藉的人群。当他们被传道者们的激情四溢、充满人文关怀的布道所感染时，这些看似不合常理的情感宣泄无疑又是符合情理的。

从布里斯托尔开始，卫斯理开始长达半个世纪的布道生涯，他的行程遍及英伦三岛，进行了数万次的露天布道。在这场由卫斯理领导的福音运动中，他并非孤身一人。伴随着布道活动的增加与影响力的不断扩大，他建立起一套自上而下，用以管理、沟通和组织的传道体系。

传道体系的组织和建立是卫斯理及其福音主义能够引发一场影响整个时代的宏大宗教运动的重要支撑。这一体系中最早的机构是"会社"（Society），用以为传道者和信众提供一个相对固定的讲道和聚会场所。卫斯理对加入会社者不设具体的要求，对于坚持各种教派主张的信徒，一律不排斥，正如他在《大公的精神》一文中所说的，"让一切的意见存在，站在这边或站在那边都没有关系，但'请向我伸手！'"① 当然，加入会社也要遵循一条基本的原则，即"真正追求灵魂的拯救"，诚心地"爱上帝与全人类"。这一宽泛的要求实质上乃是对一切基督教徒敞开怀抱，从而避免了同各教派之间在教义、教礼上的争论，又同时吸引了广大处于各教派忽视的精神荒漠中的穷苦大众追求精神拯救。对于加入会社的会众，他提出了基本的规范。正如卫斯理在《一个循道派信徒的品格》中所说的："谁才能算是一个循道派信徒呢？我们的答案是：一个循道派信徒是一位有着'所赐给他的圣灵，将上帝的爱浇灌在他心里'的人；他'尽心、尽性、尽意、尽力爱主他的上帝'。"卫斯理还要求会众要做到"凡事谢恩""不住的祷告""竭力遵守上帝一切的诫命""如有机会，就向众人行善"。②

伴随着循道派影响力的不断提升，会众的不断增多，卫斯理开始领导设置一套相对稳定的会社管理体系和一系列相对具体的会员规章。其一，任命地方传道士和干事（steward）负责各地会社的运行。前者主要负责

① ［英］约翰·卫斯理：《大公的精神》，见《约翰·卫斯理日记》，许碧瑞译，宗教文化出版社 2012 年版，第 386 页。
② ［英］约翰·卫斯理：《一个循道宗信徒的品格》，见《约翰·卫斯理日记》，许碧瑞译，宗教文化出版社 2012 年版，第 376—379 页。

会社的布道事宜；后者负责处理会社俗事，如财务预算与支出、会费与捐募的管理、社会救济与服务等。其二，入会与转会手续的完善。新会员的接纳和登记须经过比较严格的程序，如老会员的推荐、参加小组聚会至少三次，并经三个月考察期等。转会也须遵循比较严格的申请和批准程序。其三，基于基本福音主义规范设定了一种被称为"会员证制度"的监督机制。每一季度，会社都会对会员进行考察，对于违背基本规范，信仰不坚定者则不予换发"会员证"，亦即将其除名。卫斯理在日记中记载了多次清理不坚定者的事例。如 1742 年 2 月在切尔西的布道中"在开除当地一部分不遵行福音道理的会员之后，留下的人数还有 1100 人，我相信他们都有比较坚定的信仰"[1]。1744 年在伦敦"我们极力作洁净团体的工作，凡不遵照上帝福音行事的人都被开除"[2]。完备有效的会社管理体制是循道派不断扩张影响力的关键因素之一。

　　会社的成立吸引了大批信众，这为细化会社内部管理与灵性交流提出了要求。1742 年 3 月，在布里斯托尔会社讨论财务问题时，大家经过讨论同意了建立小组（班）（class）的建议，即"把团体分成若干小组，每组约 12 人"[3]。不久，卫斯理又将这一模式引入伦敦。他在日记中记载了伦敦的小组（班）建立的目的、过程及其作用。他写道："我指定了几个热心通达的人来见我，我对他们提出许久以来我所希望解决的一个难题，就是有什么方法可使我认识那些盼望得到我帮助的人。经过讨论，大家同意若要对每一个人有清楚的认识，最好方法是把他们分成为若干小组，然后委派我最能信任的人负责看顾每一组，……这就是我们在伦敦的'小组'的起源。……这些小组以后发出了不可言喻的作用，一天比一天有更显著的成绩。"[4]

　　小组（班）与会社一起构成了循道派组织的基层单位。小组（班）每周都要聚会一次，小组（班）成员在聚会上交流信仰体验、相互鼓励、

---

①　［英］约翰·卫斯理：《约翰·卫斯理日记》，许碧瑞译，宗教文化出版社 2012 年版，第 86 页。

②　同上书，第 121 页。

③　［英］约翰·卫斯理：《约翰·卫斯理日记》，1742 年 3 月 15 日，许碧瑞译，宗教文化出版社 2012 年版，第 86 页。

④　同上。

共同祷告，每位成员都能向组织发出自己的声音，表达自己的情感与体悟，从而真正找到信仰的归属感和慰藉，因藉此更有效地使感受上帝之爱与彼此的爱。此外，小组（班）还成为基本的财务征收单位。在1942年3月在布里斯托尔商讨财务问题时，大家讨论同意了这样一个规则，即"团体里的每一会员，若能力做得到的话，每星期须捐出一分钱（指一便士）"，"每组选派一人负责收捐，每星期将款项送交执事（指干事）"。①此后，这一制度被推广到其他地方。小组（班）中的领导者"班长"（leader）也被赋予两项基本职责，即除了负责收捐外，还要担负了解、劝勉、安慰和鼓励每一位成员的灵性任务。随着小组（班）组织的日益发展，同一会社的"班长"们组成"班长会议"共同管理会社。在小组（班）以外，还有一种平行的特殊组织，被称为"队"（Band），其设立目的是强化对会员的信仰管理。在"队"内部，成员间进行更为深入的信仰和思想交流。

1744年，卫斯理兄弟在伦敦与循道派的主要领袖和数名平信徒传道士召开了一次会议，被认为是循道派"年会"的开端。此后这一制度得以固定，在伦敦、布里斯托尔、利兹和曼彻斯特四个主要活动中心轮流举行。年会无疑是循道派的最高管理机构，会上主要讨论有关福音教义和循道派组织管理方面的重大事宜。不过，其更主要的意义在于为卫斯理本人领导循道派提供一个中央管理机构。

尽管年会上众多代表和各级领袖广泛而平等地讨论各方面的问题，但最终仍是由卫斯理做出决策，这种特点伴随着循道派组织体系的完善而日益显著。关于卫斯理这一被人诟病为"独裁者"或循道派"教皇"的权力包括哪些层面，卫斯理本人在驳斥他人质疑时清楚地进行了归纳："这种权力是什么？这是一种在我的看护下接纳与开除会员的权力，选择撤换干事的权力；接纳或不接纳助理的权力；任命他们何时何地如何辅助我的权力；以及指定他们在我认为合适时会见我的权力。"至于这种权力的来源，卫斯理反复强调："这仅仅是遵照上帝的旨意，为了民众的福祉"，"上帝加于我身上的，因此我不敢推卸"。当然，卫斯理也始终强调自己

---

① ［英］约翰·卫斯理：《约翰·卫斯理日记》，1742年3月15日，许碧瑞译，宗教文化出版社2012年版，第86页。

并不热爱权力，他说："我从不喜欢权力，过去如此，现在也如此，权力对我而言是一种负担……如果你能告诉我某个人，或某五个人，我可以把负担转给他们，他们能够而且愿意做我现在所做的，那么我将衷心地感谢你，感谢他们。"① 卫斯理是一位精力充沛、充满宗教热情的人，他在运用权力管理循道派组织上往往事必躬亲。这强化了他的权威，也使他的一系列思想得以切实地贯彻到整个福音布道体系中去。

1746 年，卫斯理又创建了巡回布道制，在全国划分了 7 个巡回布道区。至卫斯理去世的 1791 年，大不列颠与爱尔兰的巡回布道区已达 114 个之多。由卫斯理任命的巡回布道士是其本人的直接代表，享有巡回区内的最高权威。这种权威既体现在属灵的布道上，也体现在对巡回区内的组织管理上。巡回传道士可以在不同的布道区巡回讲道和主持会务。1748 年，各巡回区建立了由巡回传道士主持的季会制度。地方布道士、干事齐聚一堂共商布道与世俗事务。

由小组（班）—会社—巡回布道区—年会—卫斯理自下而上构成了早期循道派运动的基本组织体系，这一由卫斯理指导建立的体系基于一种被其称为"团契"的理念。这一理念包涵两层意义。其一是形式上的组织团体之意；其二是精神上的团结友爱之意。事实也的确如此，卫斯理无意建立一个与国教会并行的实体教会，他所以创建这一"组织"，更多的是希望以此为纽带，使信众在心灵与组织上共同达到团结与契合。正如卫斯理自己所说："不但在心灵上与那教会联合，而亦借着一切基督教团契的外在联系和它合而为一。在那里，他参加各种崇拜上帝的礼仪；在那里，他接受主的圣餐。在公共的祷告中，他的心灵奋发，与大众一同发出颂赞与感恩。在那里，他欢喜听到和睦的话，和上帝恩典的福音。在严肃的节期里，他与最接近最亲爱的弟兄们，以禁食来寻求上帝。这些主内的弟兄，特别是在爱中受他看顾的，正如他们看顾他的灵魂一样；彼此劝诫，训勉，安慰，造就，在信心里从各方面互相建立。"② 尽管如此，卫斯理的团契理念的践行仍在客观上造成了一个新教派的诞生，而当卫斯理

---

① John S. Simon, *John Wesley: the Master Builder*, London: Epworth Press, 1927, p. 127.

② ［英］约翰·卫斯理：《大公的精神》，见《约翰·卫斯理日记》，许碧瑞译，宗教文化出版社 2012 年版，第 388—389 页。

去世之后，他的追随者与国教会之间的裂痕越来越大，其中一部分激进派逐渐对国教会的守旧感到彻底失望，开始不满足于在国教会内部的革新与宗教复兴，最终促成了独立的循道宗的产生。而另一部分仍然留在国教会内部的福音主义者则形成了国教会福音派。

无论如何，卫斯理用现代化的管理体制为古老的户外传道方式带来了新生。也正基于此，循道宗才得以超越本身的教派范畴，将福音主义推向全国，并将思想传递到国教会和其他非国教派内部，从而产生一场全社会性质的宗教复兴运动。

当然，上述组织体系建立的目的是服务于循道派最基本的职责和目的——福音布道。非常值得提及的是，卫斯理起用了平信徒传道士们作为布道的主力。上文已经提及的作为巡回布道区负责人的巡回传道士和地方传道士都是由平信徒构成的。根据国教会的教义，只有教士才拥有布道的权利，这是维护教会权威的有效途径。一向坚持国教徒身份的卫斯理也清楚这一点，但在他传扬福音主义的过程中，响应他的号召来从事福音布道的教士极少，无法满足全国各地嗷嗷待哺的信众。卫斯理在传道实践中考察了一些有才华的追随者，任命他们为自己的助手，鼓励他们从事传道工作。至1746年巡回布道制建立，一支由巡回传道士和地方传道士组成的平信徒传道士群体初具规模。他们由卫斯理任命，大多出身下层，尽管受教育程度普遍不高，但信仰坚定，对卫斯理绝对服从，并且他们的出身和通俗的语言都更易获得下层信众的信任和共鸣。他们辅助卫斯理，肩负着传讲福音、管理会众的使命，成为循道派布道体系的中坚力量。

循道派布道的对象并无限制，但其主要的受众主要是国教会忽视的群体，即下层的贫苦大众，如监狱犯人、工厂工人、城市的工匠和商贩以及被排斥在主流社会之外的妇女和儿童。特别是对工业区工人群体的布道取得了巨大成功。卫斯理领导循道派的阶段（18世纪40—90年代初）正值英国工业革命兴起的时期。正如有学者指出的："如果说，卫斯理的组织、管理能力及其在传教方式上的诸多创新等构成了卫斯理运动成功的主观因素，那么，18世纪中后期开始的工业革命则成为推动卫斯理运动迅速发展的最有利的客观因素。"① 这一时期，大批乡村劳动力向新兴的北方工

---

① 李义中：《18世纪英国国教会述析》，《北京大学学报》2013年第4期。

业城镇转移，使一些原本人数不足数千的小镇崛起为人口密集的工业区。但是，作为主流宗教的国教会抱守残缺，无视英国经济社会的巨大变迁，教区制度和教堂设置因循旧例，新兴工业城镇的大量新增人口无法得到基本的宗教服务。在这种情况下，循道派迅速将布道的主要活动中心从南部的布里斯托尔和伦敦向北方各工业城镇转移，满足了工人群体急需的宗教关怀，因而成为许多新兴城市中最具影响力的宗教团体。

当然，卫斯理领导的这一宗教复兴运动也受到了多方面的攻击。卫斯理在日记中多次记载了自己在布道中遭到攻击的情况，这些攻击既有来自持不同意见的普通听众的袭击，也有来自国教会正统派的攻击。

自 18 世纪 60 年代以后，对循道派的敌视基本停止了。英国社会上层，包括国教会上层对循道派的态度也发生了巨大变化，国教会内部涌现出一批追随卫斯理的循道派教士。1787 年，乔治三世发布《鼓励虔诚与美德宣言》(*Proclamation For the Encouragement of Piety and Virtue*)，实际上为循道派福音布道提供了法律的保障。循道派在国教会内外都进入一个快速发展和传播的阶段。1767 年，循道派有了第一次记录在案的人数统计，其时注册会员已达 22410 人。法国大革命期间是循道派人数增长最快的时期。正如汤普森指出的，"在拿破仑战争年代，劳动人民格外听任卫斯理宗的渗透"[1]。据统计，1800 年的注册会员达到 88334 人。[2] 从 1811年至 1831 年的 20 年间，循道宗会员人数从 13.6 万增长到 23.3 万左右。[3]

纵观卫斯理福音思想体系的形成与循道运动的历程，不难看出，实践性是其福音思想的内核。而且卫斯理福音思想也并非静止的，在其长达半个世纪的传道活动中，卫斯理福音思想体系也在与实践的相互验证中得到完善。正是基于此，卫斯理福音思想引发了 18 世纪规模宏大的宗教复兴运动，这场运动从国教会内部出发，扩展到国教会外部，并引发了与工业

---

① ［英］E. P. 汤普森：《英国工人阶级的形成》，钱乘旦等译，译林出版社 2001 年版，第444 页。

② D. W. Bebbington, *Evangelicalism in Modern Britain: A History from the* 1730s *to the* 1980s, London: Unwin Hyman Ltd. , 1989, p. 21.

③ Norman McCord & Bill Purdue, *British History, 1815 – 1914*, Oxford: Oxford University Press, 2007, p. 134.

革命相伴随的社会改革运动。

约翰·卫斯理于 1791 年去世，享年 88 岁。他一生致力于宗教复兴事业，奋斗到了生命的最后时刻。他始终坚持自己的国教徒身份，坚决不认为自己创建了一个宗派，并对反对者冠之于他本人和其追随者的"循道派"这一称呼嗤之以鼻。他曾在《一个循道派信徒的品格》一文中对此进行了说明。他说："如果这个名称（循道派）能不再为人提起，而永远被埋没掉，那我将多么高兴，（我没有野心要做任何宗派或党派的领袖）。"[1] 但事实上，在他去世后，他留下了一个庞大的、组织严密的福音传道体系。并且循道派在教义体系上确实也已与国教会有着巨大差别。自福音主义传入英国以来，卫斯理等人对福音主义的改造，已经赋予这一宗教思潮新的意义，它既融合了信义宗与归正宗的思想，也杂糅了清教主义与阿明尼乌主义的若干要素以及混合了卫斯理等作为知识分子的个人伦理和宗教体验。因此，不管卫斯理本人如何坚持，这个有着独立实体组织和教义体系的新宗派都无可辩驳地以成型的姿态呈现在世人面前。1795 年，他的一部分追随者终于和国教会正式分道扬镳，循道宗（或称卫斯理宗）正式建立。至 19 世纪末的 100 年间，其正式会员人数（1896 年）已超过 70 万人。[2] 不过，循道宗内部在 19 世纪因对组织和布道制度等问题发生分歧，分裂为几个较大的派别，如新循道会、原始循道会、自由联合循道会、圣经基督徒会等。至 19 世纪末 20 世纪初，各派又再度走向联合，至 1932 年合并为统一的英国循道公会。

在独立的循道宗外，还有一批受到卫斯理福音主义影响的国教会徒坚持国教的基本信仰和原则，没有脱离国教会，他们即形成了"福音派"。他们关注下层民众疾苦、不断反思国教会弊端，在国教会内部形成一股"清流"。伴随着 19 世纪上半叶政治、经济与社会的巨大变革，福音主义在国教会内部的影响力也越来越大。对 18—19 世纪之交英国政治和社会改革产生重要影响的"克拉彭派"（The Clapham Saints）就是这样一个福

---

① ［英］约翰·卫斯理：《一个循道派信徒的品格》，见《约翰·卫斯理日记》，许碧瑞译，宗教文化出版社 2012 年版，第 374 页。

② A. D. Gilbert, *Religion and Society in Industrial England*: *Church*, *Chapel and Social Change*, *1740 – 1914*, London: Longman, 1976, p. 31.

音主义群体。其成员多是富有的上层贤达人士，共同致力于废除奴隶贸易和刑狱系统改革等。19 世纪以后，福音派在国教会中的影响力不断扩展，一些在高教会派和低教会派间寻求中间路线的所谓"广教派"（Broad Church）也越来越倾向于福音主义。总之，国教会中的福音主义者与主要走下层路线的独立的循道宗上下呼应，成为 19 世纪宗教复兴和社会改造的中坚力量之一。

无论如何，在面对工业革命及其引发的社会转型的过程中，循道派运动发起了一场宗教复兴与社会觉醒的伟大战役。在循道派的激发下，不仅国教会日益成为福音主义的重要阵地，而且许多非国教派别中也涌现出了福音主义的浪潮。特别是清教消亡后衍生而来的公理会、浸礼会等都呈现出福音主义的明显倾向，甚至在英国沉寂的天主教会也焕发出生机。他们突破自矜的壁垒，走向社会，走到大众中去，不仅在宗教组织上依照卫斯理式的传道体系四处布道，传讲福音，而且积极地参与到社会与政治改革的进程中去。正是在卫斯理和福音主义激发出的时代精神下，英国各教派及普通大众再次出现一次全民族性的宗教热潮。有学者指出："这种全民族的宗教热情一直持续到 19 世纪晚期，才在不断增长的消费主义、国家主义，尤其是达尔文进化论所引发的怀疑主义思潮冲击下趋于衰落。"①

循道派所传扬的福音主义的影响力并不局限在宗教领域，由于工业革命的日益深入，随之而来的社会问题越来越突出，福音主义开始发挥出色的社会服务功能，其影响力在社会领域不断扩大。

一方面，通过宗教层面的精神影响力，维护了英国转型时期的社会稳定。特别是在 18—19 世纪之交的欧洲大革命阶段，这一作用格外突出。法国历史学家哈莱维提出过一个命题，即认为在 18—19 世纪之交欧洲革命风暴中，英国之所以能够保持稳定，主要在于福音运动的作用。② 哈莱维命题虽有过分夸大之嫌，但多少包含一定的合理成分，因而得到部分学者的认同。即使是对哈莱维命题持反对意见的 E. P. 汤普森也强调循道派重要的社会作用。汤普森特别关注其对于维持下层社会稳定的意义，强调其对于下层民众在精神和组织上的意义。就精神层面来说，汤普森指出：

---

① 邹穗：《英国工业革命中的福音运动》，《世界历史》1998 年第 3 期。
② Elle Halevy, *England in* 1815, London：Ernest Benn Ltd. , 1949, p. 387.

"卫斯理宗打开教堂的大门，为工业革命中流离失所、无家可归的人提供了某种团体，以取代正在瓦解的旧社团模式。"对于这种"团体"，汤普森进一步强调："在这个宗教团体内，有它自己的戏剧、自己的等级地位和个人重要性，有它自己的蜚短流长，和成员间许许多多的互相帮助。……当这些男人和妇女在教会里面时，都感到自己在一个不那样敌对的世界里，有了一点某种地位。他们也许会因为自己的谨慎和贞洁，或虔诚而得到别人的承认。"① 对于后一种意义，汤普森指出，"卫斯理教派可以用来作为一种劳动纪律是明显的事实"②。他强调卫斯理领导的循道派既发挥着作为剥削者的宗教又作为被剥削者的宗教这一双重作用。换句话说，卫斯理宗既通过使工人顺从、守纪律的劳动来为剥削阶级服务，又通过一种宗教"团体"形式将工人阶级组织起来，为他们提供了一个精神的空间。卫斯理宗之所以能在两个对立的阶级那里同时取得成功，汤普森列出了三点理由：其一是直接的思想灌输，即通过福音派的主日学校等方式传播福音主义；其二是卫斯理宗的群体意识，即为工人阶级提供一种精神慰藉的组织；其三是反革命的心理后果，即对欧洲大陆革命浪潮的恐惧心理。③ 确实，在国外革命浪潮风起云涌，国内工业革命引发的贫富分化和阶级对立的严峻形势下，本应作为革命力量的下层民众，特别是工人群体，却保持了顺从与稳定，甚至站在了反革命的一边，福音运动的影响自然功不可没。

另一方面，福音主义者积极推动社会改良。自循道派运动伊始，卫斯理就不仅仅关注灵性的布道活动，而是将许多精力投入到充满人文关怀的社会服务之中。工业革命爆发以来，面对国外大革命带来的压力和国内贫富和阶级分化的日益严重，福音主义者开始更多地致力于通过上层的制度和法律改革来推动社会改良。特别值得一提的是一些上层福音主义信徒，以严格的福音主义生活和道德标准要求自己，以博爱和献身的精神推动社会改革，发挥了重要的作用。首先，在教育方面，最值得一提的是主日学

---

① ［英］E. P. 汤普森：《英国工人阶级的形成》，钱乘旦等译，译林出版社 2001 年版，第 440 页。

② 同上书，第 434 页。

③ 同上书，第 434—444 页。

校的创办和发展。主日学校即在礼拜日针对下层民众特别是贫民儿童的培训学校，主要内容分为宗教教育和通识文化教育。约翰·卫斯理本人就是积极的主日学校的倡导者。1769 年，循道派成员汉娜·莫尔创办了第一所主日学校。此后，在卫斯理的支持和影响下，主日学校运动成为循道派和 19 世纪福音运动的重要内容，雨后春笋般在全国各地发展。此外，他们在各工业区还建立了许多专门培训工人劳动技能和基本文化知识的工人学校等。此外，在监狱改革方面，著名的监狱改革之父约翰·霍华德就是一名福音主义者。他一生致力于奉献，他勇敢揭露英国监狱问题，宣传刑狱改革，成为英国监狱改革的先驱。福音派上层还致力于推动工厂制改革和工厂立法。在一些福音派议员和贵族的推动下，1802 年的旨在改善工人劳动条件、保障基本权利的《学徒健康与道德法法》和 1833 年的《工厂法》获得通过。在废奴问题上，福音派人士威廉·韦伯福斯等人起到了关键性作用。当然，这些成果仅仅是福音运动的部分内容，在救济贫病、反赌博与酗酒等方面也都有着无私的奉献。这些福音主义者践行福音主义的人道主义与博爱思想，全身心地献身于社会公平与正义，在一定程度上扭转了社会风气，大大推动了工业革命启动后处于社会转型的社会良性发展。

　　总的来说，在 18 世纪国教霸权和信仰危机的背景下，卫斯理结合对信仰本质的思考和个人的宗教活动形成了一套完善的福音主义思想体系。它既融合了信义宗与归正宗的思想，也杂糅了清教主义与阿明尼乌主义的若干要素，并混合了知识分子的个人伦理和宗教体验。因此，不管卫斯理本人如何坚持，这个有着独立实体组织和教义体系的新宗派都无可辩驳地以成熟的姿态呈现在世人面前。以这一思想体系为武器，卫斯理等人发起了这样一场影响深远的宗教复兴运动。它通过传扬福音主义思想，重建在清教革命以来黯淡的新教伦理，为下层社会大众规范了服从市场经济规律的宗教道德，并在上层社会宣扬一种人道主义和宗教情感合一的奉献精神。这样，在整个工业革命阶段，尽管英国社会充斥着内外种种问题，仍能通过自身的不断调整和改良向前发展，在一定程度上避免了大众革命的出现。

第三节　牛津运动的兴衰

18 世纪中期以降，国教会内部的分歧愈加明显，至 19 世纪初，三大派别分野鲜明。低教会派中以受卫斯理福音主义影响甚巨的福音派为主，其代表性团体是由中上层人士构成的"克拉彭派"。该派兴起于 18 世纪末至 19 世纪初，最早的创建者是约翰·牛顿（John Newton，1725—1807），因主要成员常在伦敦西南部的克拉彭（Clapham）聚会而得名。该派以威廉·威尔伯夫斯（William Wilberforce，1759—1833）等人为核心形成一个朋友和家族圈，他们拥有共同的道德和宗教观念，共同的社会价值观，并积极参与社会改良运动，同时依靠相互之间的友谊和联姻紧密地团结在一起。[1] 他们的基本宗教主张深受卫斯理福音主义的影响，较为贴近大陆的新教主义；同时，他们以呼召宗教热情的复归为己任，并积极投身于社会改良，致力于解决工业革命兴起后出现的涉及宗教和社会的各种问题。与福音派在宗教主张上分歧最大的派别是高教会派，他们在教义和礼仪上更加贴近天主教，强调教会在国家中特殊而崇高的地位，并极力维护国教会的统治地位及其神学霸权。高教会派中最著名的团体即是 19 世纪前期牛津运动中的主要成员组成的"书册派"。处于左、右两支力量之间的中间派被称为"广教会派"[2]，该派奉行传统的中间原则，是国教会中的主流和开明派。广教会派既反对福音派激进的宗教主张，又反对高教会派的天主教倾向，试图维护折中的安立甘宗传统信仰。

无论如何，国教会都被深深卷入 18 世纪后期以来的宗教复兴浪潮之中。国教会内部各派别，无论是高教会派还是低教会派，神学本身的争议只在其次，他们拥有一个共同的目标，即复兴人们黯淡的宗教热情，积极维护教会的权威和地位，抵挡各种新兴神学思潮及科学主义和自由主义对传统信仰的冲击。低教会派在 18 世纪中后叶的福音运动中，受到福音主

---

① Stephen Tomkins, *The Clapham Sect: How Wilberforce's Circle Changed Britain*, Oxford: Lion Hudson, 2010, p. 1.

② Broad Church, 或译为"宽和教会派"，参见《不列颠百科全书》第 6 卷，中国大百科全书出版社 1999 年版，第 162 页。

义影响，致力于在国教会内部推动改革运动，并积极扩大教会的影响力。至 19 世纪初，一系列新的政治、经济和社会变革进一步引发高教会派中的虔诚信徒振臂而呼，发起一场新的宗教复兴运动，即牛津运动（或称书册派运动）。书册派的目的是维护国教会的传统地位，呼召人们对传统信仰的坚守，试图阻止自由主义对教会和社会精神的影响。

牛津运动的兴起与 1828—1829 年开始的一系列涉及国教会的改革有着密切关联。

其一，1828 年，议会通过了由辉格党人约翰·罗素（John Russell, 1792—1878）提出的 "废除《宣誓法》与《市政法》" 提案，对安立甘教会的国教地位造成根本性的冲击。《市政法》和《宣誓法》是 17 世纪复辟王朝时期通过的旨在维护安立甘教会国教地位的重要法律。这两部法律将天主教徒和新教非国教徒排除出政府、军队和主流教育体系，是塑造 18 世纪安立甘教会 "霸权" 地位的两部基本法律。两法的废除是安立甘教会丧失国教地位和国教徒失去传统特权地位的标志。始终极力反对改革的埃尔登勋爵将之视为教会与政府分离的标志。①

其二，1829 年，继《宣誓法》和《市政法》被废除后，《天主教解放法》（Roman Catholic Relief Act）获得通过，打破了宗教改革以来英国持续 300 年的反天主教传统。这样，继安立甘教会霸权地位丧失后，光荣革命后确立的 "新教体制" 彻底瓦解。新教内部的宗教宽容被全面的宗教宽容所取代，新教徒与天主教徒在法律层面上达成了历史性的和解。辉格派史家对此津津乐道，将之称为工业革命以来英国宗教发展最伟大的成就之一。

上述改革的通过并非举国一致的结果，事实上，以国教会和托利党为主体的保守派仍试图抵挡改革的大潮。改革派和保守派双方就政教关系、教俗关系、国教会与新教非国教派及其与天主教的关系等问题进行了广泛而激烈的争论。两派的冲突从宗教领域延伸到政治领域，特别是在议会改革问题上掀起巨大波澜。双方最激烈的交锋聚集在议会改革法案上。经过多年、数轮的激烈斗争，尽管上院的主教议员始终保持强硬的反对态度，

---

① William Gibson, *The Church of England 1688 – 1832: Unity and Accord*, London and New York: Routledge, 2003, p. 106.

但保守派仍没能阻止"议会改革法案"在 1832 年通过。随之而来的是保守派的托利党在大选中的大溃败。一时之间，以国教会为代表的传统力量被辉格党推动的自由主义改革潮流所湮没。并且由于国教会在 1832 年改革问题上抱守残缺的态度，客观上站到了时代洪流的对立面，这对国教会在民众中的形象构成了沉重的、无法挽回的打击，人们纷纷将国教会视为腐朽旧制度的象征。经此一劫，国教会不仅进一步丧失了政治特权，而且也失去了本已凋零的民心。在自由主义与宗教多元化的浪潮下，国教会无可挽回地衰落了。

1832 年议会改革法的通过是传统保守力量失败的体现，也是传统宗教信仰及其体制进一步衰落的开端。上台的辉格党以改革的面貌出现，以革新传统社会旧制为目标，奉行所谓的"埃拉斯都主义"（Erastianism）。它最基本的主张是"国家全能论"。该词首次出现于 1643 年英国议会的争论中，由长老派称呼那些主张国家权力至高无上的一派人，此后该词深化成英国政治和神学理论中的一种学说。在涉及国家与教会关系的问题时，它是指"国家高于教会而有权干预宗教事务"。值得一提的是，这一名词源于一位 16 世纪的瑞士医学家、茨温利派神学家埃拉斯都，但埃拉斯都本人并不主张"国家全能"，仅仅是强调任何人不应被开除教籍，无论教士还是平民，一旦犯罪都应由国家行使刑罚。[①] 总之，辉格党的政治学说是反传统的。它是 19 世纪自由主义时代到来后的典型政治理论，背离了 18 世纪政教联盟和"认信国家"的政治理念，奉行宗教多元主义和政治实用主义。

辉格党政府上台后，开始向国教会的经济特权"动刀"。1801 年爱尔兰并入联合王国后，爱尔兰的宗教冲突成为最棘手的问题。爱尔兰人中绝大多数人口是天主教徒，但与英格兰一样，安立甘教会也是爱尔兰国教，并在爱尔兰设有 22 个主教区，这意味着占爱尔兰人口绝大多数的天主教徒要接受和供养为数众多的安立甘教会教士。这种状况必然引发爱尔兰人的极度不满，冲突愈演愈烈。1833 年，辉格党政府向新成立的下院提交并通过了《爱尔兰教会财产法》[Church Temporalities (Ireland) Act 1833]，

---

① "埃拉斯都主义"和"埃拉斯都"，参见《不列颠百科全书》第 6 卷，中国大百科全书出版社 1999 年版，第 103 页。

旨在重组爱尔兰教会，缓解爱尔兰宗教冲突。该法废除了 10 个爱尔兰教会的主教区，将之归并到其余的 12 个之中。[①] 改革所得教产收归政府，并交由专门成立的委员会处置。尽管改革爱尔兰教会势所必然，但国教会仍对这一做法表达了强烈抗议。对于国教会来说，政府的改革是单方面撕毁传统政教联盟"协议"的"违宪"行为，在未征得国教会意见的前提下，议会通过法令赋予非国教徒以政治自由和同等的社会权利，并蚕食国教会的经济特权。换句话说，在政府单方面的行动中，国教会已经丧失了国家教会的意义和权威，政府背离了光荣革命以来与国教会的同盟义务。

总之，1828 年以来的一系列改革都表明国教会权威和传统特权正在消解，作为传统政治基石的政教联盟原则正在瓦解，宗教多元化已然成为事实，英国正朝向一个理性与世俗的现代国家转变。

正是在上述背景下，作为秉持传统文化旗帜的牛津大学掀起了一场旨在重振教会权威的宗教文化运动。牛津大学是英国最具盛名的新思想诞生之地，14 世纪最早提出宗教改革思想的威克里夫就是牛津大学的一员，但宗教改革以后，牛津大学已经成为宗教保守主义的坚固堡垒和传统宗教思想的捍卫者。从 16 世纪反对宗教改革而殉教的托马斯·莫尔、17 世纪高教会思想的开创者威廉·劳德[②]、18 世纪福音运动的创立者卫斯理兄弟，到 19 世纪牛津运动的领袖们，基本都是毕业并任教于牛津大学的学者。他们具有一种共同的、捍卫宗教传统的热情，这正是牛津大学整体的宗教气质所在。在 19 世纪初宗教自由化思想不断蔓延的背景下，牛津大学仍旧坚守着保守主义的宗教价值观，而当自由主义潮流不可逆转地"挤"进牛津大学的"校门"时，一些激进保守派随即扛起捍卫传统的大旗，发起了一场宗教文化运动。

牛津运动的领导中心在牛津大学奥利尔学院（Oriel College）。一般认为，这一运动发端于奥利尔学院院士、钦定神学讲座教授约翰·基布尔（John Keble，1792—1866）在 1833 年牛津大学圣玛丽教堂做的一场名为

---

① Boyd Hilton, *A Mad, Bad, and Dangerous People? England, 1783—1846*, Oxford: Clarendon Press, 2006, p. 468.

② 劳德在担任牛津大学校长时，针对当时各学院混乱的规章制度，主持编纂了一部体现了国教高教会派思想的统一校规，即所谓的《劳德规约》。该规约颁布于 1636 年，在《1854 年大学改革法》之前一直是牛津大学学院制管理的核心章程。

《举国背道》（*National Apostasy*）的著名布道。基布尔满怀忧虑地指出：
"国家教会的理念是英国政治理论的根基，英国所有的法律与政策都遵循
这一基本原则，但是现在政府和民众都千方百计地摆脱这一限制，否认这
一原则本身。"① 对于信众自身，他说："最大的警示和问题在于对信仰不
断增长的冷漠，信众对自身的放纵及对他人宗教情感也漠然视之。"他疾
呼人们联合起来反对"背道的政府"（apostatised state），保卫教会。② 同
年，牛津大学的青年才俊，日后成为牛津运动灵魂人物的约翰·亨利·纽
曼（John Henry Newman，1801—1890）发表了他的第一部著作《公元四
世纪的阿里乌派》（*The Arians of the 4th Century*）。纽曼后来在其《自辩
书》（*Apologia Pro Vita Sua*，1845）中提到，他一直将基布尔那场振聋发
聩布道作为这场宗教复兴运动的开端。总之，这场以文化运动为形式的宗
教复兴运动在 1833 年兴起了，以牛津大学奥利尔学院为中心，越来越多
的文化界人士也先后加入进来。

事实上，在基布尔那场著名的布道之前，纽曼、基布尔和爱德华·皮
由兹（Edward Pusey）及其他几位志同道合的同事和学生就已经组成了一
个以维护传统教会为目标的团体。他们抵制弥漫在牛津大学的自由主义风
气，并用实际行动捍卫教会权威，如倡导导师改革计划，要求导师关注学
生的宗教信仰，加强对学生的宗教引导，防范和阻止自由主义风潮对学生
的影响。此外，他们还发起一场反对罗伯特·皮尔（Robert Peel，1788—
1850）的政治请愿行动。皮尔曾是激烈反对天主教解放的保守派领袖，
但后来他本人的思想发生转变，并成为 1828 年推动天主教解放的关键人
物。皮尔领导的解放天主教的运动引起了保守阵营的强烈不满，曾作为皮
尔支持力量的牛津大学也因此大力抨击和反对皮尔，纽曼等人正是这场反
对运动的旗手。

在基布尔进行那场著名布道之后，一批牛津大学的师生积极响应，形
成一个有活力的宗教文化团体。在 1833 年 8 月奥利尔学院组织的会议上，
几位领袖人物初步确立了运动的宗旨和行动纲领。他们的主要目标是号召

---

① John Keble, *The Christian Year*, *Lyra Innocentium and Other Poems together with His Sermon on
"National Apostasy"*, London：Oxford University Press, 1914, p. 543.

② Ibid. , pp. 548, 554.

教会人员联合行动，重振教会权威，维护政教联盟等。这场运动以牛津大学为主基地，因而被称为"牛津运动"。不过，在此后的运动中，出版"书册"是其运动的主要武器和方式，因此也被称为"书册运动"。除了书册，他们还通过演讲、布道、与对手辩论及出版宗教诗歌和经典教会著作等方式，宣传主张，扩大影响力。

从主要成员的构成来看，参与者几乎都是牛津大学的教师和学生。除了基布尔等奥利尔学院的教师外，后期的骨干如托马斯·莫兹利（Thomas Mozley，1806—1893）等都是纽曼等人的学生。在后来纽曼退出牛津运动，并皈依天主教后，莫兹利等人接过纽曼的领袖旗帜，继续开展运动多年。牛津运动的传承性质和牛津大学的导师制度有密切关系。威廉·劳德在17世纪改革牛津大学后确立了学院制和导师制，规定学生入学必须得到导师认可。在确立师生关系后，导师与学生之间的教学活动也很具特色，他们面对面地进行交流，由于导师总是点燃烟斗，对着学生一边吐烟圈，一边谈论问题，这种教学方式也被称为"喷烟教学"。

就运动方式而言，牛津运动表现出浓厚的文化运动色彩。书册派的主要主张和活动大体可以分为以下几个方面。

其一，批判信仰中的个人主义与自由主义，主张回归古代教会传统，弘扬教会和信仰的权威地位。路德开启欧洲宗教改革以来，"因信称义"这一基本主张将信仰的主动权交给了个人，从而动摇了中世纪传统中教会存在的理论根基；新教主义的另一个主要观点"圣经是信仰的唯一权威"思想，不仅将《圣经》的解释权交给了个人，而且将信仰进一步推给了人类的理性。这样，个人被抬升到空前高的地位，人的理性成为信仰的尺度，上帝的一切不再是令人敬畏的存在，而成为人们公开、自由讨论的对象。基于此，信仰本身的神圣地位和神性被世俗理性所消解，教会的神圣地位也被忽视，甚至被诋毁。事实上，在安立甘教会的传统教义中，圣经虽然享有最高地位，但它也重视次经和教会的解经权威。但在自由主义风潮席卷下，自由解经和自由理性正侵蚀着安立甘教会传统教义。当时在牛津奥利尔学院就出现了一个以国教广教会派为主体的诺伊底派（Noetic Groups），该派强调理性至上，信仰应由理性去理解和研究，并倡导宗教宽容和神学争论，反对统一严酷的单一教义。与之相应，这一时期还出现了所谓的《圣经》"高等考证"（higher criticism），即以一种理性的态度考证《圣经》中的谬误和前后矛盾之处，对人们的圣经观念和信仰本身造成了很大冲击。诺伊底派和圣经考证可以视为19世纪自由主义在宗教领域的延伸。

针对宗教上的自由主义和理性主义，书册派进行了激烈的批判。其中代表性的人物是约翰·亨利·纽曼。纽曼是公认的牛津运动的旗手。纽曼在《自辩书》中阐述了自己在1833—1839年的宗教思想，他指出第一个"要点"是"教条的原则"，并声明"我所攻击的是自由主义"。① 他认为自由主义在"本质上反对所有的教义和传统"。正如有学者在评价纽曼思想时所说："对纽曼来说，理性主义或自由主义是安立甘教会内部最强大的肢解基督教的力量，他们的主张无异于基督教的分崩瓦解。"②

不仅严肃地批判自由主义的谬误，纽曼等人还为教会的发展提出了建议。他指出，英国的安立甘教会应该回归传统，接续古代的大公教会，以保证信仰的纯正。正如他在《自辩书》中阐述自己在19世纪30年代的宗教思想时所说："我总觉得，必有比国教更伟大的，那即是自开始所建立的大公使徒教会，而国教只是那大公使徒教会的局部显现和机构而已。若非如此，她就算不得什么。她必须严加整饬，否则就不免丧亡。必须有第二次的宗教改革。"③ 当然纽曼所指的古代教会是基督教大分裂之前及使徒时代的教会，那一时期，基督教维系着教会的统一，基本教义通过多次大公会议逐渐确立，教父神学家们通过大量论著维护着正统信仰。

其二，支持回归天主教式的礼仪。书册派作为高教会派的一支，重视天主教式的传统礼仪是其基本主张，在牛津运动中，皮由兹领导的崇礼派（Ritualists）是个中代表。爱德华·布弗里·皮由兹（Edward Bouverie Pusey，1800—1832）毕业于牛津大学基督学院，1824年起担任奥里尔学院的研究员，1829年又成为牛津大学希伯来语和教会法的讲座教授。他在1837年发表了第18号书册——《对教会斋戒益处的思考》，正式加入牛

---

① ［英］约翰·亨利·纽曼：《纽曼选集》，徐庆誉、赵世泽、戴盛虞译，宗教文化出版社2015年版，第29页。

② ［美］希里尔·欧里根：《纽曼与教义的发展》，载［英］约翰·亨利·纽曼《论基督教教义的发展》序言，王雪迎译，生活·读书·新知三联书店2014年版。

③ ［英］约翰·亨利·纽曼：《纽曼选集》，徐庆誉、赵世泽、戴盛虞译，宗教文化出版社2015年版，第29页。

津运动。次年，他又连续发表了题为《论圣经的神圣洗礼观》的书册。与其他书册派成员一样，皮由兹也极力反对宗教多元化、自由化及对《圣经》的自由阐释，主张尊重传统的教会权威与统一。① 当然，他最著名的主张是对天主教式礼仪的推崇，他认为教会礼仪在纯净信仰和道德教化中具有独特的功用。纽曼也是皮由兹崇礼主义的坚定支持者。皮由兹在1843年的布道中公开宣誓基督真正降临到圣餐礼中的饼与酒中，这引发了来自牛津大学和国教会的强烈批评，并被停职两年。② 在牛津运动衰落之后，皮由兹仍继续领导书册派从事宗教礼仪方面的研究。

其三，维护安立甘教会的权威与独立性，反对国家对教会事务的干涉。在书册派看来，政府对国教会事务的强加干涉破坏了教会的独立性，也打破了教会与政府在政教联合原则下的平等地位。如果说废除《市政法》和《宣誓法》及颁布《天主教解放法》是政府从外部瓦解国教霸权，并单方面解除同国教会的联合原则，那么诸如改革爱尔兰教会和占有国教会财产的行为则是直接对国教会的攻击，并将其置于政府的股掌之间。基布尔在《举国背道》的布道中也指责政府的行为是对教会神圣的"亵渎"，他在为出版这篇布道文所做的导言中不无伤感地指出：安立甘教会这一"使徒的教会"，在英国已经沦为众多派别中的一个，"它的任何特别地位都只能取决于由哪个政党来掌管王国这一偶然事情"。③ 纽曼对国教会权威的论证也遵循了基布尔的思路，他在第38和41号书册中强调只有使徒的教导和早期的教会才是信仰的真正权威，英国教会的权威来自对使徒教会的延续。④ 这种"使徒统绪"的思想成为书册派弘扬教会权威的基本理论。

在牛津运动发展的早期，由于自由主义改革来势汹汹，在根本上动摇了安立甘教会的国教地位和一切传统宗教原则，因而，在共同的危机面前，国教会内部的各个派别一度达成一种共识，即重振教会活力，维护教

---

① 文庸、乐峰、王继武主编：《基督教词典》，商务印书馆2005年版，第365页。
② 参见《不列颠百科全书》第14卷，中国大百科全书出版社1999年版，第32页。
③ John Keble, *The Christian Year*, *Lyra Innocentium and Other Poems together with His Sermon on "National Apostasy".*, London: Oxford University Press, 1914, p. 541.
④ Philip Schaff, *The New Schaff-Herzog Encyclopedia of Religious Knowledge*, Vol XI: *Son of Man-Tremellius*, Grand Rapids, MI: Christian Classics Ethereal Library, 1953, pp. 481–482.

会传统地位，并挽回国教会颓势。一时之间，福音派、广教会派中的保守派和高教会派都团结一致，共同支持牛津运动，并取得了阶段性胜利。1834年，在反对取消大学宗教考察的运动中，书册派在得到多方支持的基础上取得胜利，牛津运动由此迎来发展的高潮。

反对取消大学宗教考察运动源于1834年4月议会下院的非国教议员G. W. 伍德提出的一项议案。该议案旨在取消大学中的宗教考察制度，允许非国教徒在接受大学教育方面享有平等权利。这项议案如果获得通过，国教徒将彻底失去对高等教育的垄断权，这也意味着国教徒在丧失了一系列政治、经济和社会特权后，将进一步失去教育上的特权。议案一经提出，不仅激起非国教徒的强烈响应，而且也得到牛津大学和剑桥大学中的自由派国教徒的积极支持。支持者们组织了大量的社会活动，并积极游说政府和议会。面对自由派咄咄逼人的进攻，牛津大学内部也迅速组织起一场反对取消大学宗教考察的活动，书册派正是这场反对运动的主干力量。至1835年5月，在书册派、高教会派和福音派的合力反击下，自由派遭受惨败，议案被搁置。

1836年，自由派再次发动进攻，辉格党政府首相墨尔本勋爵（Lord Melbourne，1779—1848）任命自由派人士汉普顿博士担任牛津大学钦定神学教授，这引发了书册派的强烈反对。汉普顿博士曾在取消大学宗教考察运动中站到了书册派的对立面，为此，书册派坚决抵制汉普顿就任，并发起一场反对运动。牛津大学内部为此出现泾渭分明的两派，双方唇枪舌剑，互不相让。但是，政府并没有更改任命，相反，书册派的睚眦必报和宗教主张上的狭隘观点却受到广泛非议。此后，牛津运动的高潮期结束，书册派也再无力凝聚其他团体或派别的支持，而愈加朝向单一文化运动的方向发展。来自国教会内外的批评声音开始增多。1838年，牛津主教公开指责书册派奉行罗马天主教礼仪，引发人们对牛津运动宗教倾向的疑虑。

在上述背景下，作为牛津运动的灵魂人物的纽曼在个人宗教思想上的转变成为牛津运动开始衰落的标志。纽曼于1801年出生于伦敦一个银行家家庭，尽管兄弟姐妹众多，但他仍自幼在寄宿学校受到良好的古典教育，熟练掌握拉丁语，对18世纪欧洲的启蒙思想亦多有涉猎。他自幼喜好读书和各种文化活动，同时又热衷于对信仰问题的探究和沉思，表现出超出常人的智识和精力。1817年，16岁的纽曼进入牛津大学三一学院

（Trinity College）求学，开启了他长达 30 年的牛津生涯。自 16 世纪以来，牛津大学一直是国教会传统理念的坚定捍卫者，纽曼自 1822 年当选奥利尔学院院士后，一直沉浸于安立甘教会的宗教思想中，至 1824 年，他被按立为牛津大学圣克莱门特教堂的牧师，四年后又转任圣玛利亚教堂的教区牧师。这一时期，他与后来牛津运动的主要领袖如弗劳德、基布尔、皮由兹等人相识、相交，日益形成一个小团体。他发表的书册和论著与书册派的其他几位重要人物有着相近之处，都是典型的"托古改制"，强调古代教会的正统信仰，倡导以古代教会为原型革新安立甘教会。由于布道和演说富有激情和才气，纽曼很快在牛津大学中享有盛名。

在牛津运动经历挫折后，纽曼一度进行深刻反思，结果是他的宗教思想有了新的发展。纽曼发表于 1840 年的第 90 号书册，对他的学生 W. G. 沃德提出的"英国教会能否恢复其大公性"进行答复。这一书册内容涉及安立甘教会最基本的《三十九条信纲》的解释问题。他重新界定了罗马教会的权威地位，并肯定了大公教义中的许多基本内容。纽曼试图调和安立甘信仰与天主教信仰，但在实质上对《三十九条信纲》的权威地位进行了质疑，因此引发轩然大波。书册派因此遭到国教会内外几乎一致的声讨，1841 年，在多达 24 位主教的强烈要求下，书册被勒令停止发表。他的学生沃德在 1845 年被剥夺了学位。

之后发生的任命耶路撒冷主教的事件进一步推动纽曼宗教思想的发展。1840 年，英国帮助奥斯曼帝国重新占领耶路撒冷，次年，英国和普鲁士王国决定共同在耶路撒冷任命一名新教的主教，以管理英国安立甘教会和普鲁士福音教会的新教徒。新主教将由两国教士轮流提名担任。这本是一件新教国家在宗教上的联合行动，但在纽曼看来，这意味着安立甘教会与被其视为"异端"和"不信派"的大陆新教为伍。他坚定地认为："新教不是历史的基督教"，他们"抛弃历史，仅在圣经的基础上建造基督教的主张"。他还特别指出："如果被推到至极的话，路德主义与圣经、《使徒信经》，甚至与基督教伦理相抵触。"① 他对安立甘教会的深深失望最终促成其宗教倾向的转变。他曾以安立甘教会奉行"中庸"原则（Via

① ［英］约翰·亨利·纽曼：《论基督教教义的发展》，王雪迎译，生活·读书·新知三联书店 2014 年版，第 6、153 页。

Media）为荣，①但在深深的质疑中，他最终得出一个惊人的结论，即安立甘教会非常倾向于阿里乌主义，他认为绝对的阿里乌主义正是大陆激进的新教主义，而安立甘教会不过是"半阿里乌主义"而已。这样，纽曼的思想倾向更加贴近于罗马天主教，而不再是安立甘教会。

1842 年，带着对安立甘教会的深深质疑，纽曼搬离了牛津，居住在两英里外的利特莫尔镇，试图对自己头脑中的思想斗争做一个决断，其结果是他与安立甘教会及其神学的彻底决裂。1843 年，他在牛津大学做了最后一次布道，题目是《论宗教教义发展的理论》，之后辞去了在教会中的职务。这篇布道正是他思想转变后对信仰重新思索的开端，他否定了安立甘教义中对天主教神学的排斥，将尼西亚大公会议以来天主教及教义发展进行了梳理并囊括进正统教会的历史之中。在这篇布道的基础上，他在 1844—1845 年间写就了他最重要的一部著作——《论基督教义的发展》。写作这本书期间，正是他就是否退出安立甘教会、转皈天主教而挣扎的时期。从著作的内容来看，该书可以视为纽曼使自己坚定转皈决心的理论准备，他在书中论证的主要内容实质上是天主教的大公性及其继承和发展古代教会传统的正统性。从这个意义上讲，这本著作乃是"为天主教辩护"的著作，是"纽曼在加入天主教会时给她的献礼"。②的确，纽曼在这本书的写作中，完成了他信仰转变的理论前提，在否定安立甘教会正统性后，肯定了天主教会的正统性、权威性和普世性。在具体的论证中，他还针对国教会内部高教会派、自由派及福音派对天主教的排斥观点做了相应的驳斥，对安立甘神学中不稳定的折中主义进行批判，并重点反驳了自由派的观点。

1845 年 10 月，纽曼辞去了奥利尔学院院士的教职，皈依了罗马天主教。纽曼宗教信仰的巨大而戏剧性的转变，正反映了 19 世纪自由主义时代里传统教会的生存危机。纽曼对正统信仰的理解具有典型的"古典性"，他在书册和论著中不断论证古典教会的正统性，坚称真正的教会是

---

① Philip Schaff, *The New Schaff-Herzog Encyclopedia of Religious Knowledge*, Vol XI：*Son of Man-Tremellius*, Grand Rapids, MI：Christian Classics Ethereal Library, 1953, p. 482.

② ［美］希里尔·欧里根：《纽曼与教义的发展·序言》，引自［英］约翰·亨利·纽曼《论基督教教义的发展》，王雪迎译，生活·读书·新知三联书店 2014 年版，第 1—2 页。

对使徒教会的继承与革新。这种认识贯穿于他的整个生涯。他最初勇于挑起牛津运动的大旗，目的是捍卫传统，并以维护安立甘教会的正统地位为己任。但 19 世纪 30—40 年代的安立甘教会越发有意识地适应自由主义大潮的洗礼，开明的广教会派和福音派积极投身于教会改革和社会服务之中，事实上为丧失了传统特权地位的安立甘教会寻找到了一个更贴近现实和时代的发展方向。这种变化的代价正是安立甘教会在教会权威和大公性（或称普世性）上的进一步退让。事实上，国教会内自由派和开明派的这种主动退让正符合安立甘教会自宗教改革以来一贯的中庸与妥协原则。但对于纽曼来说，这是不能接受的。权威性与大公性的削弱使安立甘教会的正统性大大降低，结合纽曼本人对新教主义和安立甘神学略带偏见的理解，愈发使他将之视为一种与阿里乌主义相近的"异端"。相较之下，他也越来越倾向于将罗马天主教作为使徒时代以来古典教会的继承者。在这种意义上，纽曼转皈天主教只是他本人一贯神学主张的发展和升华的必然结果。

1847 年，纽曼获得罗马天主教会的官方认可，并且出于对英国天主教徒的鼓励，教皇庇护九世（Pius Ⅸ，1846—1878 年在位）策略性地将他任命为自己的主教座堂拉特朗圣约翰教堂牧师。该事件的意义在于：一位在英国享有盛誉的国教牧师转投到罗马天主教麾下，既成为英国宗教改革三百多年来天主教历史性地战胜新教的象征，也预示着天主教将在英国的复兴。正如有学者指出的："纽曼的皈依是教廷神学外交的一场胜仗，最后导致天主教在英国重设教区。"① 事实的确如此，这一事件确实在精神层面上鼓舞了英国天主教徒和罗马天主教会的信心。仅仅三年后，罗马教廷的权柄就重新越过英吉利海峡，回到阔别已久的大不列颠，重建了教会体系。在纽曼和书册派的影响下，更多的国教徒加入了更加符合他们心中的理想教会的天主教。这些人中包括许多国教会牧师，如托马斯·威廉·奥莱斯（Thomas William Allies）、罗伯特·斯蒂芬·霍克（Robert Stephen Hawker）、罗纳德·诺克斯（Ronald Knox）和托马斯·库珀·麦金森（Thomas Cooper Makinson）等人，甚至还包括坎特伯雷大主教爱德

① 陈佐人：《中译本导言》，［英］约翰·亨利·纽曼：《论基督教教义的发展》，王雪迎译，生活·读书·新知三联书店 2014 年版，第 3 页。

华·怀特·本森（Edward White Benson，1883—1896 年在位）的儿子罗伯特·休·本森（Robert Hugh Benson）等。

一般认为，纽曼在 1945 年退出安立甘教会，皈依天主教的事件是牛津运动结束的标志，但也有学者认为纽曼的改宗仅仅是牛津运动的一次重大转向，而非终结，1845 年之后的牛津运动转向社会运动和强调宗教礼仪。无论如何，牛津运动在 19 世纪 40 年代已经失去了最初的活力，从书册的发表量也可以看出这一点。自 1833 年 9 月发表第一篇书册至 1841 年书册被勒令停止发表，其间共有 90 篇问世，而其中有 70 篇发表在 1835 年 11 月以前。① 1841 年以后，书册的停刊和纽曼思想的日益转变已经使牛津运动内部产生了极大的分歧和深层的危机。尽管在 1845 年纽曼信仰转皈后，牛津运动的成员并非完全停止活动，却再也没有能够引发重要的社会、文化影响，而是沦落为国教高教会派的一个普通学术团体。

总的来看，牛津运动衰落的原因是多方面的。

其一，牛津运动自身的狂热与派系性受到普遍的诟病。1836 年以前，牛津运动因其弘扬教会复兴而一度得到国教会内外的诸多支持，但在反汉普顿博士就任钦定神学教授一事中，书册派表现出的宗教狂热与狭隘派系色彩使其丧失了福音派和中间派等同情者的支持。一些中间派人士甚至撰文抨击书册派是一批"道德败坏的阴谋家"。②

其二，牛津运动后期表现出越来越浓厚的天主教色彩，使之日益站到所有新教徒的对立面。书册派神学观的共同特点是对古代教会传统的极度推崇及对宗教神秘主义的赞赏，而在他们眼中，"新教——不论早期或者后期的，都与历史的基督教存在着根本的断裂"③。在安立甘教会的神学体系中，天主教传统和新教主义是兼而有之的，但 19 世纪自由主义的盛行，使国教会内的自由派日益占据主导地位，他们极力推动国教会的改革，使之更加适应自由主义时代的社会转型，而改革的方向无疑倾向于更

---

① Philip Schaff, *The New Schaff-Herzog Encyclopedia of Religious Knowledge*, Vol XI: *Son of Man-Tremellius*, Grand Rapids, M. I.: Christian Classics Ethereal Library, 1953, p.481.

② Marvin O'Connell, *The Oxford Conspirators: A History of the Oxford Movement 1833 - 1845*, London: Macmillan, 1969, p.192.

③ ［英］约翰·亨利·纽曼：《论基督教教义的发展·序言》，生活·读书·新知三联书店 2014 年版，第 6—7 页。

加适应资本主义发展的新教主义。在此背景下，书册派则逆历史潮流而动，更加坚定地提倡安立甘教会中的天主教传统。1836 年，牛津运动的领袖之一弗劳德去世，纽曼和基布尔等人为其整理遗稿后将之出版，引发了极大的社会波澜。在遗稿中，弗劳德毫不讳言对天主教、古代教会传统、宗教权威和宗教神秘性的欣赏，并表达出对宗教改革和新教主义的不满。这使人们普遍质疑书册派是否仍保持安立甘信仰。在某种程度上，弗劳德所代表的书册派的宗教思想已在事实上背离"卫护安立甘教会"的基本宗旨，其无法掩饰的对天主教会的向往与赞扬使之立即站到了所有英国新教徒的对立面，因为倡导天主教主义是对包括国教徒在内的所有新教徒的反叛。许多人开始把牛津运动和书册派视为一小撮密谋复兴天主教的团体，这对牛津运动发展的急转直下起到了推波助澜的作用。正如有学者指出的："自宗教改革以来，英国人对罗马天主教及其信徒始终抱着一种根深蒂固的偏见和排斥，当书册派抗击自由主义的努力被认为沾有罗马天主教色彩时，牛津运动离它最终的失败也就不远了。"①

其三，19 世纪 30 年代，自由主义思潮已伴随着第一次工业革命的完成而成为不可逆转的时代潮流，宗教多元化和世俗化趋势使得以维护旧传统和重振安立甘教会权威的牛津运动失去了根基。经过一个多世纪的发展，传统国教霸权体制已经僵化，无法适应时代的发展，改革已是大势所趋。在辉格党政府的主导下，由新成立的教会委员会负责国教会的改革事宜，涉及教会的税收、社会职能和内部组织体系的改造等多个方面。在此背景下，书册派所坚持的教会独立性和传统政教联盟原则等已完全不合时宜。事实上，纽曼等牛津运动的领袖们也认识到了这一点，面对这种悲观的现实，他们对国教会的"堕落"感到痛心的同时，也对重振国教会失去了信心。这正是 1836 年以后书册派不仅在神学斗争上，而且在自身的精神和斗志上急转直下的内在原因。

综合来讲，在 18 世纪国教体制僵化和信仰出现危机的背景下，卫斯理领导的循道运动率先掀起了宗教复兴运动，对于缓解信仰危机确实起到了重要作用。同时，福音主义的广泛传播也引发了国教会内部的深刻反思，国教福音派开始顺应时代潮流，关注下层社会，推动社会改良，致力

---

① 叶建军：《评 19 世纪英国的牛津运动》，《世界历史》2007 年第 6 期。

于重振国教会的权威和人们的宗教热情。但是，自由主义思潮的冲击仍不可阻挡地动摇着国教会的传统地位，宗教多元化的趋势愈演愈烈。福音派的努力并没有根本扭转国教会的衰落，英国传统的政教联盟的基础最终没有逃过在时代洪流中瓦解的命运。正是基于此，国教高教会派的一批学者在牛津大学发起了一场旨在革新和重振国教会、反对宗教自由化的文化运动。从性质上来说，牛津运动无疑是宗教复兴热潮中的一支，但与福音运动走的社会大众路线不同，牛津运动从一开始就表现出极其鲜明的上层文化运动的倾向。

第 七 章

宗教多元化与世俗化

1828—1829 年,《宣誓法》与《市政法》的废除及《天主教解放法》的颁布等一系列改革推动了英国宗教多元化时代的到来。尽管并非一蹴而就,但新教非国教徒和天主教徒仍相继在法律上获得了与国教徒平等的公民权。这意味着,始自宗教改革,确立于光荣革命的政教联盟体制瓦解了,基于这种体制的"国教霸权"和反天主教传统也随之消散。当然,安立甘教会仍然是形式上的国教会和最大的主流教派,在各种官方礼仪中享有特殊地位,但摆脱了各种限制的其他教派也呈现出强劲的发展势头,共同塑造着一个多元、自由和包容的英国社会。

同时,与宗教多元主义相伴随的是世俗化倾向。在一定程度上,新教体制的瓦解和反天主教传统的淡化正是世俗化发展的结果。工业革命与自由主义思潮在根本上改变了人们对信仰的认知,人们从宗教冲突的精神沼泽中走出,以一种包容、理性甚至是科学的态度审视人类社会,由此,宗教分歧不再是社会冲突的主要动因。意识形态领域的这种巨大变迁正是世俗化的源动力。当然,宗教世俗化并不意味着信仰的淡漠。事实上,由于循道运动、牛津运动、国教会改革等一系列复兴运动的助推,宗教信仰在一定程度上抵挡住了工业革命以来各种新社会思潮的生存挑战,仍顽强地植根在人们的日常生活之中。星期日仍是全民性质的礼拜日,尽管参加国教礼拜的人数有所下降,但各种新教非国教派和天主教都日益活跃起来。

这样,多元化动摇了国教会的传统地位,世俗化又使宗教与政治的纽带松弛了。多元化与世俗化相互影响,共同促成 19 世纪以降的英国呈现出如下景象:一方面,人们仍然保持着信仰的习惯,宗教活动仍是社会活动的主要内容之一;另一方面,人们又被自由主义精神所驱使,从传统宗教樊篱中解脱，使信仰成为完全私人的事。

第一节　天主教徒的解放

　　1829 年《天主教解放法案》的通过被认为是英国宗教多元化时代来临的标志。自宗教改革以来，官方主导的反天主教主义已持续了三个世纪之久。在此期间，从玛丽一世女王到詹姆斯二世，再到 18 世纪的詹姆斯党人的叛乱，天主教似乎都是国内外威胁国家安全的"邪恶力量"。正是为了反对这股力量，英国人将"新教体制"作为基本政治原则。《天主教解放法案》的通过彻底打破了这一体制。

　　天主教解放的直接导火索是爱尔兰天主教徒的公民权问题。基督教在爱尔兰的传播与发展早于英格兰。430 年，罗马教廷首次派出教士前往爱尔兰传教，当时，爱尔兰已有部分来自欧洲大陆的基督徒存在。在公元 5—6 世纪日耳曼人入侵西罗马帝国的时代，爱尔兰因其独特的地理位置等因素而免于被征服的灾祸。大批来自欧洲大陆，特别是高卢和不列颠的学者逃往爱尔兰，使这里成为古典文化的重要承继中心，获得了"学者与圣徒之岛"的美名。不过，爱尔兰长期政治分裂的现实阻碍了该岛与欧洲大陆的联系和交流，爱尔兰基督徒也长期游离于以罗马为中心的天主教大世界之外。

　　爱尔兰被纳入罗马天主教世界始于 12 世纪中期。1155 年，英格兰国王亨利二世（Henry Ⅱ，1154—1189 年在位）以重建爱尔兰社会秩序和荣耀上帝的冠冕理由，从教皇阿德利安四世（Adrian Ⅳ，1154—1159 年在位）那里取得爱尔兰的最高宗主权。之后，他率领 4 万大军登陆爱尔兰，大多数爱尔兰教士站到亨利一边，主教会议也宣布效忠教皇，并遵守罗马教会的宗教仪式。这样，通过军事与宗教的双重征服，爱尔兰被纳入英国和罗马教会的统治下。不过，在都铎王朝对爱尔兰实施再征服之前，英国始终未能实际占领爱尔兰全岛，其统治主要集中于以都柏林为中心的直辖区内。在近代以前，爱尔兰的地位及其与英国的关系一直相当模糊。[1]

---

　　[1]　Kevin Kenny, ed. , *Ireland and the British Empire*, Oxford：Oxford University Press, 2004, p. 2.

都铎时期，英国加强了对爱尔兰的统治。亨利八世在爱尔兰采取"先缴后赐"的政策，削弱了爱尔兰贵族的威望和反抗基础。1541 年，亨利八世自任爱尔兰国王，并得到了爱尔兰的盖尔（Gael）和盎格鲁－诺曼（Anglo-Norman）贵族的支持。[1] 爱德华六世和玛丽一世时期，英国采取"没收与殖民分头并进，双管齐下"的方针向爱尔兰内陆扩张，扩大了英国人的统治基础。[2] 伊丽莎白一世时期，英国继续推行"先缴后赐"的土地政策和宗教改革，土地和宗教的双重矛盾最终激起了爱尔兰人汹涌的起义浪潮。伊丽莎白女王一边血腥镇压起义，一边鼓励英国人向爱尔兰移民，使爱尔兰成为英国殖民事业的"实验室"（Laboratory）。[3] 1585 年后，伊丽莎白女王政府又制定了一个在芒斯特（Munster）地区重建"东南英格兰世界"的计划，殖民活动进入高潮。女王政府将这里的土地封赐给 35 名领主和大约 2 万名士兵，并推行英格兰式的农业耕作方式。至 16 世纪末，约有 12000 名殖民者定居下来，从事农业生产。[4] 伊丽莎白一世时期对爱尔兰的再征服行动在 1603 年"九年战争"结束后完成，英国第一次真正地把爱尔兰全面置于自己的统治之下，其中，对爱尔兰北部的殖民计划为今日的北爱尔兰问题埋下了伏笔。

都铎君主的征服行动伴随着宗教改革。亨利八世率先在爱尔兰强制推行宗教改革，但爱尔兰人捍卫天主教信仰的坚定决心使改革计划严重受挫。对于大多数爱尔兰人来说，"爱尔兰是教皇的采邑，英王的权力只是缘于当年教皇阿德里安的赐予"，因此，他们坚持效忠教皇，拒绝改变信仰。正如爱尔兰学者柯蒂斯所说："心向西班牙和教皇是爱尔兰的普遍现象。"[5] 尽管如此，在伊丽莎白一世统治时期，血腥的征服政策还是使爱尔兰在形式上成了新教王国。丘吉尔不无同情地指出，从亨利八世的宗教

---

[1]　James Halpin, *From Columbus to Cromwell: Ireland, England and Europe from about 1450 to 1660*, Dublin: Gill and Macmillan, 1978, p. 82.

[2]　Edmund Curtis, *A History of Ireland*, London: Methuen, 1957, p. 174.

[3]　Kevin Kenny ed., *Ireland and the British Empire*, Oxford: Oxford University Press, 2004, p. 26.

[4]　Nicholas Canny, ed., *The Origins of Empire*, Oxford: Oxford University Press, 1998, p. 138.

[5]　Edmund Curtis, *A History of Ireland*, London: Methuen, 1957, pp. 162, 204.

改革开始，"爱尔兰的苦难之中又增添了宗教信仰方面的致命分歧"①。总之，都铎时期的征服和强制推行宗教改革的政策成为延续至今的天主教与爱尔兰问题的引火线。

斯图亚特王朝延续了都铎时期对爱尔兰的殖民和宗教改革的政策。詹姆斯一世入主英国后，掀起第二轮殖民爱尔兰的高潮。在政府的鼓励下，大批英格兰和苏格兰的殖民者迁往爱尔兰，大量爱尔兰本地人被迫离开家园，被赶到西部的贫瘠地区。1610 年，詹姆斯一世政府又颁布"殖民地条例"，将厄尔斯特地区（Ulster）的 50 万英亩田地赐给殖民者。1610—1640 年，仅苏格兰人当中就有约 4 万人前往厄尔斯特。② 为了有效推行殖民政策，英国政府采取极为严酷的手段。1632 年，托马斯·温特沃思（Thomas Wentworth，1593—1641）出任爱尔兰总督后，实施军事管制，加大税收，并强制所有爱尔兰人改宗国教，引发爱尔兰天主教徒的多次起义。同时，17 世纪 40 年代，英国国内的清教徒受到迫害，一部分人被迫前往爱尔兰避难。清教徒的加入，使爱尔兰的殖民和宗教问题变得更为复杂。③ 正是在这一时期，厄尔斯特地区的新教徒数量超过了本地的爱尔兰天主教徒。英国革命期间，奥利弗·克伦威尔对爱尔兰进行了新的血腥战争，爱尔兰议会和政府都由新教徒把持，英国控制了爱尔兰全岛。1653 年，镇压爱尔兰民族起义后颁布的《迁徙法令》将大批爱尔兰人驱逐到南部贫荒地区，北部新教徒人数剧增。

1801 年，两个独立王国通过《英爱联合法案》正式合并，改名为"大不列颠与爱尔兰联合王国"（United Kingdom of Great Britain and Ireland）。在某种程度上，爱尔兰是被英国所吞并。在宗教问题上，爱尔兰未能取得如苏格兰那样的宗教独立，而是被英国政府强制规定以安立甘教会为国教。与此相应，占人口多数的天主教徒在政治和社会生活中受到种种歧视。

---

① ［英］丘吉尔：《英语民族史》第二卷，薛力敏、林林译，南方出版社 2007 年版，第 224 页。

② *Barry Coward*, *The Stuart Age：a History of England，1603 – 1714*, London：Longman，1980，p. 109.

③ Kevin Kenny, ed., *Ireland and the British Empire*, Oxford：Oxford University Press，2004，p. 8.

　　事实上，英国政府的宗教政策从来没有真正起到改变爱尔兰人信仰的作用，相反，爱尔兰人对天主教更加忠贞，同时还间接推动爱尔兰人以天主教信仰为旗帜实现了民族认同。

　　自公元5世纪就接受天主教后，爱尔兰人遭受多次入侵，岛内各部落之间也是混战不断。英格兰人讥讽爱尔兰人为"Meere Irish"，意为"肮脏、粗暴、野蛮"。① 对于一般爱尔兰民众而言，宗教无疑是医治心灵的良药，人们渴望在死后得到上帝拯救，摆脱现世的痛苦。天主教在爱尔兰人的日常生活中起着不可替代的精神作用，因而他们谦恭地聆听罗马教皇的教诲，虔诚地奉行天主教的教义和礼仪。在爱尔兰人看来，英国只是受教皇委派的领主，教皇才是爱尔兰真正的最高领袖。在英国发动宗教改革，打破同教皇的合作关系后，爱尔兰人将反抗英国视为一项宗教事业，正如爱尔兰起义者们所宣称的，"起义是神圣的、合法的，是一场捍卫天主教的圣战，是讨伐暴君的斗争，这个暴君拒绝听从代表耶稣讲话的教皇"②。在共同维护天主教信仰和反对英国高压统治的斗争下，爱尔兰人的民族认同逐渐强化，天主教信仰成为爱尔兰民族主义的精神"旗帜"。

　　都铎时期最著名的反抗运动是由休·奥尼尔（Hugh O'Neill）领导的"试图实现全民族大联合"的盖尔人③和老一代英国殖民者发动的大起义，维护天主教是他们共同的旗帜。由于这一反抗运动的宗教性质，他们得到了欧洲大陆天主教集团的支持。1580年10月，西班牙国王菲利普二世和罗马教皇共同组织了一支由西班牙人和意大利人组成的联军登陆爱尔兰岛。尽管爱尔兰人的大起义和国外天主教联军的支持都在英国军队的打击下以失败而告终，但无论如何，以天主教为旗帜和精神凝聚力的反抗运动推动了爱尔兰人宗教热情的空前高涨和民族意识的迅速觉醒，最终形成一个以天主教信仰为边界，"由盖尔人和老一代英国人混合组成的爱尔兰民族"④。

　　爱尔兰被并入联合王国后，天主教徒在联合王国中的比例大幅提高，

　　①　Kevin Kenny, eds., *Ireland and the British Empire*, New York: Oxford University Press, 2004, p. 30.

　　②　Edmund Curtis, *A History of Ireland*, London: Methuen, 1957, p. 198.

　　③　Ibid., p. 190.

　　④　王晋新、薛桂芬：《爱尔兰与近代早期英国的殖民活动》，《北方论丛》2004年第5期。

但根据英国的法律，天主教徒不享有任何政治权利，且在经济、社会和教育等方面受到歧视。将占人口绝大多数的爱尔兰天主教徒排斥在政治之外的政策意味着这样一个不可回避的事实——爱尔兰并不是加入了联合王国，而是成为一片被英国人统治的"殖民地"。这一严峻的政治现实必然引发爱尔兰出现一系列的政治危机，但对于保守的托利党政府来说，赋予普通爱尔兰人平等公民权就意味着给予天主教徒合法地位，这是有悖于英国的基本政治和宗教原则的。因此，关于爱尔兰天主教徒的公民权问题一直是一项重大而敏感的政治议题，亦是此后历任托利党政府都面对的棘手问题。

1817 年和 1819 年，先后有两项有关天主教徒解放的议案被提交到议会，但在罗伯特·皮尔爵士、埃尔登爵士（Lord Eldon）等人的坚决反对下，议会两院都未能获得通过。直到 1821 年，在辉格党人的大力支持和舆论的影响下，"天主教解放法案"终于在下院获得多数通过，这是天主教解放问题取得的重大进展。尽管法案最后未能获得上院多数支持，但支持与反对的议员票数相差并不大（159:120），这一事实反映了天主教徒的解放已经成为顺应时代发展的、势在必行的改革。此后，在 1822 年、1823 年、1825 年、1827 年和 1828 年，先后又有多个有关"天主教解放"的法案被提交到议会讨论，除了 1827 年的提案以两票之差未获下院通过外，其他历次提案都进入了上院讨论程序。上院成为保守派坚持的最后堡垒。天主教徒解放问题无疑是 19 世纪 20 年代议会的焦点问题，自由派的辉格党不断借此对托利党政府大加攻击。

值得一提的是，解放天主教还存在另外一个法律前提，即必须首先废除《宣誓法》和《市政法》。这两部法律是所有非国教徒获得平等公民权的障碍。这两部法律是 17 世纪后期为确立国教会统治地位而由骑士议会通过的，为共同对抗天主教这一共同的敌人，新教非国教各派别也选择了支持。但在 19 世纪，天主教徒的威胁已经不再，新教非国教各派别也希望获得平等公民权。由此，尽管《天主教解放法案》在议会屡屡受挫，"废除宣誓法与市政法"的提案却一路进展顺利。1828 年，辉格党人约翰·罗素勋爵提出议案，他在演讲中对宣誓法的过去历史做了辩护，他"否认人们在宗教信仰中拥有绝对的自由，认为如果任何一个宗教派别的信仰原则包含了对政府有敌意的政治观念，那么，他们就要服从于《宣誓法》，并丧失参与政治的权利"。罗素的这一理论看似为宣誓法存在的合理性提供辩护，但在本质上却在消解宣誓法存在的价值，因为在 19 世纪的政治状况中，"非国教对政府并非不忠诚，且他们的宗教或政治原则也并不对政府造成威胁"。[①] 换句话说，《宣誓法》等排除非国教徒政治参与权的法律已经不合时宜。向来保守的上院也在废除《宣誓法》和《市政法》的问题上做出了让步，包括约克大主教和林肯、达勒姆和奇切斯特的主教议员们都热情支持废除《宣誓法》等法案。当然，上院的一些保守贵族们之所以退让是有一定用心的，他们企图"通过对新教非国教徒的让步"，重建新教徒联盟，共同阻止天主教解放进程。但事与愿违，在上述两个法案获得通过后，支持天主教解放的政治力量受到更大的鼓舞，议会内部的交锋也在 1829 年迎来了一次"决战"，最终推动了争议多年的天主教徒解放问题得到解决。

当然，从另一方面来说，天主教解放问题并非仅仅是个"时代问题"，它亦是一个贯穿于亨利八世宗教改革以来 300 年之久的"历史问题"。自与罗马教会决裂以来，除了玛丽一世时期的短暂复辟外，英国一直走在反天主教的前沿，不仅扶持欧洲大陆的新教势力，参与欧洲的宗教战争，而且在国内的意识形态宣传中更是将罗马教皇和天主教视为信仰和自由的敌人。从某种程度上可以说，反天主教主义业已融入英国的政治理念，并根植于英吉利民族的精神之中，要让人们迅速抛弃过去的思想，对于注重传统的英国人来说并非易事。

此外，解放天主教徒还是一个涉及大多数人特权与利益的"现实问题"。它意味着作为英国基本政治原则的政教联盟和新教体制的瓦解以及国教徒传统特权的彻底丧失。因而，摆在改革派面前的障碍不仅包括上自国王和贵族、中至整个国教会、下至占人口多数的普通国教会平信徒这一巨大的保守阵营，而且包括非国教各派中反天主教的传统势力。

但无论如何，在工业革命以来自由主义思潮的推动和严峻的政治现实面前，改革派势力逐渐壮大，并日益取得在政府和议会中的相对优势地

---

① William Gibson, *The Church of England 1688 – 1832: Unity and Accord*, London and New York: Routledge, 2003, p. 105.

位。从某种程度上可以说，经过自由派的不间断努力和爱尔兰天主教徒的不懈斗争，天主教的解放仅仅是个时间问题。一方面，国内的信仰自由化呼声高涨，英国社会在工业革命后的社会风气已经为自由主义所席卷；而另一方面，占据爱尔兰人口绝大多数的天主教徒被一纸陈旧的法律而排斥在政治权利之外的怪异现象正在爱尔兰和英国不断发酵，舆论的强大影响力不容忽视，即使是一些保守的托利党政治家也深刻地意识到这一不可回避的政治问题。正是在这一背景下，被视为托利党天主教政策代言人的罗伯特·皮尔的思想发生突变，从强烈反对天主教解放转而成为天主教解放的坚定支持者，从而给了保守派沉重一击。托利党内也因为天主教解放问题发生了"致命的"分裂。[①] 最终，在英吉利民族惯常的折中与妥协的政治智慧之下，这一问题得到了基本解决。1829 年 3 月 5 日，皮尔向议会提交了新的带有保障条款的《天主教解放法案》，尽管遭到保守派的强烈反对，但法案最终在下院和上院都获得了通过。国王乔治四世也只得顺应形势签署了法案。

当然，作为英国渐进式改革和折中主义政治智慧的产物，《天主教解放法案》的颁布有其妥协的印迹，诚如爱德蒙·柏克所说："正如在其他一切事物中一样，我们都坚持我们那古老的、已经确立的信条，即永远也不要完全地、突然地脱离我们的古代传统。"[②] 这种妥协精神体现在对天主教徒额外的限制性条款。

首先，加大了爱尔兰选民财产资格的限制。根据 1793 年爱尔兰议会通过的法案，凡拥有 40 先令以上年收入的爱尔兰自由农拥有选举权，但不允许天主教徒拥有被选举权。《天主教解放法案》最核心的内容是赋予了天主教徒以被选举权，但是，为了防止一支庞大的天主教议员群体进入英国议会以尽可能地减少《天主教解放法案》造成的政治影响，随之又通过了 1829 年《议会（爱尔兰）选举法》[Parliamentary (Ireland) Elections Act 1829]，将爱尔兰选民的财产资格从年收入 40 先令提高到 10 镑。这一限制条件使爱尔兰选民的数量从约 20 万骤然下降至 2.6 万人左右，

---

① Ann Lyon, *Constitutional History of the UK*, London：Cavendish Publishing Limited，2003，pp. 321 – 322.

② ［英］柏克：《法国革命论》，何兆武等译，商务印书馆 1998 年版，第 133 页。

在 1830 年举行的大选中，仅有 8 名爱尔兰天主教徒进入英国议会。①

其次，对于天主教徒出任公职的限制。天主教徒虽然获得了政治解放，但并不意味着他们有权涉足所有高级职位和政治问题，如天主教徒不得担任一些特殊职位。根据 1701 年《王位继承法》规定的王位继承原则，国王必须是新教徒。为了保障王国新教体制的存续，新教原则还被扩展到其他几种主要职位，如摄政、大法官、爱尔兰大法官、爱尔兰总督等。此外，天主教公职人员还不得对涉及国教会的任何问题提出建议或意见，并且他们无论担任何种公职都必须放弃对教会人员职务的提名权，而转由坎特伯雷大主教负责。

最后，关于天主教徒宗教组织和社会活动方面的限制。在组织方面，由于安立甘教会延续了宗教改革以前天主教的教阶和教区制度，天主教组织体系的重建要保证国教会的优先权，不得采用与国教会相同的教阶或教区名称。换句话说，天主教会在英国的重建不能延用旧制和旧衔。天主教徒参与社会或宗教活动方面，不得在公共场合身穿天主教法衣或成群结队穿过街道或在墓地举行葬礼仪式等。此外，对于有公职身份的天主教徒还有特殊的限制，他们不得在天主教活动或仪式中穿着或佩戴表明其公职身份的制服或其他标志；天主教徒议员还须遵守新的就职宣誓制度，在誓词中须申明遵守安立甘教会的国教地位和优先权利及忠于信仰新教的国王等。②

总之，法案中对于天主教的限制条款对于弥合辉格党与托利党的巨大分歧和推动法案的最终通过是至关重要的，它体现了妥协与折中的政治原则，既回应了爱尔兰天主教徒的强大政治诉求，也体现了对光荣革命以来英国宪政原则与国教制度的尊重。相关的限制条款和天主教徒的宣誓誓词内容也都清楚明白地保障了最让国教会和保守派担心的各种潜在威胁，特别是爱尔兰选民财产资格的提高，大大降低了为保守派所畏惧的"庞大天主教议员团"的威胁。

---

① Boyd Hilton, *A Mad, Bad, and Dangerous People? England, 1783 – 1846*, Oxford: Clarendon Press, 2008, pp. 385 – 390.

② 1829 年《天主教解放法案》的内容参见：http://www.legislation.gov.uk/ukpga/Geo4/10/7/contents，访问日期：2016 年 10 月 14 日。

　　无论如何，天主教在英国获得了合法地位。英格兰、爱尔兰和苏格兰的天主教徒都为此欢欣鼓舞。1850 年，罗马教皇庇护九世颁布谕令，在英国重建天主教会。由于安立甘教会基本延续了宗教改革前的教会体系，只做了微小改动，因而，天主教会重建了一套新体系。在英格兰和威尔士，天主教会共设立了 5 个总主教区，即威斯敏斯特、伯明翰、卡迪夫、萨沃德和利物浦，下辖 22 个主教区。1869 年，议会废除安立甘教会在爱尔兰的国教地位。爱尔兰重新成为一个天主教占据政治优势的地区。1878 年，天主教会在苏格兰也获得合法地位，并在苏格兰设立了两个总主教区，即格拉斯哥和爱丁堡，下辖 8 个主教区。与天主教合法化相伴随的是天主教徒数量迅速增长，仅在英格兰与威尔士的天主教徒数量就从 1851 年的约 90 万增长到 1891 年的 135.7 万。[①]

　　作为 19 世纪英国宗教多元化时代到来的标志，天主教解放更大的意义在于它的榜样性：英国持续 300 年（1529—1829）的反天主教原则能够在"一夜之间"被废除，那么，存续一千多年的反犹太和反穆斯林传统也将无法阻挡时代的大潮，甚至是"无神论"等各种思想异端也必将堂而皇之地登入"大雅之堂"。1862 年，犹太教徒正式获得合法公民权；1880 年无神论者查尔斯·布雷德洛（Chares Bradlaugh，1833—1891）当选下院议员，尽管引发长时间的争议，但还是在 1886 年得到承认；1859 年达尔文（Charles Robert Darwin，1809—1882）在《物种起源》（*The Origin of Species*）一书中提出进化论，"通过质疑《圣经》的权威而在根本上动摇了传统的宗教世界观"，在精神领域制造了一场惊天动地的大地震。[②]"进化论"助推了思想领域的大解放，是继牛顿物理学提出后基督教神学面临的又一大挑战。此外，新教非国教派中公理会、浸礼会、长老会、循道派等新教非国教派人数等都有较大增长。从 1850 年至 1900 年的半个世纪中，公理会人数从 16.5 万增长到 25.7 万；浸礼会人数从 14 万增长到 23.9 万；长老会人数从 1.5 万增长到 7.8 万人；循道派人数在 19 世纪末已超过 70 万人。[③]

---

　　① Chris Cook, *The Routledge Companion to Britain in the Nineteenth Century, 1815 – 1914*, London and New York: Routledge, 2005, p. 169.

　　② Ibid. , p. 163.

　　③ A. D. Gilbert, *Religion and Society in Industrial England: Church, Chapel and Social Change, 1740 – 1914*, London: Longman, 1976, pp. 31, 37.

1891 年颁布的《消除宗教限制法》最终消除了所有的宗教限制，除了国王等极少数职务外，任何人，不集结宗教信仰都可担任包括议员在内的所有公职。该法成为英国宗教多元化最终实现的标志。

与宗教多元化相伴随的是安立甘教会的相对衰落。在教徒数量上，1851 年的官方宗教统计数据显示安立甘教会的国教地位已经岌岌可危。在经常前往教堂礼拜的基督徒中，有约 380 万人前往国教教堂做礼拜，但其他教派教堂里做礼拜的人数几乎与国教徒相当，达到了约 350 万人，特别是在大多数新兴工业中心，礼拜日前往国教教堂的人数已经居于少数。[1] 而在统计当周的礼拜天前往教堂的国教徒和新教非国教徒人数大体相当，各占英国总人口的比例约 17%，加上当日天主教堂的人数（约总人口的 1%），非国教徒出席教堂礼拜的人数已经超过国教徒。[2] 同时，国教会在丧失政治上的特权之后，其在经济、社会上的特权也逐渐消失。1836 年国教会放弃了对出生、婚姻与死亡的注册独占权，1858 年放弃了对遗嘱公证的独占权；70 年代，牛津和剑桥大学也被允许招收非国教徒学生。事实上，至 19 世纪后期，安立甘的国教地位最终蜕变为"仪式的和习惯的，而不再是法律的"[3]。

总的来讲，19 世纪是自由主义的时代，在这个时代，发端于 17 世纪末的宗教多元主义持续发展，最终突破"新教体制"的狭隘限制。天主教和其他各种各样的宗教派别的合法性和信仰自由都相继获得追认。人们空前地从宗教信仰的道德伦理中解脱，整个社会被一种自由主义下的世俗化精神所左右。在这一背景下，反天主教主义和宗教冲突尽管并非没有市场，但却不再是普通新教徒关注的主要事情，一种新的时代精神在根本上动摇了宗教在意识形态中的统治地位，人们在工业革命和自由主义思想大潮中变得世俗、理性和包容。这样，世俗化和多元化精神成为引领英国社会的主流思潮，任何基于宗教分歧而试图撕裂社会的运动都不再能够左右这个时代。

---

[1]　Norman McCord & Bill Purdue, *British History, 1815 - 1914*, Oxford: Oxford University Press, 2007, p. 262.

[2]　Geoffrey Best, *Mid-Victorian Britain, 1851 - 1875*, London, Weidenfeld and Nicolson, 1971, p. 179.

[3]　钱乘旦主编：《英国通史》第五卷，江苏人民出版社 2016 年版，第 287 页。

第二节　非基督宗教的发展

　　基督教无疑是英国最主要的宗教，但并非英国存在的唯一宗教。在宗教多元化时代到来之后，不仅基督教各支派得到空前有利的发展条件，一些非基督宗教也迎来发展的黄金时代。英国存在的少数派宗教众多，如犹太教、伊斯兰教、锡克教、印度教、佛教等，其中，犹太教和伊斯兰教在英国社会中的影响较大，因此，本节主要对这两大宗教在英国的发展进行论述。

　　犹太教是基督教的母体。自公元2世纪反抗罗马帝国大起义失败后，犹太人民族主体离开巴勒斯坦地区四散于旧世界各地。在大流散时代，西迁的部分犹太人在欧洲各地寻找落脚点。至公元5世纪西罗马帝国灭亡之时，犹太社区以"大散居、小聚居"的形式散布于欧洲大陆。偏处欧陆之外的英国是欧洲各国中最晚接纳犹太人的地区。在罗马统治不列颠及之后漫长的盎格鲁－撒克逊时代，都没有证据显示大不列颠岛上存在过犹太人，他们最早登陆大不列颠岛应始于1066年的"诺曼征服"。那么，为何英国成为最晚接纳犹太人的国家？除了地理上的障碍，最重要的因素应与盎格鲁－撒克逊时代英国的长期分裂和战乱有关。四处流浪的犹太人最需要的是一个和平稳定的社会环境，这是他们生存和发展最基本的条件。历史上血的教训已经清晰地表明，对于寄人篱下的犹太人来说，任何一场社会动荡或战乱，都有可能演化成针对犹太人的洗劫和屠杀。诺曼底公爵威廉征服英国后，不列颠进入一段相对稳定的时期，自上而下的社会体系被封建法、习惯法和教会法所牢固地捆束着，强大的王权是社会秩序的有力保证，这些条件为犹太人在英国提供了基本的生存条件。

　　11世纪中后叶，威廉一世征服英国后，将诺曼底鲁昂（Rouen）地区的一部分犹太人带进了英国。对当时英格兰落后的经济状况，威廉试图通过引进犹太人来"填补经济上明显的空白和扩大金融市场"，同时也为他的"进一步的政治和经济冒险筹划资金"。[①]

---

　　① ［以色列］阿巴·埃班:《犹太史》，阎瑞松译，中国社会科学出版社1986年版，第164页。

　　整个诺曼王朝（1066—1154）统治期间以及亨利二世统治时代（1154—1189 年在位），英国犹太人生存的政治和社会环境相对自由和稳定。在此期间爆发的第一次（1096—1099）和第二次（1147—1149）十字军东征尽管激起了基督徒的宗教热情，迫害犹太人的浪潮时有发生，但并没有席卷海峡对岸的英国。因此，大不列颠岛一度成为犹太人避难的乐土。至 12 世纪中期，伦敦的犹太社区已初具规模，约克、林肯、温彻斯特、牛津、剑桥、诺里奇、坎特伯雷和布里斯托尔等地的犹太社区也逐渐发展起来。①

　　犹太人从事的职业与遍布欧洲大陆各地的犹太人基本相同。作为移居的客民，他们的生计只能是脱离土地的，从事的主要行业包括服务国王的宫廷演员、乐师和流散在城市中的商贩、酒保和医生等，但其中最主要、最为人所知的无疑是放高利贷。

　　放高利贷在某种程度上就是中世纪欧洲的"金融业"，这正是当时贫穷落后的英格兰社会最急需的行业，也同时是最受基督徒们憎鄙的行业。犹太人的到来填补了空白，对于英国社会的发展来说是有益的。有学者指出：犹太人的存在"毫无疑问推动了欧洲从易物经济向金融经济的转变"②。他们的到来确实让英国死气沉沉的商业活跃起来，让货币经济得到快速发展。教会和王室也得到大笔的贷款或税金以大兴土木或从事战争。当然，一些犹太人也在金融和商业活动中富裕起来。英国社会与犹太人之间实质是一种互惠关系。最能体现这种关系的活动应属犹太人资助修建教堂和修道院。林肯和彼得伯勒大教堂以及圣阿尔邦斯等大修道院都是由 12 世纪英国最大的犹太金融家林肯郡的亚伦（Aaron）斥资兴建的。亚伦的贡献当然还不止于此，在他资助下修建的西斯廷式修道院也不下九座。③

　　犹太人在英国相对自由和安全的生存状况依赖同国王的特殊关系。在民众对犹太人存在固有偏见和敌视的社会里，国王的保护是必不可少的。

---

　　①　[英] 西塞尔·罗斯：《简明犹太民族史》，黄福武等译，山东大学出版社 1997 年版，第 199 页。

　　②　同上书，第 243 页。

　　③　同上书，第 242 页。

这种状况与欧洲大陆许多地区的犹太人的处境并无二致。国王的保护当然是有代价的，那就是犹太人必须能够提供的可观的经济利益。学者西塞尔·罗斯的比喻形象地表达了犹太人之于国王的价值："犹太人似乎就是一块吸满了王国流动资本的海绵。每当国库空虚时，就要去挤这块海绵。"①

一般来讲，国王可以通过以下途径"挤海绵"。其一，向犹太人出售特许状。犹太社区为了获得信仰自由、人身安全和司法自治权等，须向国王高价购买特许权。其二，向犹太人征收任意税。有学者指出：国王对犹太人的征税，"根本就不需要任何像样的借口，仅仅是为了自己的方便，便可能随时冒出征集一大笔钱的怪念头"②。遇到战争或王室成员的婚丧嫁娶等事，犹太人都要交税，甚至犹太人自己的婚丧嫁娶等事宜也要交税。这一时期最著名的一个任意税种是塔利税（tallage）。塔利税起源于1159 年，亨利二世在镇压图卢兹（Toulouse）的反叛时，为筹措军费而开征。之后，这种税成为一无定额、二无定时的任意税，尤以对犹太人征收的最高。③　其三，强行借债。国王向犹太人的贷款往往是强制性的，通常也不会如数偿还。其四，剥夺犹太人财产继承权。在富裕的犹太人死后，国王常常以各种理由，剥夺其后代的继承权。最典型的案例就是林肯郡的亚伦的遭遇，这位犹太富翁在生前就被国王压榨而濒于破产，死后所有财产被没收，由于其留下的借贷数额巨大，亨利二世的财政署还专门建立了一个分支机构——"亚伦财政署"（Aaron's Exchequer）进行处理。在英格兰，犹太人最多只占全部人口的百分之一，但他们交纳的税金却至少超过这一比例的十倍。

正是由于犹太人的巨大经济价值，历代英国国王一般都比较重视对犹太人商业和金融活动的保护。其一，英国各主要城市在 12 世纪末建立了记录和存放犹太人借贷契约副本的档案柜制度（archae）。这一制度"大大方便了国王根据档案柜中的借贷契约来评估犹太人的财产和征税，同时

①　［英］西塞尔·罗斯：《简明犹太民族史》，黄福武等译，山东大学出版社 1997 年版，第 246 页。

②　同上书，第 246 页。

③　张倩红、朱晓：《试析爱德华一世驱逐犹太人的原因》，《学海》2011 年第 3 期。

也加强了对犹太借贷活动的管理"①。其二，国王还在伦敦设立了犹太财务署（Jewish Exchequer），作为管理各地档案柜体系、核算和监督犹太人纳税，以及处理犹太人案件的综合机构。该机构的负责人最初由两名犹太人和两名基督徒共同担任，后来全部改为基督徒。其三，国王在各主要的犹太社区任命"犹太监察长老"（Presbyter Judaeorum），其主要职责是"在英国各地的犹太社区之间分摊赋税和各种罚金"②，作为国王管理和压榨犹太人的代理人。

11—12 世纪，尽管犹太人遭到严重剥削，但他们卓越的金融与商业能力及其小心翼翼与国王保持的特殊关系维持了他们基本的生存和信仰自由。但自 12 世纪末期起，犹太人的处境每况愈下。这一变化产生的原因主要有两个方面。其一，西欧十字军东征运动与宗教激情波及英国，犹太人遭遇到越来越多的敌视，宗教冲突愈演愈烈。其二，国王与犹太人特殊关系逐渐瓦解。国王对犹太人的剥削转为残酷的压榨，犹太人逐渐不堪重负，普遍的贫困使他们无法向国王提供足够的财政支持。因而，国王逐渐抛弃了对犹太人的政治保护政策。

理查一世继位初期的大迫害拉开了英国犹太人悲惨命运的序幕。1189年，理查继位，这位有着狂热基督教热情的国王对犹太人持有传统的偏见。他拒绝犹太人参加他在威斯敏斯特大教堂举行的加冕典礼。带着礼物、以谦恭姿态觐见新国王的犹太人被粗暴地赶了出来。国王排斥犹太人的态度向全国释放了一个反犹太人的公开信号。英国狂热派的基督徒借此掀起一波迫害犹太人的浪潮。不仅伦敦的犹太社区迅速遭到洗劫，许多普通犹太人被屠杀，而且迫害以极快的速度蔓延到全国。次年，理查一世参加第三次十字军东征离开英国，留在国内的基督徒将满腔宗教热情发泄到无辜的犹太人身上。诺里奇、巴里（Bury）、林恩（Lynn）、斯坦福德（Stamford）等地的犹太社区遭到洗劫，其中约克的血腥程度最为严重。据记载，一些逃往城堡避难的犹太人遭到猛烈围攻，在城破之前，他们被迫全部自杀。对于反犹暴行持续的原因，除了纯粹宗教上的因素外，诚如学者西塞尔·罗斯所说："这次暴行的头目都是曾同犹太人做过金融生意

---

① 莫玉梅：《中世纪英国犹太财政署初探》，《世界历史》2009 年第 2 期。

② 同上。

的小贵族阶层的成员，他们金钱上的负债即使没有引起，肯定也增强了他们的宗教狂热。"①

无地王约翰和亨利三世统治时期，犹太人的处境并未得到有效改善。犹太人被以捕风捉影或捏造的罪名迫害、驱逐的现象时有发生，沉重的经济压榨也使愈益贫困的犹太人无法承受。在大迫害之下，1254 年，犹太人的一位监察长老伊利亚斯（Elias）不得不代表他的犹太同胞向国王请求允许犹太人离开王国。②

至 13 世纪末，在大迫害下忍受了一个世纪之久的犹太人最终面临被驱逐的命运。1275 年，爱德华一世响应教皇格列高利十世（Gregory X，1271—1276 年在位）关于消灭高利贷的号召，下令禁止犹太人放高利贷，并强迫犹太人从事手工业、农业和商业，以"转变他们的经济职能和生活方式"。③ 这种"头脑一热"的试验不可能在短期内取得成效，在犹太人的信仰自由和人身、财产安全均得不到保证的情况下，犹太人的"转行"几乎是不可能的。在这一不切实际的试验失败后，爱德华一世选择了一种彻底根除犹太问题的办法——将所有犹太人驱逐出英国。根据1290 年 7 月 18 日颁布的法令，所有犹太人必须在当年的万圣节前离开英国，滞留者将被处死。爱德华一世还算体现了一点人道主义，他允许犹太人携带能带走的财物，并承诺在截止日期前保护犹太人的安全。除了极少数犹太人通过改变信仰、隐姓埋名等方式留在英国外，其他全部犹太人被迫分批乘上泰晤士河口等待的船只前往欧洲大陆，等待他们的又是一段未知的、流散的命运。据统计，离开英国的犹太人总数多达 16000 人。④ 这次大流散成为这一时期西欧迫害和驱逐犹太人的系列事件中的重要组成部分。

总的来说，英国是中世纪欧洲最后一个接纳犹太人的国家，也是最早把他们完全驱逐出境的国家，犹太人定居的历史仅仅 200 多年。英国犹太

---

① ［英］西塞尔·罗斯：《简明犹太民族史》，黄福武等译，山东大学出版社1997 年版，第222—223 页。

② 同上书，第 261 页。

③ 同上书，第 263 页。

④ ［以色列］阿巴·埃班：《犹太史》，阎瑞松译，中国社会科学出版社 1986 年版，第 165页。

人的惨痛遭遇再次表明这样一个令人扼腕的事实：只有当他们能够担当国王的"奶牛"时，方能享有基本的生存和信仰权利，而当他们遇到经济困境，成为"无法下蛋的金鹅"时，他们将被无情地抛弃。一旦失去了国王的保护，犹太人就会立即处于危险的境地，民间社会对犹太人固有的偏见和宗教狂热像"火山"一样随时可能爆发。

16 世纪宗教改革后，英国传统的反犹主义受到一定削弱，整个英国的宗教和社会风潮也朝向自由和宽容的方向发展。在都铎王朝统治下，第一批来自西班牙的塞法迪犹太人辗转到伦敦以躲避天主教徒的宗教迫害，组成了秘密的马兰内社团。"马兰内"（Marrano）是指那些被迫转皈基督教但依然秘密保持犹太信仰和传统的犹太人。1492 年，西班牙对犹太教徒进行空前的迫害和清洗运动，大量犹太教徒不得不通过改信基督教以求自保，这些人就是早期的"马兰内"。尽管如此，这些"改宗者"（conversos）仍然遭到天主教的仇恨，而且也受到正统犹太人的敌视。① 一部分犹太人离开了西班牙，四散于欧洲。其中来到英国的犹太人仍然受到1290 年以来禁止犹太人定居的法律限制，他们不得不将犹太教信仰活动转入地下。当然，都铎时期来到英国定居的犹太人数很少，零散而隐秘地分散于伦敦等主要城市。

犹太人真正得以重返英国要首先归功于革命时期的护国公奥利弗·克伦威尔的推动。克伦威尔作为开明的清教徒，将英国的经济和政治利益作为其统治政策的基础。由于犹太人在欧洲金融和贸易中的重要地位，克伦威尔有意引进犹太人来发展金融业与海外贸易。最初与克伦威尔接触的马兰内犹太人——梅纳什·本·以色列（Menasseh Ben Israel）是荷兰的犹太社区领袖。1655 年，梅纳什等人向克伦威尔和英国议会递交了一份请愿书，其主要内容是允许犹太人合法定居英国，并保护犹太人的生命、财产安全和自由信仰。在克伦威尔的极力推动下，议会成立了专门委员会以讨论这一问题。议会在认可犹太人合理请愿的前提下，提出了一些限制条件，如不准犹太人诽谤基督徒、雇佣基督徒仆人、担任公职等。议会的态度实际上代表了当时受到革命和清教自由主义影响的英国大众对犹太人的

---

① Henry Kamen, *Inquisition and Society In Spain in the Sixteenth and Seventeenth Centuries*, Bloomington：Indiana University Press，1985，p. 27，

普遍态度。为了进一步促成犹太人定居英国的合法化，克伦威尔又召开了一个由社会各界人士组成的会议来讨论这一问题。在这次会议上，多数人认为只要对犹太人进行严格限制，就可以允许他们进入英国。但由于教士和商人群体在宗教和经济利益上与犹太人存在冲突，他们要求严格限制犹太人在英国的定居，由于争论过于激烈，会议最终并没有达成一个可行的接收犹太人的方案。尽管如此，克伦威尔的支持和英国社会的反应还是让犹太人看到了他们重返英国的可能。

这一"可能"以一种非官方的形式最终实现。1656 年，一位生活在伦敦的马兰内犹太人被当作西班牙人而被没收了财产，但在他公开表明自己是被西班牙迫害来英国避难的犹太教徒后，他不仅没有被驱逐，被没收的财产也得以归还。这一事件清晰地表明英国法律并没有敌对或歧视犹太人。此外，这一时期还有一些犹太社团的领袖公开以犹太教徒的名义向政府发出请愿，尽管没有得到官方的受理，但也没有因此被驱逐。这样，三百多年来被拒门外的犹太人以一种"被默许"的方式实现了重返英国的夙愿。

1660 年斯图亚特王朝复辟后，查理二世延续了克伦威尔对犹太移民的"默许"政策。由于这种宽容政策，英国迎来第一批成规模的犹太移民群体，他们都是受西班牙宗教迫害的塞法迪犹太人。光荣革命后，来自中欧和东欧的阿什肯纳齐犹太人也开始进入英国。特别是来自德国的汉诺威王朝在 1714 年建立后，为中欧地区的犹太移民进入英国提供了便利。至 18 世纪中叶，阿什肯纳齐犹太人的数量已经超过了塞法迪犹太人。至 18 世纪末，阿什肯纳齐犹太人超过 1.5 万，同一时期来自西班牙等地的塞法迪犹太人为 3000 左右。总体上讲，17 世纪中叶至 19 世纪中叶的两个世纪里，尽管犹太人不间断地进入英国，但相对于其他欧洲国家，定居英国的犹太人总数仍较小。直到 19 世纪中期，英国犹太人的总数也仅为 3 万—3.5 万人，且其中约 2.5 万人集中在伦敦地区。①

18—19 世纪英国自由、繁荣的经济环境为犹太人提供了适宜的发展空间。就职业属性来说，塞法迪犹太人大多从事金融业或商业，拥有较强

① Cecil Roth, *A History of the Jews in England*, Oxford: Clarendon Press, 1941, pp. 267—268.

的经济实力。这一时期，英国进行了多次海外战争，政府不得不大举借贷和发行债券，同时，工业革命的启动也为金融市场提供了绝佳的发展环境，塞法迪犹太人利用灵活的金融头脑从中牟利。至18世纪中后期，塞法迪犹太人中的金融家和商业家已经开始逐渐搬迁至以富人聚居闻名的伦敦西区。阿什肯纳齐犹太人则大多是普通犹太人，主要定居在伦敦东部贫民区，最初以从事手工艺制造、流动街头商贩和二手货商贩等职业为主。工业革命启动后，他们也开始利用灵活的商业头脑向批发商、进出口商人、百货商店老板、珠宝商等转型，日益跻身中产阶级，一些成功者也逐渐从伦敦东区搬出。

19世纪中叶以后，由于欧陆各国排犹风潮迭起，英国犹太移民数量迅速增大。特别是在1881年后，俄国政局剧烈变动，推行自由主义改革的沙皇亚历山大二世遇刺身亡，其子亚历山大三世继位后改弦更张，强调所谓的"大俄罗斯主义"，该政策旨在同化国内的少数族裔。无法接受同化政策的犹太人成为这一民族沙文主义的牺牲品。在反犹主义兴起的背景下，无法存身的俄国犹太人大规模西逃。据统计，第一次世界大战前约有10万俄国犹太人流亡到伦敦东区。值得一提的是，英国还是犹太人流往美国的中转站，其中一些人因路费不足或其他变故而留在英国。①

东欧犹太人的大规模涌入引发英国国内爆发了一场声势浩大的反移民运动，英国政府开始加强对犹太移民的限制与管理。1905年，议会通过《外侨法》(Aliens Act 1905)，该法虽然在名义上针对所有外来移民，但由于当时主要的移民就是东欧犹太人，因而它在一定意义上可以说是一部犹太移民限制法案。不过，从其内容上来讲，这部法律还是相当温和的。它没有禁止通过英国中转的移民及因政治或宗教迫害而来的避难者进入英国。因此，在第一次世界大战爆发前，移民英国的犹太潮流并没有受到很大的限制。

第一次世界大战爆发后，英国进一步加强了移民管制。1914年和1919年，先后又通过两部《外侨限制法》，旨在限制和管理战争移民，特别是来自敌对国的移民。1920年又颁布一部《外侨法》，规定申请英国国籍须在英国正式定居五年以上等严格内容。通过上述法律，英国对移民的

---

① David Vital, *Zionism: The Formative Years*, Oxford: Clarendon Press, 1982, p. 132.

入境、入籍与管理制度基本建立。这也意味着，对外来移民的限制更加严格规范。至此，英国犹太移民潮结束了。值得一提的是，英国是犹太复国主义（Zionism）的重要推动者。早在 1898 年，受西奥多·赫茨尔（Theodore Herzl，1860—1904）领导的世界锡安联盟（World Zionist Federation）的鼓舞，英国的锡安联盟（Zionist Federation of Great Britain）形成。[1] 1917 年 11 月，英国外交事务大臣亚瑟·詹姆斯·贝尔福（Arthur James Balfour，1848—1930）向英国犹太社团领袖沃尔特·罗斯柴尔德（Walter Rothschild，1868—1937）递交了一封转给英国锡安联盟的信。信中表示："英国政府支持犹太人在巴勒斯坦地区建立犹太人国家，并将不遗余力地促成这一事业。"这封信在一周后的 1917 年 11 月 9 日被公开发表在《泰晤士报》（The Times）上。[2] 该信的内容一般被称为"1917 年贝尔福宣言"（Balfour Declaration of 1917）。此后，犹太复国运动进入高潮，大批犹太人向巴勒斯坦移民。

1933 年纳粹上台后，德国排犹主义开始盛行，大量犹太人开始外出避难。即便如此，英国政府仍执行严格的限制政策，接收犹太人的数量始终维持在较低水平。1933—1938 年间，总计仅 1 万多人在本土犹太人的帮助下进入英国。1938 年德国纳粹开始有组织地屠杀犹太人。11 月 9 日至 10 日凌晨，纳粹党员和党卫队突袭犹太人，全国各地的犹太社区和商铺遭到疯狂洗劫，被打破的玻璃在月光下似水晶一般，因而得名"水晶之夜"（Crystal Night）。犹太人在欧洲大陆的毁灭性灾难拉开帷幕。关于如何对待犹太难民问题，英国国内曾发生激烈争论，但出于人道主义考虑，主流民意是放宽犹太难民的入境条件。这样，至 1939 年第二次世界大战爆发前，大约有 7 万犹太难民成功进入英国避难。

第二次世界大战初期，英国对犹太难民的救助并不积极。战时的移民政策是极端排外的，几乎所有的外国移民都被拒绝入境。对于入境而未入籍的轴心国犹太人，还一度被视为"敌国公民"。1943 年以后，在社会舆

---

[1]　Chris Cook, *The Routledge Companion to Britain in the Nineteenth Century*, *1815 – 1914*, London and New York: Routledge, 2005, p. 175.

[2]　Jonathan Schneer, *The Balfour Declaration*: *The Origins of the Arab-Israeli Conflict*, New York: Random House, 2010, p. 342.

论的强大压力下，英国政府开始展现出了人道主义的一面。1943 年，议会上院和下院多次召开援助犹太人的会议。民间的犹太人救助组织也行动起来，特别是援犹全国委员会（NCRNT）成为其中的主导力量。遗憾的是，由于纳粹德国的极端主义态度和屠杀犹太人的既定计划，战时英国的救助行动并没有取得显著成果。纳粹德国阴影下的欧洲大陆成为犹太人的"人间地狱"。

客观地说，相对于欧洲大陆的许多国家，近代英国的排犹主义并不严重，尽管如此，犹太移民仍长期未获主流社会接纳。至 18 世纪中叶，尽管犹太人被默许定居英国已经一个世纪之久，但仍无法享有普通英国公民的平等权利。有学者指出，其根源在于"犹太人被允许定居英国的方式"。[①] 的确，直到这一时期，英国尚没有一部给予犹太人合法地留居英国的法律出台，一百年来，他们在英国的定居始终是被"默许"的。为此，英国犹太人不断开展请愿活动，"同一个国度，同一种自由"的呼声推动犹太民权运动的兴起。直至 1740 年，议会通过了一部《殖民法》，犹太人才获得一种间接获得合法身份的途径——在英属美洲殖民地居住 7 年后可加入英国国籍，并可免除基督徒式的宣誓。为此，许多犹太人采取赎买王室特许状或移民英属美洲殖民地等曲线入籍的方式。

早期犹太民权运动的兴起遭遇了反犹主义的冲击。在本土犹太人和开明英国人的努力下，犹太民权运动取得突破性进展——英国议会于 1753 年颁布了一部《犹太人归化法》（*Jewish Naturalization Act*）。其主要内容是允许犹太人"在大不列颠或爱尔兰居住满三年"后可以申请加入英国国籍，并享有不按基督徒方式起誓的权利。[②] 但是，法案的颁布引发了的社会反应是出乎意料的。英国社会掀起一场关于犹太人社会地位的大讨论和废除《犹太人归化法》的运动。反犹主义的民众请愿和集会活动冲击着英国政府的信心，针对犹太人的攻击与谩骂也给犹太社区造成了极大威胁。在强大的公众压力下，法案于当年 12 月又被废除。这一反犹风波充

---

① D. S. Katz, *The Jews in the History of England 1485 – 1850*, Oxford University Press, 1996, p. 241.

② Dana Rabin, "The Jew Bill of 1753: Masculinity, Virility, and the Nation", *Eighteenth-Century Studies*, 2006, 39 (2): 157 – 171.

分显示了英国社会反犹主义潜在的巨大能量。

1753 年反犹风波后，一直到 19 世纪中期，尽管犹太民权运动从未停止，但并未再取得实质成果。但擅长商业和金融业的犹太人为英国经济腾飞和海外殖民扩张事业做出了突出贡献，在英国社会中的地位及认可度也随之日益提高。这为 19 世纪以后犹太民权运动的突破性进展奠定了基础。

1829 年《天主教解放法》的出台推动了犹太民权运动的再度兴起。该法案一举打破了 16 世纪宗教改革以来持续三百年的反天主教传统，使天主教徒获得了平等公民权，这也意味着"犹太人成为英国最后一个由于信仰而被排除在政治权利之外的群体"[1]。以此为契机，1833、1834 和 1836 年，辉格派亲犹人士罗格特·格兰特（Robert Grant）三次向议会提交议案，促请议会解决犹太人的平等权利问题。尽管三次提案都因反对力量过于强大而未获通过，但每次议会讨论都在证明一个事实——支持和同情犹太人的力量正在日益壮大。

在一次次民权运动中，犹太人的平等公民权和宗教自由陆续得到法律认可。1830 年，伦敦政务会（Common Council）允许犹太人按照自己的信仰起誓成为伦敦自由民，这也意味着伦敦社会对犹太人公民身份的认可。此后作为自由民的犹太人也得以在经济和社会领域享有更多的自由，如此前禁止的在伦敦城内从事零售业、接受大学教育、合法的议会选举权、拥有土地的权利等限制都被取消。1833 年，弗朗西斯·亨利·高德史密德（Francis Henry Goldsmid）成为英国首位犹太裔出庭律师。1835 年，大卫·萨洛蒙斯（David Salomons）成为首位犹太裔政府官员，他在就职时获准不以"一名基督徒的真正信仰"进行宣誓。1845 年，议会通过了一项《犹太人市政解放法案》（*Jewish Municipal Relief Bill*），以法律的形式规定犹太人在担任市政机关公职时可以依照自己的方式宣誓，成为"取消犹太人担任公职资格限制的开端"[2]。次年，犹太教被正式纳入法律保护之中，获得了官方的正式认可。

犹太人担任议员是争论最多的问题。1847 年，犹太富豪利奥内尔·

---

[1]　Cecil Roth, *A History of the Jews in England*, Oxford: Clarendon Press, 1941, p. 251.

[2]　Chris Cook, *The Routledge Companion to Britain in the Nineteenth Century*, *1815 - 1914*, London and New York: Routledge, 2005, p. 169.

内森·德·罗斯柴尔德（Lionel Nathan de Rothschild，1808—1879）当选为伦敦自由党议员。但是，由于议会并没有取消议员就任须以基督徒的信仰宣誓的制度，因而罗斯柴尔德无法进入议会。上院是保守力量的核心，他们将议会视为"基督教国家的最高象征和最后堡垒"，迟迟不肯做出让步。① 直到 1858 年《犹太人解放法》（Jewish Relief Act）的出台，犹太人才真正进入议会。新的宣誓制度规定：上下两院可自行决定宣誓的方式，下院随即准许罗斯柴尔德以自己的方式宣誓进入议会。至 1866 年，《议会宣誓法》正式出台，犹太人进入议会的方式和程序有了更明确的法律规定，上院也由此向犹太人敞开了大门。犹太人的宣誓问题得到完全解决。

1858 年颁布的《犹太人解放法》可以视为犹太民权运动的标志性成果。当然，犹太人的完全解放还受到一定限制。一是公开宣称犹太教徒身份者在担任公职时，应将所有涉及提名教会职务的权力转交给坎特伯雷大主教；二是犹太教徒不得担任一些国家高级职务。②

但 19 世纪后期的持续改革最终使犹太人获得了与普通英国人完全平等的公民权。1874 年，有犹太血统的本杰明·迪斯雷利成为英国首相；1881 年，犹太人乔治·杰西尔（George Jessel）被任命为副检察长（Solicitor General）；1885 年内森·迈耶·罗斯柴尔德（Nathan Rothschild，1840—1915）被维多利亚女王册封为罗斯柴尔德男爵（Baron Rothschild），成为首位坐进英国上院的犹太人。尽管犹太人在英国总人口中的比重很少，但他们借助在金融和商业领域的优势地位在英国经济、社会中居于非常重要的角色。

总的来说，19 世纪犹太民权运动取得的成就是犹太人和亲犹太人士不懈奋斗的结果，也是犹太人在英国崛起中的重要作用获得认可的结果。同时，犹太人民权运动的成功还得益于 19 世纪英国宽松民主的政治和社会环境。一方面，英国政治体制的民主化为犹太民权运动提供了不可或缺的政治条件；另一方面，英国社会宗教宽容与多元文化主义的兴起为犹太人提供了相对自由的社会环境。

伊斯兰教最早传入英国始于何时？这一问题存在多种争论，但诸多的

---

① 王本立：《论英国犹太人的解放》，《世界历史》2010 年第 6 期。

② http：//legislation. data. gov. uk/ukpga/Vict/21—22/49/1991—02—01/data. pdf.

证据表明，早在盎格鲁－撒克逊时代，穆斯林就已与英国存在联系。一些勇于冒险的穆斯林商人最早带来了伊斯兰教信仰。11世纪以后，穆斯林商旅来往英国时有发生，他们主要来自摩洛哥或伊比利亚半岛，当时北非和伊比利亚半岛都处在穆斯林的统治之下。

16世纪以后，伴随着英国海外贸易的兴起，与穆斯林的交往也频繁起来。伊丽莎白时代，出于共同对抗天主教强权的需要，英国还与北非的摩洛哥等穆斯林国家建立过外交关系。17—18世纪，英国的海外殖民和贸易的触角已经伸展到穆斯林中心地区。一些穆斯林商人、使节、奴隶、俘虏等居留英国成为常见现象。当然，在19世纪以前，穆斯林居留英国还只是一种个体的、零散的现象，人数较少，因而没有在英国社会历史的发展中留下鲜明的印记。

19世纪，大英帝国的辉煌时代到来，北非、中东、南亚甚至东南亚的许多穆斯林地区成为帝国的殖民地、半殖民地或保护国。它们与英国之间的政治、经济交往日益频繁，特别是在英国一些航运发达的港口，出现了大批穆斯林水手和工人。其中，最著名的穆斯林移民群体是来自亚丁湾的也门和南亚孟加拉地区的水手和商人。至19世纪中期，这一群体数量达到3000多人，被英国人称作"拉斯卡尔"（lascars）①。其中，位于卡迪夫（Cardiff）的也门穆斯林聚居区是英国最早的大型穆斯林移民社区。此外，在伦敦和英国沿海的港口城市如利物浦（Liverpool）等地也有小型的穆斯林定居区。一些穆斯林活跃的地区开始出现英国本土白人皈依伊斯兰教的现象，他们与穆斯林移民一起坚守信仰、兴建清真寺，并翻译出英文版的《古兰经》。

20世纪上半叶，大英帝国的版图空前广袤，帝国境内的政治、经济、文化和军事交往非常活跃。除了传统上的商人和水手等穆斯林群体留居英国，穆斯林留学生和服务帝国的穆斯林士兵也成为穆斯林移民的重要组成部分。全盛时期的英帝国面积超过3300万平方公里，治下的人口达4.5亿人以上，如此庞大的地区和人口需要足够数量的帝国军队予以维持，英国殖民者采取吸纳本地人加入军队的方式。各殖民地的穆斯林加入英帝国军队，其中尤以南亚的穆斯林士兵居多。在特殊时期，他们还常常被派往

---

①　意为"印度水手"。

其他帝国属地和英国本土执行任务，其中一些人在军队中接受了英国的语言和文化，在条件允许时，许多人志愿留在英国定居。此外，英帝国治下的一些穆斯林上流社会的子弟也选择前往英国接受教育。英国政府也乐意选送一些穆斯林到英国学习，以更好地服务于殖民当局。总的来讲，早期穆斯林移民群体是伴随着大英帝国海外殖民扩张而出现的，规模较小，未对英国社会产生重要影响。

20 世纪 50—60 年代初，英国出现了较大规模的穆斯林移民潮。这一现象出现的原因主要包括以下两点。一方面，第二次世界大战后，欧洲经历了一个战后重建与经济高速增长的时期，但劳动力严重不足，英国也不例外。英国公司或直接或通过中介在穆斯林国家大量招募劳工。不满于本地社会现状或担忧国内局势的大批穆斯林乐于出国寻求更好的出路。由于历史因素，英国穆斯林劳工移民主要来自英国的前殖民地或英联邦国家，特别是南亚的农村地区。他们的到来成为英国基础设施建设和主要工业部门的新生力量，因而移民的聚居地也主要集中于伦敦和一些工业城镇。另一方面，第二次世界大战后，一些英帝国殖民地独立或出现民族解放运动，政局的不稳定使社会动荡不安。特别是在南亚地区，"印巴分治"造成大批穆斯林被迫迁移，居无定所。加之大量南亚穆斯林生活穷苦，也希望能前往海外谋生。这样，曾在英帝国军队服役或已定居英国的穆斯林就成为他们在南亚的穆斯林亲属投靠的对象。

20 世纪 60 年代，英国开始规范移民制度。1961 年，英国将出台移民管理制度的消息传开后，当年移民的数量出现戏剧性的大增长。[1] 次年颁布的《英联邦移民法》（*Commonwealth Immigrants Act* 1962）对英联邦国家移民做出了一定限制，规定：出生于英国或持有英国护照者不受限制，但其他有移民意向的英联邦公民须获得内政部出具的证明书，并划定了三类依次序处理的移民证明。1968 年通过的《英联邦移民法》对 1962 年法令中的前两款进行了部分修订。[2]

移民制度的规范化并没有阻止移民潮的持续。法令对以家属团聚方式的移民没有做出限制。1962—1968 年，仅以家属名义移民英国

---

① 　Humayun Ansari, *Muslims in Britain*, London: Minority Rights Group, 2002, p. 6.

② 　http://www.legislation.gov.uk/ukpga/1968/9/contents/enacted.

的人数就超过 25 万人。一个典型的案例呈现了这一时期的这种移民状况。1961 年起，巴基斯坦旁遮普的玛格拉（Mangla）地区因修建大坝而导致超过 1 万人的迁移，他们大多并没有移居巴基斯坦政府选择的定居地，而大多通过身在英国的穆斯林亲友移居到了英国。由于这种"链条式移民"（Chain Migration）的存在，英国穆斯林移民呈现出一个独特的来源地集中的现象，如大量巴基斯坦裔穆斯林都来自巴基斯坦的米尔布尔（Mirpur）等地区；印度穆斯林主要来自苏拉特（Surat）等地区；大量孟加拉穆斯林来自锡尔赫特（Sylhet）等地。60 年代末至 70 年代初，由于非洲民族解放运动进入高潮，一些此前在英属非洲殖民地从事商业活动的英籍亚裔穆斯林被迫离开，他们的主要去向是英国本土。

1971 年，英国进一步限制移民的涌入，特别是对于以家属团聚为名的移民进行了严格限制。即便如此，统计表明，20 世纪 70 年代，平均每年仍有超过 7 万来自英联邦国家的移民定居英国，其中主要是穆斯林。在 1991—2001 年的 10 年间，主要来自巴基斯坦和孟加拉的南亚穆斯林从约 64 万人上升到约 100 万人，增长了 36%。[1] 此外，因国内战争和冲突造成的难民和政治避难者也成为移民的重要组成部分，如 1979 年伊朗革命后受到政治迫害的大批穆斯林涌向欧洲，其中相当一部分进入英国；80 年代遭肯尼亚和乌干达驱逐的穆斯林和 90 年代来自索马里、科索沃等地的穆斯林移居英国者也为数较多。

穆斯林移民的增多使其成为英国社会的一股不可忽视的宗教和文化力量，在英国政府推行多元文化政策的背景下，穆斯林的组织与宗教信仰活动得到相对自由的社会环境。他们建立清真寺作为宗教活动场所，成立社会和政治组织以表达和维护自己的政治权利。

20 世纪 60 年代初，英国还只有十几座清真寺，但至 20 世纪 90 年代中期，全英清真寺数量已达 800 多座。[2] 2002 年的数据表明，仅伦敦就有

---

① Humayun Ansari, *Muslims in Britain*, London: Minority Rights Group, 2002, p. 7.

② Steven Vertovec & Ceri Peach, eds., *Islam in Europe: The Politics of Religion and Community*, Basingstoke: Palgrave Macmillan, 1997, p. 24.

165 座清真寺，伯明翰拥有 108 座，布拉德福德拥有 54 座。① 2016 年的数据表明，英国的清真寺数量比 20 年前又翻了一番，约达 1600 座。这些清真寺建立在穆斯林聚居区，作为穆斯林宗教活动和相互交流的主要场所。值得注意的是，在基督教徒周日前往教堂做礼拜的人数比例持续下降的情况下，穆斯林的宗教热情几乎没有衰减，约 80% 的穆斯林经常去清真寺做礼拜。

穆斯林的社会组织也不断加强，成为英国穆斯林维护伊斯兰信仰的中坚力量。英国穆斯林组织的建立可追溯到 19 世纪。早在 1887 年，皈依伊斯兰教的利物浦律师奎列姆（W. H. Quilliam）就建立了利物浦清真寺和穆斯林研究院，穆斯林研究院还下设了穆斯林学校。此外，他还创办了《伊斯兰世界》和《新月》杂志，成为宣传伊斯兰教的窗口。② 由于传统上基督徒对穆斯林的偏见和敌视，奎列姆的举动受到诸多的批评和攻击，最终，他不得不放弃这一事业。另外一个早期的组织是由匈牙利的雷特那博士（Dr Leitner）在萨里（Surrey）创立的"工作团"组织。创建这些早期组织的目的主要是为增进英国人对穆斯林的了解，试图消除人们的传统偏见。

直至 20 世纪上半叶，早期穆斯林组织才真正取得一定成果。其中最为著名的组织是由海德雷勋爵（Lord Headley）于 1914 年创立的英国穆斯林社团以及马尔默杜克·彼克霍尔（Marmaduke Pickthall）等人创办的《穆斯林视角》（The Muslim Outlook）杂志。此外，这一时期还出版了英文版的《古兰经》。上述组织和活动为英国社会了解穆斯林和伊斯兰教提供了重要窗口。

第二次世界大战后，伴随着大规模穆斯林移民的到来，穆斯林社会组织蓬勃兴起。1962 年，由留学英国的穆斯林学生组织发起的穆斯林学生社团成立，致力于引导穆斯林留学生的社会生活和宗教信仰。1973 年，莱斯特郡成立了伊斯兰基金会（the Islamic Foundation），致力于以文化教育手段

---

① ［英］马丁·吉尔伯特：《英国历史地图》，王玉菡译，中国青年出版社 2009 年版，第 156 页。

② ［英］安塔拉·席迪格：《英国穆斯林的过去和现在》，罗强译，《世界宗教文化》2006 年第 3 期。

推进伊斯兰文明在英国的发展；1974 年，英国建立了第一所穆斯林高等宗教学校；1984 年，青年穆斯林成立；1990 年，英国伊斯兰社团成立；1997 年英国穆斯林理事会（the Muslim Council of Britain）成立。据统计，在 20 世纪 90 年代中期以前，英国就拥有至少 950 个穆斯林组织。①

　　这些组织中影响较大的两个全国性组织是穆斯林理事会（MCB）和穆斯林组织联盟（UMO）。穆斯林理事会是英国影响最大的社会组织，成员涵盖所有族裔的穆斯林，分支机构遍布英国各地。该组织的活动体现了多样性，涵盖涉及穆斯林和伊斯兰教的传教、文化交流、移民和经济活动诸多方面。穆斯林组织联盟成立于 1970 年，由多达 200 个组织和团体共同组建，下设清真寺管理委员会和穆斯林学者委员会等。该组织每年召开全英穆斯林代表大会，不仅致力于在社会层面上服务英国穆斯林和促进伊斯兰教发展，而且还成为穆斯林与英国政府之间的重要桥梁，为穆斯林群体争取政治权利。

　　穆斯林组织无疑是英国穆斯林移民社会和政治权益的代表。在社会活动层面上，他们在精神上鼓励和引导英国的穆斯林坚定伊斯兰信仰；他们还举办各种文化活动和教育培训，帮助穆斯林提高文化水平和谋生技能，使之更好地融入英国社会；同时，他们致力于表达穆斯林移民心声，消除主流白人社会对穆斯林的偏见，增进相互之间的了解，加强双方的对话和交流。在政治活动层面上，穆斯林组织积极参加或影响选举，扩大穆斯林的政治权利。1970 年，在格拉斯哥选出英国历史上第一位穆斯林议员。在 2000 年 5 月的地方选举中，已有 217 名穆斯林议员。1997 年，英国议会中出现首位穆斯林议员。当今的英国议会中穆斯林的身影仍在持续增多。2016 年的英国议会中就有 18 名穆斯林议员。此外，行政官员中穆斯林也不断增多。2007 年，工党议员沙希德·马利克（Shahid Malik）成为英国首位穆斯林内阁大臣，被任命为英国国际发展事务部长（International Development Minister）。2010 年，拉赫曼当选为东伦敦塔桥自治市的市长，成为第一位穆斯林市长。此后，布拉德福德（Bradford）和莱斯特市（Leicester）也都先后出现穆斯林市长。

①　Steven Vertovec & Ceri Peach, eds., *Islam in Europe: The Politics of Religion and Community*, Basingstoke: Palgrave Macmillan, 1997, p. 24.

最值得注意的是，在 2016 年 5 月的伦敦市长选举中，45 岁的巴基斯坦裔穆斯林、工党候选人萨迪克·汗（Sadiq Khan）当选，成为伦敦历史上首位穆斯林市长。萨迪克·汗是英国第二代移民，他的父母是 20 世纪 60 年代穆斯林移民大潮中来到伦敦的劳工。他通过个人的努力在大学毕业后成为一名律师。值得一提的是，萨迪克·汗在竞选伦敦市长中的主要对手、保守党候选人扎克·高德史密斯（Zac Goldsmith）并不是英国主流白人，而是同样来自少数族裔的犹太人。在第一轮选举中，萨迪克·汗获得了 44.2% 的选票，扎克·高德史密斯获得了 35% 的选票，其他四个党派的候选人得票率都不超过 10% 。这次选举可以视为英国多元文化政策在政治领域的典型表达。胜选后，萨迪克在演讲中希望他的成功能够"鼓励英国穆斯林更多地参与到公民社会（civic society）和主流政治（mainstream politics）活动中来"①。

英国穆斯林移民的融合问题是影响穆斯林组织发展和权益表达的重要制约因素。在一定程度上，英国穆斯林的宗教信仰可以视为世界伊斯兰教多元化的缩影，他们分属于众多不同的派系。② 其中大多数属于逊尼派，其支派众多，各派之间在教义主张方面多有争论。什叶派穆斯林虽然人数不多，但也分裂为较多支派。支派分裂与不同族裔、人种和来源国之间的隔阂加剧了穆斯林之间的分歧。同时，正如有学者所说的："在英国语境下，由于不存在伊斯兰世界中国家对教派争议的主导性裁断，教派之间出现争论时，就显得更为混乱，严重影响了穆斯林的团结。"③

总的来说，穆斯林在英国社会还处于非常弱势的地位，在政治上的表达还非常有限。因此，穆斯林组织必须在促进穆斯林融入英国主流社会的事业中发挥更加积极有效的作用。同时，在世俗化大潮汹涌来临之际，伊斯兰教本身的发展与传播也有赖于穆斯林组织的主导性作用。

---

① Sam Coates & Francis Elliott, "Khan is Elected Mayor Amid Tory Backlash at Goldsmith", *The Times*, 2016 - 5 - 7.

② Humayun Ansari, *Muslims in Britain*, London：Minority Rights Group, 2002, p. 6.

③ 许燕：《英国穆斯林移民研究》，博士学位论文，中央民族大学，2011 年，第 81 页。

第三节　当代宗教热点问题

19 世纪以来，英国迎来宗教多元化发展的时代，与这种变化相伴随的是政治上的世俗化，即宗教与政治的分离。宗教信仰成为纯粹社会的和个人的事情，而不再是公共政治的组成部分。20 世纪以后，这种世俗化倾向又蔓延到社会领域，大众的基督教信仰出现空前危机，特别是在第二次世界大战之后，这种世俗化倾向日益加速发展。但是，与主流社会这种"去宗教化"的发展趋势相悖的是，在北爱尔兰和穆斯林移民群体中出现了某种程度的宗教极端主义。当然，必须指出的是，当代英国社会的极端主义与传统的宗教狂热是有所不同的，其最突出特点是宗教问题与民族问题的紧密交织。北爱尔兰天主教徒与新教徒的冲突，可以视为以宗教为精神边界的两大民族之间的较量；穆斯林移民与主流白人之间的融合问题也是以宗教作为精神边界的——外来民族与本土民族之间的共生问题。因此，探讨当代英国的宗教问题不得不从两个看似相反的方向进行：一是宗教极端主义的发展；二是世俗化的趋势。对于前者，我们还要从历史和政治问题入手，分析隐藏在宗教对立外衣下更为复杂的民族问题。本节主要探讨北爱尔兰问题中的宗教因素、穆斯林与主流社会融合中的宗教因素及英国社会的世俗化问题。

北爱尔兰问题是当代英国涉及宗教冲突与极端主义的热点问题。自16 世纪宗教改革以来，爱尔兰人与英格兰人的宗教差异就一直是困扰两个王国统一、融合的障碍。为此，英国一直采取政治和军事的双重高压政策，试图将宗教改革延伸到爱尔兰，将安立甘教会强加到爱尔兰人身上，借以消除两国人民的精神隔阂。但是，16—19 世纪初的 300 年间，英国的高压政策并没有取得实质性的进展，相反，在这一过程中，爱尔兰人的反抗情绪被不断激发，并促进他们以天主教信仰为旗帜和边界实现了民族的整合。1801 年爱尔兰被并入英国，处于英国议会的直接管理之下，但爱尔兰人争取民族解放和信仰自由的斗争并未间断。1829 年《天主教解放法案》的通过正是爱尔兰人不懈斗争的成果之一。此后，英国政府放弃了改变爱尔兰人天主教信仰的努力。1869 年，议会废除了安立甘教会在爱尔兰的国教地位。至此，爱尔兰人的天主教信仰得到正式承认，爱尔兰民族也以天主教为精神边界实现了最终的整合。

19 世纪 70 年代以来，以民族和信仰为载体，爱尔兰人在联合王国内展开了一场持久的新独立运动。早期运动主要在爱尔兰自治联盟（Home Rule League）的领导下，以和平、合法的议会斗争方式争取爱尔兰自治。① 1883 年，自治联盟改组为爱尔兰议会党（Irish Parliamentary Party），继续从事政治斗争，但其主张和斗争方式更加激进。② 1886 年和 1892 年，自由党政府曾两次提出相关自治法案，但都因保守党等政治势力的阻挠而破产。20 世纪以后，爱尔兰的反抗斗争更加激烈，成为第一次世界大战前后世界反殖民主义、争取民族解放运动的组成部分。1912 年，自由党政府提交了一个关于整个爱尔兰岛自治的法案，次年，该自治法案在下院获得通过，但第一次世界大战的爆发打断了爱尔兰自治的进程。

第一次世界大战后，激进的爱尔兰新芬党（Sinn Féin）成为爱尔兰解放运动的领导者。新芬党的建立可以追溯到 1905 年召开的民族委员会大会（National Council convention）。③ 该党的目标不是自治，而是"恢复爱尔兰的独立"。④ 1919 年，新芬党创建爱尔兰共和军，并宣布成立爱尔兰共和国。作为应对，英国政府做出让步，制定了自治法修正案，宣布在全爱尔兰实行自治。但是，英国政府将天主教徒居多的南部爱尔兰和新教徒居多的北爱尔兰地区分割开来，分别在都柏林和贝尔法斯特成立两个自治政府和两个议会。这种分裂爱尔兰的行径遭到爱尔兰人的坚决反对。他们与随后派驻爱尔兰的英国军队进行了长达两年的英爱战争。

在流血冲突和愈发不可收拾的局面下，新芬党最终同意与英国政府坐到谈判桌前，并于 1921 年 12 月签订了具有历史性意义的《英爱条约》（Anglo-Irish Treaty）。根据条约，爱尔兰成为完全自治的自由邦，同澳大利亚、加拿大等享有同样的英帝国成员地位，北爱尔兰在条约生效一个月

① Chris Cook, *The Routledge Companion to Britain in the Nineteenth Century, 1815 – 1914*, London and New York: Routledge, 2005, pp. 254 – 255.

② Alvin Jackson, *Home Rule: An Irish History, 1800 – 2000*, Oxford: Oxford University Press, 2004, p. 30.

③ Michael Laffan, *The Resurrection of Ireland: the Sinn Féin Party, 1916 – 1923*, Cambridge: Cambridge University Press, 1999, pp. 25 – 26.

④ Chris Cook, *The Routledge Companion to Britain in the Nineteenth Century, 1815 – 1914*, London and New York: Routledge, 2005, p. 257.

内做出选择是否脱离爱尔兰。尽管爱尔兰人在经历了数百年的抗争后实现了初步独立，但南北分裂的局面却成了事实。第二次世界大战结束后，爱尔兰完全脱离英联邦的呼声日高。1948 年，爱尔兰通过了《爱尔兰共和国法案》（*Republic of Ireland Act*，1948），该法案于次年 4 月生效。自此，爱尔兰成为共和国，正式脱离英帝国，获得完全的独立。

爱尔兰的独立进程可谓 20 世纪世界民族解放和独立运动中浓墨重彩的一笔，既是爱尔兰人不懈追求自由的结果，也是英国"民族自决"理念发展的产物。但遗憾的是，爱尔兰问题并没有随着爱尔兰共和国的成立而就此消失，"民族自决"的原则在多民族混居的地区遇到了不可避免的困境，北爱尔兰地区的新教徒坚持留在英国，而天主教徒则要加入爱尔兰共和国。两大以宗教信仰为界限的族群发生了大分裂。由于新教徒长期以来把持着北爱尔兰政治，且人口多于天主教徒，因此北爱尔兰地区留在了英国。但是，天主教徒并不愿意接受这样的事实，双方的冲突成为困扰英国、爱尔兰和北爱尔兰三方的长期难题。数百年来英国统治者对爱尔兰殖民政策留下的"北爱尔兰问题"，像一个割不去的"肉瘤"，牵扯着英国和爱尔兰两个国家的中枢神经，并且时不时地将两个本要决心分道扬镳的国家重新拉到谈判桌上，甚至是军事对抗的阵地上。如何解决北爱尔兰冲突考验着英国人与爱尔兰人共同的政治智慧。

北爱尔兰即爱尔兰岛的厄尔斯特地区。生活在这片土地上的新教徒主要是苏格兰和英格兰移民的后裔，他们在宗教上尽管并不完全统一，但却都属于新教，奉行共同的新教文化和新教价值观，在情感上自然对英国存在向心力。与之相反，人口稍少于新教徒的天主教徒在宗教和民族情感上与南部的爱尔兰共和国相契合。北爱尔兰问题出现的根源在于"英国数百年来的殖民扩张及其分而治之的政策"。[①]

自 1921 年《英爱条约》签订以来，北爱尔兰问题大体经历了三个大的发展阶段。

第一个阶段是 1967 年以前的和平运动时期。新教徒把持着北爱尔兰，天主教徒在政治、社会和经济各领域受到不平等对待，他们争取权利的主要斗争方式是和平的不合作运动。第二次世界大战期间，爱尔兰共和军曾

暗中与德国人谈判，并为之收集英国军事情报，企图依靠德国人实现爱尔兰的统一。爱尔兰共和军与纳粹的勾结受到英、爱双方共同的批评。英国在 1949 年通过《爱尔兰法案》（*Ireland Act*，1949）明确了北爱尔兰作为联合王国一部分的地位。① 此后一直到 1967 年，英爱双方共同维护北爱尔兰地区的和平与稳定，由此度过一段和平时期。这一时期，爱尔兰共和军尽管并未销声匿迹，但暴力活动趋少。

第二个阶段是 1967—1980 年。北爱尔兰的天主教徒在这一时期逐渐抛弃和平斗争的手段，转而支持由爱尔兰共和军领导进行武力斗争，并呈现极端主义的倾向。与此同时，新教徒也做出应对，成立了以武力对抗和恐怖活动为对抗方式的准军事组织。以信仰为界的两大族群之间的暴力冲突成为这一时期北爱尔兰问题的主要内容。1967 年，天主教徒在北爱尔兰成立民权协会，掀起大规模的民权运动。该协会仍试图通过游行示威等和平斗争方式争取平等公民权，但一度沉寂的爱尔兰共和军借机复兴。双方的激进势力逐渐脱离和平运动的轨道，转向武装冲突。

新教激进派的代表人物是长老会极端主义者伊恩·佩斯利（Ian Paisley，1926—2014）。他于 1951 年创建自由长老教会（Free Presbyterian Church），并于 1956 年参加新教极端组织"北爱尔兰新教行动"。他认为对天主教徒的任何挑衅都要坚决予以回击，任何向天主教徒的妥协都会最终导致新教徒的败退，最终将北爱尔兰拱手让给天主教徒和罗马教皇。他在 1966 年参与创建了新教统一党（Protestant Unionist Party），该党于 1971年改组为民主统一党（Democratic Unionist Party）。在政府对天主教徒声势日隆的民权运动做出让步的情况下，以佩斯利为首的新教激进派做出强烈反应。他们对参与民权运动的天主教徒发动袭击，与复兴的爱尔兰共和军陷入长期的武装冲突之中。1969 年 8 月 12 日，新教徒在庆祝 1689 年伦敦德里之围（威廉三世镇压天主教起义）时，与愤怒的天主教徒发生冲突，随后双方的武装冲突不断升级。在持续的骚乱下，北爱尔兰自治政府失去了对局面的控制能力，英国军队迅速进驻北爱尔兰恢复秩序，开启了军事管制时期。

英国军队的介入，并未能缓解教派冲突，由于其对新教徒的祖护，很

---

① http：//www. legislation. gov. uk/ukpga/Geo6/12—13—14/41/contents.

快丧失了天主教徒的信任。1970 年 1 月，新芬党在都柏林召开会议，就是否在北爱尔兰使用武力进行斗争的问题展开讨论。随后，主张采用武力的激进派退出会议，形成"临时派"；多数反对武力斗争的新芬党成员留下继续开会，称"正统派"。临时派的武装斗争主要以暗杀和制造爆炸等恐怖手段作为对新教徒的回应。1971 年夏季，双方的恐怖活动达到高潮，英国政府偏袒新教徒，将三百多名天主教徒作为恐怖活动嫌疑人逮捕，激起了天主教徒的强烈敌对，天主教社区对爱尔兰共和军的支持更加深化，并酿成了"血色星期日"事件。在 1972 年 1 月的反政府游行中，英国军队向示威的人群开枪，导致数十名天主教徒在冲突中死伤。[①] 作为报复，爱尔兰共和军发起新一轮恐怖活动，导致数百人丧生。此后，英国和北爱尔兰自治政府失去了对天主教社区的控制能力，那里实际处于爱尔兰共和军的掌握之下。[②]

面对一发不可收拾的局面，1972 年 3 月，英国政府中止北爱尔兰政府一年的职权，实行全面的军事管制。次年，又出台了《北爱尔兰宪法草案》，其中明确天主教徒享有与新教徒平等的政治和社会权利，并表示将成立一个由英国、爱尔兰和北爱尔兰三方组成的委员会商讨北爱尔兰的未来。当年 6 月，包括天主教徒温和派的社会民主工党参加的联合政府宣告成立。12 月，在三方会谈中，英国政府表达了尊重北爱尔兰多数人意愿，不反对爱尔兰岛统一的态度。但是，爱尔兰共和军无法接受由英国控制北爱尔兰主权的事实，而新教极端分子也对与天主教徒分享平等参政权表示不满。最终，动荡的局势并没有好转。

爱尔兰共和军临时派的恐怖活动愈发猖獗。一方面，恐怖袭击升级。1972—1974 年，北爱尔兰连续三年的爆炸事件都达到 1000 起以上。共和军对英国本土的袭击也呈加剧趋势，袭击的规模和次数都大大增长，仅在1973 年的伦敦汽车爆炸事件中，就有超过 200 多人死伤。1974 年是恐怖活动最猖獗的一年，连续发生的多起袭击导致数百人伤亡：2 月的公共汽车爆炸导致 12 名士兵和家属身亡；伦敦塔的爆炸致使 1 人死亡，41 名孩

[①]　2010 年 6 月 15 日，时任英国首相卡梅伦公布了关于"血色星期日"的司法调查结果，承认英国军队向游行民众开枪是"不正当"和"错误的"，并代表英国政府向死难者表示道歉。

[②]　金宜久主编：《当代宗教与极端主义》，中国社会科学出版社 2008 年版，第 524 页。

子受伤；6 月威斯敏斯特大厅外的爆炸导致 11 人丧生；11 月伯明翰两所公用房子的爆炸导致 21 人死亡，182 人受伤。① 另一方面，共和军的袭击方式朝向现代恐怖主义发展，他们除了使用常规的枪战、暗杀、狙击和炸弹爆炸等手段外，还采取了人体炸弹、汽车爆炸、遥控爆炸等多种极端非人道手段。警察、军队和一些人流密集的公共场所都成为他们攻击的目标。共和军的袭击活动也遭到新教徒的疯狂报复，新教徒的武装组织包括北爱尔兰防卫协会、北爱自由战士、北爱志愿军、北爱防卫团等。新教徒的攻击与谋杀迫使大批天主教徒离开家园，南迁爱尔兰共和国境内，或移民至海外。

在持续的冲突下，北爱尔兰联合政府垮台。1979 年 3 月，英国派驻北爱尔兰的大使理查德·塞克斯（Sir Richard Sykes，1921—1979）爵士被暗杀；8 月，蒙巴顿伯爵路易斯·蒙巴顿（Louis Mountbatten，1st Earl Mountbatten of Burma，1900—1979）一家在游船上被共和军炸死；此外，12 名英军士兵遭到共和军伏杀。面对持续的血腥事件，1979 年 9 月到访爱尔兰的教皇约翰–保罗二世（Pope John Paul II，1978—2005 年在位），在德罗赫达（Drocheda）向台下 25 万天主教徒发表了反暴力的呼吁。他告诫信徒们："和平不能建立在暴力之上；和平也不会在恐怖、威胁和死亡的氛围中兴起……上帝要求所有人抛开一切仇恨，停止一切暴力。"他还呼吁政治家们向暴力分子证明"正义可以通过和平的、政治的方式获得，和平能够实现正义的事业，而暴力不能"。② 教皇的和平呼声对于平息爱尔兰天主教徒的激愤起到了重要作用。

第三个阶段是 20 世纪 80 年代至今，在罗马教廷、英国和爱尔兰共和国政府的多方努力下，北爱尔兰的和平进程终于步入轨道。尽管冲突与流血事件并未中止，但和平解决北爱尔兰问题已成为各方的共识。1982 年，撒切尔夫人领导的英国政府、爱尔兰共和国政府及北爱尔兰新教徒与天主教徒各政治派别进行了以和平为前提的多轮政治磋商。最终，各方确定了以比例制原则选举议会，重建北爱尔兰政府的政治原则。在持续的教派冲

① 金宜久主编：《当代宗教与极端主义》，中国社会科学出版社 2008 年版，第 524 页。

② http：//w2. vatican. va/content/john-paul-ii/en/homilies/1979/documents/hf_ jp-ii_ hom_ 19790929_ irlanda-dublino-drogheda. html，访问日期：2016 年 12 月 20 日。

突下生活的大多数天主教徒和新教徒都对这一行动表示支持。

爱尔兰共和军仍旧坚持爱尔兰岛统一的斗争目标，但其在天主教社区中的支持度和影响力日益下降。格里·亚当斯（Gerry Adams，1948—　）成为领导人后，对共和军进行了改组，规模大大缩小。当然，他们也并未放弃武力对抗的斗争方式。20 世纪 80 年代以来，共和军的恐怖活动虽有所减少，但并未中断。其中影响最大的事件是对英国政治领导人和政治中心发动的恐怖袭击。1984 年 10 月，爱尔兰共和军在布莱顿的格兰德酒店制造了一起爆炸，企图炸死正在此地召开保守党年会的撒切尔夫人和该党的领袖们。尽管撒切尔夫人幸免于难，但仍有 4 人在爆炸中丧生。① 1991 年 2 月，共和军使用迫击炮袭击了唐宁街 10 号，幸未造成人员伤亡，但在伦敦维多利亚火车站制造的爆炸，造成 40 多人死伤。

20 世纪 90 年代以来，为促成爱尔兰共和军放弃恐怖活动，英爱两国政府做出了卓有成效的努力。1993 年 12 月，英国与爱尔兰共和国共同发表了《唐宁街宣言》，双方都做出一定让步，并就爱尔兰共和军永久停止使用暴力和吸纳新芬党参加和平谈判达成共识。这一宣言得到天主教徒和新教徒的热烈响应。爱尔兰共和军和新教武装也在次年先后宣布停止军事行动的声明。作为回应，英国宣布解除对新芬党的禁令。1995 年 2 月，英爱两国就爱尔兰共和军解除武装和吸纳新芬党加入北爱尔兰问题进入实质谈判阶段。但在这一关键时期，梅杰政府坚持将共和军永久放下武器作为新芬党参与和谈的先决条件，致使和平进程中断，共和军也重新开始暴力活动，导致数百人伤亡。有学者指出：北爱尔兰和平进程的暂时中断主要基于政治上的原因，即保守党为获取下院绝对多数地位而"不得不屈从于新教政治势力的压力"造成的。②

1997 年，工党的上台为北爱尔兰和平进程注入了"强心针"。布莱尔政府一改保守党的强硬态度，不以共和军永久停止暴力活动作为先决条件；作为回应，共和军也做出让步，宣布"完全停止军事行动"。之后，

---

① 爆炸事件后，撒切尔表明了更强硬的立场，她声明："我们决不会放弃寻找更有效的方式来抵制爱尔兰共和军。如果他们认为能够使我们厌烦和惊恐，那他们就完全打错了算盘。人们常说在政治中运用'决不'一词是个错误。但我今天要再次声明政府决不向爱尔兰共和军投降，决不！"参见金宜久主编《当代宗教与极端主义》，中国社会科学出版社 2008 年版，第 526 页。

② 刘金源：《布莱尔当政后的北爱尔兰和平进程》，《世界民族》2005 年第 1 期。

新芬党参与了多党和谈。当年 12 月，在美国的斡旋下，共和军和新芬党领导人格里·亚当斯与布莱尔在唐宁街首相官邸进行了历史性会见。

至 1998 年 4 月 10 日，谈判各方达成了《受难日和平协议》（*Good Friday Agreement*）。这是一份事关北爱尔兰未来的纲领性文件，由北爱尔兰大多数政党达成的多党协议和英、爱两国政府之间的协议两部分构成。其主要内容涵盖两个方面的基本内容。

其一，创造性地确立爱尔兰共和国、英国政府与北爱尔兰的新型关系。英国与爱尔兰共和国政府达成妥协，英国分阶段解除军事管制，爱尔兰则删除宪法中对北爱尔兰的主权要求，两国组成协调委员会，处理涉及两国间和北爱尔兰的相关问题。同时，南北爱尔兰建立协调委员会，处理相互关系，并督促各派势力放弃武力，停止一切暴力活动。其二，建立一套联合北爱尔兰天主教徒和新教徒各主要政党的政府体系。除了强化北爱尔兰政府各职能机构的地位和作用，最受关注的当属体现新教徒和天主教徒两大族群政治权力对比的北爱尔兰议会。北爱尔兰议会在协议正式生效前选举成立，新教徒和天主教徒在议会组成上达到基本均衡，贯彻了协议中"双民族共享权力"的政治原则。① 新芬党也在新议会中获得了 18 个议席。

必须指出，协议的达成有赖于相关各方做出的妥协与让步。其中最难能可贵的是以下两方面成果的取得。一是爱尔兰共和国能够理性面对爱尔兰岛南北分裂的政治现实，勇于卸下历史包袱，正式放弃对北爱尔兰的主权要求。二是除了民主统一党等个别政党外，北爱尔兰新教徒能够从北爱尔兰和平大局出发，正视天主教徒的政治诉求，在政治上做出让步，体现了难能可贵的政治智慧。从新议会的构成来看，天主教徒通过和平协议获得了基本平等的政治权力，改变了过去新教徒长期把持北爱政权的局面。有学者指出：《受难日和平协议》与北爱议会的选举意味着北爱尔兰问题"在各方的妥协与让步之下，通过和平谈判方式得到了初步解决，这是一个值得载入史册的事件"②。

---

① Hanna Lerner, *Making Constitutions in Deeply Divided Societies*, Cambridge: Cambridge University Press, 2011, p. 188.

② 刘金源：《布莱尔当政后的北爱尔兰和平进程》，《世界民族》2005 年第 1 期。

《受难日和平协议》签订以来，爱尔兰共和军和新教激进分子的暴力冲突和恐怖活动基本停止了。当然，北爱尔兰问题并没有完全终结，天主教徒与新教徒之间的隔阂尚未消弭，在北爱尔兰这片土地上，他们生活在各自的信仰和价值观体系之下。可以相信，伴随着全球化时代的到来，这种以宗教为精神边界的对垒必将被逐步的理解和包容取代，这不仅符合传统新教主义的自由精神，也契合天主教第二次梵蒂冈大公会议以来倡导的"和平"与"对话"的方向。

值得注意的是，近年来，北爱尔兰地区天主教徒和新教徒两大族群人口的比例正发生着巨大变化，人口基本结构的变化势必会影响该地区未来政治发展的走向。根据北爱尔兰统计与调查部（Northern Ireland Statistics & Research Agency）公布的数据，自 1861 年以来，新教徒人口的比例从五分之三上升到 20 世纪上半叶的三分之二，天主教徒则从五分之二下降到三分之一。但是，自 20 世纪 60 年代起，新教徒人口比例开始持续下降，天主教徒比例不断上升。2011 年对宗教人口的统计显示，北爱尔兰天主教徒与新教徒的人数已经非常接近，分别为 41% 和 42%。①

人口比例变化出现的因素是多方面的，不可忽视的一点是，天主教徒与新教徒的家庭观念存在显著差异。调查显示，北爱尔兰天主教徒的家庭成员平均数较高，为 2.76 人，新教徒家庭平均人数则不足 2.5 人。约有 14% 的天主教家庭拥有 5 个甚至更多的成员，而新教徒的这一比例仅为 8%。这种状况直接决定了两大教派在年龄结构上的差异，即北爱尔兰天主教徒的比例随着年龄的增加而减小，与此相反，新教徒的比例则随着年龄的增加而增大。这意味着，在目前两大教派人数已基本持平的前提下，天主教徒的数量将超越新教徒，并将逐步拉大两者差距。此外，在北爱尔兰的人口调查中，有 10% 的人宣称他们没有任何宗教信仰，还有超过 6.8% 的人虽然表示自己有信仰，但并未对属于何种宗教给出答案。与天主教徒人口年轻化一致，无宗教信仰的北爱尔兰公民也呈现年龄越小、比例越大的现象。自北爱尔兰问题产生以来，新教徒人口高于天主教徒是造成两大族群政治地位长期不平等的重要根源，也是最初北爱尔兰选择留在

---

① https://www.ons.gov.uk/peoplepopulationandcommunity/culturalidentity/religion，访问日期：2016 年 9 月 19 日。

英国的主要原因。随着北爱尔兰宗教人口结构的加速变化，北爱尔兰的政治未来仍存在较大的变数。

穆斯林移民与英国主流社会的融合问题也是当代英国涉及宗教方面的热点问题。基督教世界与伊斯兰世界的交往与纷争由来已久。事实上，两大宗教之间的冲突是中世纪旧大陆历史发展的主线之一。大不列颠岛虽远离穆斯林核心地带，但作为基督教大世界组成部分，英国基督徒自中世纪就充斥着反穆斯林的集体记忆。十字军东征期间，英国人积极参战，"狮心王"理查还担任过十字军的领袖，率领十字军与穆斯林的传奇领袖萨拉丁（Saladin，1137—1193）进行过长期战争。

近代以来，英国在对外海外殖民扩张中，与北非、西亚和南亚的穆斯林都有过直接的军事冲突。但是，伴随着大英帝国的不断扩张，许多穆斯林地区成为帝国的组成部分，受到英国的直接或间接统治，殖民地和英国本土的政治、经济和文化往来日益频繁，越来越多的穆斯林移居或留学英国。第二次世界大战后，大规模的穆斯林劳工进入英国，成为穆斯林移民的主体。他们与英国人共同作为大英帝国子民或英联邦的公民，相互之间存在一定的认同感。因而，英国穆斯林的融合问题尽管与其他欧洲国家存在许多共性，但也有其独特的历史背景。

无论如何，穆斯林与主流白人社会的冲突与融合问题都是当代英国涉及宗教的重大问题。归结来说，这一问题主要表现在以下两方面。

其一，穆斯林移民数量的迅速增长造成的人口结构问题。

自第二次世界大战结束以来，由于欧洲人口在战争中的巨大消耗及其战后持续的低增长率使欧洲经济一度出现劳动力危机，英国也是如此。基于此，英国自20世纪50年代起鼓励大批穆斯林移居英国，填补了劳动力的缺失。穆斯林移民的到来为战后英国经济持续多年的高速增长做出了突出贡献。但是，移民的源源到来及其高生育率引发了新的恐慌，即穆斯林人口在英国人口中的比例迅速增长。一些预测显示，欧洲穆斯林人口可能会在21世纪中叶超过非穆斯林，这对于本土欧洲人是很难接受的，英国人也不例外。2011年英国官方宗教人口普查结果显示，英格兰与威尔士的常住穆斯林人口已达270万，占英国常住人口总数（5600万）的

4.8%，而在上一次的人口普查中（2001 年），这一比例仅为 2.7%。① 十年间，穆斯林人口增长了 2.1 个百分点，几乎翻了一番。而且由于穆斯林人口结构上的年轻化和英国白人急剧发展的老龄化现象，穆斯林人口比例将呈现持续加速上升的趋势。

除了穆斯林移民的迅速增长，英国还出现了大批的"新穆斯林"。统计显示，至 2001 年，约有 3 万名英国白人改宗伊斯兰教，成为"新穆斯林"。2010 年，"新穆斯林"人数已达 10 万。这些"新穆斯林"中的绝大多数是年轻白人，平均年龄仅 27 岁，且高学历的年轻女性占比很高。与这种改宗伊斯兰教人口持续增多的变化相应的，却是英国基督教信徒人口比例的持续、大规模下降。

穆斯林典型的聚居模式还使部分地区的穆斯林人口比例远超全国平均比例。由于早期穆斯林移民多流向首都伦敦和各工业城市，造成今日穆斯林的大体分布状况。据统计，在全国一半以上的地方行政区内，穆斯林的人口比例低于 1%。但在某些特定地区，穆斯林人口比例很高，甚至超过本地基督教徒人口。大伦敦地区的穆斯林人口比例在全国最高，达到12.4%。其中，塔桥自治市（Tower Hamlets）的比例高达 34.5%，超过当地基督徒人口所占的比例；纽罕姆区（Newham）次之，为 32%；红桥（Redbridge）和沃尔瑟姆福雷斯特（Waltham Forest）两个自治市也都超过 20%；英格兰西北兰开夏的布莱克本—达尔文联合区（Blackburn with Darwen）为 27%；约克郡的布拉德福德为 24.7%；东部的卢顿（Luton）为 24.6%；此外，亨伯（Hunber）、斯劳（Slough）及伯明翰（Birming-ham）的比例也都超过 20%。这种少数族裔集中的现象在其他几个少数教派也同样存在。如印度教徒在伦敦的自治市哈罗（Harrow）和布伦特（Brent）的比例达到 25.3% 和 17.8%；莱斯特（Leicester）、红桥区和豪恩斯洛（Hounslow）等地也都超过 10%；犹太教徒在巴尼特（Barnet）和赫茨米尔（Hertsmere）以及锡克教徒在斯劳的比例也都超过 10%。②

---

① https：//www. ons. gov. uk/peoplepopulationandcommunity/culturalidentity/religion，访问日期：2016 年 9 月 19 日。

② https：//www. ons. gov. uk/peoplepopulationandcommunity/culturalidentity/religion，访问日期：2016 年 12 月 19 日。

　　客观地说，穆斯林在英国总人口的比例仍处于较低位，但是，移民的急剧增加以及穆斯林对信仰的坚定程度都要远高于本土基督徒。2011年的统计数据显示，英国基督徒人数为3320万，占人口总数的59.3%，但高于人口总数二分之一的数量并不能保证基督教在英国长久的主体地位。仅2001—2011年的十年间，基督徒的比例就下降了12.4%，并仍呈加速下降趋势。① 这一事实与穆斯林人口比例的加速上升呈现出鲜明的对比。并且穆斯林的聚居模式也加强了宗教在聚居所在地方的政治和社会生活中的影响力，萨迪克·汗在2016年当选伦敦市长，无疑与伦敦穆斯林人口众多且比例高有直接关系。

　　综上来说，英国穆斯林人口因生育率高、人口结构年轻化、外来移民持续增加等方面的原因正不断冲击着英国传统的人口结构。同时，由于穆斯林在信仰上更加坚定且穆斯林人口聚居模式等原因，伊斯兰教文化也正加速冲击着传统上由本土白人基督徒主导的宗教社会。特别是近些年，伊拉克、叙利亚、利比亚等地爆发难民危机，大批穆斯林涌向欧洲，加重了英国本土白人基督徒的担忧。他们在思想上更加趋于保守，传统的多元文化政策也开始遭到质疑。由此，基督徒与穆斯林两大族群之间的融合问题也面临新的挑战。

　　其二，穆斯林与英国主流社会的文化融合问题。

　　英国在对待移民的问题上奉行"多元文化政策"，不仅给予移民广泛的平等公民权利，而且鼓励他们保留自己独特的民族和宗教传统文化。客观地讲，英国穆斯林在社会上所享受的宗教自由确实要好于多数西方国家。英国在宗教和文化上的宽容与自由风气有着深厚的历史渊源。首先，19世纪以来的自由主义精神强调对他人思想和行为的尊重；其次，光荣革命以来的宗教宽容精神和19世纪以来的宗教多元主义强化了人们对信仰自由和文化多元的认同；最后，曾经辉煌一时的大英帝国是多民族、多种族和多信仰的混合体，英国对信仰多元、民族和种族多元以及相伴而生的文化多元有着基于帝国情结的宽容和理解。正是在上述因素的共同作用下，多元文化政策成为英国社会的主导价值观，英国穆斯林也得以自由地

---

　　① https://www.ons.gov.uk/peoplepopulationandcommunity/culturalidentity/religion，访问日期：2016年12月19日。

保持信仰和从事宗教活动。

　　尽管如此，在 20 世纪 50—60 年代大规模移民浪潮到来后，英国社会面对突然出现的大量穆斯林，宗教宽容和多元主义还是受到一定冲击。一些排斥和歧视穆斯林的现象造成了大量本可避免的暴力冲突。为此，1965 年，英国通过第一个《种族关系法》，禁止在公共场所出现基于种族和民族的歧视现象。① 随之成立的英国种族关系委员会成为处理有关种族关系事务的专门机构。1968 年，《种族关系法》重新修订，禁止种族歧视的范围进一步扩大到就业、住房、教育和保险等方面。② 1976 年，再次修订的《种族关系法》将种族关系委员会与社区关系委员会合并重组，成立种族平等委员会（Commission for Racial Equality）。该机构直接向议会负责，监督政府和社会可能出现的种族歧视现象，推进各种族和谐共处。值得注意的是，该法在修订后引入了更为严格的"间接歧视"概念，即不仅禁止基于"肤色、种族、族裔"等的直接歧视，还禁止因某一涉嫌歧视性的条件或要求对某个特定族群造成"间接损害"。③ 2000 年，《种族关系法》再次修订，该法案主要进一步扩展了 1976 年法令的适用范围，要求警察和其他几乎所有公共权力部门做出改进，禁止一切种族歧视的行为和政策，贯彻种族关系协调发展的宗旨，并规定其应尽的一般义务。④ 上述《种族关系法》的一再修订，充分表明了英国对种族关系和谐发展的坚定决心，也成为以穆斯林为代表的少数族裔维护自身利益与宗教传统的法律保障。

　　英国保护多元文化政策带来了一定的积极影响。由于信仰和生活方式得到尊重，英国穆斯林与主流社会之间基本能够和谐共处，相较于法国等欧洲大陆国家，双方的直接冲突相应较少。相对更为和谐的关系的存在推动了英国主流社会与穆斯林的文化融合，这也成为英国"新穆斯林"不断增多的推动因素。英国"新穆斯林"是一个有自身特色的群体。年轻

---

① http：//www.legislation.gov.uk/ukpga/1965/73/contents/enacted，访问日期：2016 年 11 月 21 日。

② http：//www.legislation.gov.uk/ukpga/1968/71/contents/enacted，访问日期：2016 年 11 月 21 日。

③ http：//www.legislation.gov.uk/ukpga/1976/74/contents，访问日期：2016 年 11 月 22 日。

④ http：//www.legislation.gov.uk/ukpga/2000/34/contents，访问日期：2016 年 11 月 22 日。

的白人女性在其中占比很大，她们皈依伊斯兰教往往是"受到穆斯林同事、朋友、同学和丈夫的影响"。至于其选择皈依的原则主要是精神层面上的，如在穆斯林群体中感受到关爱或获得人生指导，从而放弃此前的宗教信仰或无宗教生活，成为穆斯林一员。[①] 当然，"新穆斯林"必然会因其特殊性而面临穆斯林群体和主流白人社会的双重质疑，只是多元文化的自由背景在一定程度上消解了这一问题。需要强调的是，这些转皈伊斯兰教的白人也并非完全被动地接受穆斯林的信仰和传统，他们原有的文化价值观和生活方式仍会持续发挥影响。事实上，他们的思想和生活方式为两种信仰和两种价值观共同决定，因而成为穆斯林群体中的一股新生力量，不仅是穆斯林群体与主流社会融合的产物，也是二者的纽带。

多元文化政策在减少穆斯林与主流社会摩擦的同时，也带来了显而易见的弊端。这主要体现在：由于穆斯林在信仰活动和生活传统上的自由，使他们接受英国主流文化价值观的积极性大打折扣，从而造成穆斯林与主流社会存在一种长期的隔阂。

首先，这种隔阂表现在穆斯林移民与主流白人在社会生活上的明显界限。大多数穆斯林在移民英国后，并未在信仰生活和社会生活上有所改变，仍旧固守着原有的信仰和生活方式。如在衣着饮食上，许多穆斯林坚持传统，特别是在穿着上，男子往往头裹白巾，女子则戴着面纱、穿着长衫等。信仰和生活方面，许多穆斯林保持严格的宗教传统，严守伊斯兰教节日规范，每周五到清真寺做礼拜，许多人仍以前往麦加朝圣作为人生大事。这种社会生活上的宗教色彩还具有继承性，许多穆斯林移民的后裔从小接受父辈严格的宗教教育，并没有因为从小在英国长大而改变先辈固守的传统礼仪和生活方式。

其次，穆斯林与主流社会的隔阂还表现在法律上，特别是关于婚姻和财产问题。许多穆斯林在婚姻和财产问题上的做法依据的是伊斯兰教的传统律法和穆斯林古老的习俗，常常与英国的世俗立法或普通法存在冲突。但在多元文化政策作为主流价值观的背景下，"政治正确"要求法官不得无视穆斯林的宗教文化传统。这种状况可能引发这样一种结果：少数族裔的宗教传统和习俗可能成为僭越法律的冠冕堂皇的理由，造成同为英国公

① 许燕：《英国穆斯林移民研究》，博士学位论文，中央民族大学，2011年，第115页。

民的各族群在法律上的并不平等的现实。

最后，穆斯林与主流社会的隔阂还引发了一种身份认同上的冲突，即在特定问题上，宗教认同（伊斯兰教徒）与国家认同（英国公民）之间的抉择。自 20 世纪 60 年代以来，在穆斯林劳工移民群体中，宗教一直扮演着一种"超越种族、语言和国别的凝聚作用"，并在这一共同的精神纽带下，形成了"忽视信仰和其他一切差别的相互认同"。① 与这一认同相对的是，英国主流社会的"民族—国家"认同，它表现为盎格鲁－撒克逊民族文化传统、一千多年的民族历史记忆、基督教新教信仰、以自由和法治为核心的价值观等。显然，主流社会的这种"民族—国家"认同并不能容纳穆斯林的宗教信仰。两个族群唯一能够找到的契合之处在于国家层面的"英国公民"这一共同身份。"国家至上原则"是近代以来国际交往中的核心原则，根据这一原则，任何一个多民族国家都必然将国民身份的认同置于首要位置。但在事实上，英国的国家认同在穆斯林问题上遭遇了困境，即多数英国穆斯林并未能从宗教身份中超脱出来，将国民身份置于其上。

21 世纪以来，西方社会民粹主义抬头，社会风气趋于保守。英国一些右翼组织借机壮大，冲击着传统的多元文化政策，如极右翼的不列颠民族党（British National Party）的兴起正是这种保守倾向的反映。该党成立于 1982 年，以极端民族主义为旗帜。进入 21 世纪后迅速壮大，一度在地方选举中拥有 50 名地方议员，在议会中拥有两个席位，在欧洲议会中也有两个席位。近年，该组织受到法国国民阵线的影响，逐渐淡化生物学上的种族主义（biological racism），而是强调文化上的种族主义。② 英国移民政策进一步趋于保守。2002 年，英国颁布的《国籍、移民及庇护法案》（*Nationality，Immigration and Asylum Act*），不仅有了对移民规定更严格的限制条件，而且要求申请移民者参加英语和有关社会生活等方面的测试。③ 近年，英国几乎每年都会出台有关移民的修正法案，旨在持续收紧

---

① Humayun Ansari, *Muslims in Britain*, London：Minority Rights Group, 2002, p. 6.

② Stephen Driver, *Understanding British Party Politics*, Cambridge：Cambridge University Press, 2011, p. 142.

③ http：//www. legislation. gov. uk/ukpga/2002/41/contents，访问日期：2016 年 12 月 2 日。

移民规模，促进移民融入英国主流社会文化生活。

　　总的来说，尽管近些年英国社会风气有向保守主义转向的趋势，但作为传统自由主义和宗教宽容传统的发展，多元文化已经成为现代英国社会主流价值观念，不可能在短期内动摇。这种包容与理解精神的存在可谓现代英国最值得称道的文明成就。2016 年，贫民出身的穆斯林萨迪克·汗当选伦敦市长一事，充分说明了多元文化背景在英国的巨大影响力和英国民众寻求多民族、多信仰和谐共融的美好愿景。正如萨迪克在竞选成功后所说的："伦敦选择了希望而不是恐惧，选择了联合而不是分裂。"① 当然，多元文化模式对于英国国内各族群在社会生活、价值观、法律的融合方面以及国家的统一和稳定上都还存在着或多或少的负面影响。因此，对于英国政府和各族群来说，如何在保证相互尊重的基础上，促进穆斯林与英国白人社会在文化上互信、互融，仍然是摆在面前的时代重任。

　　世俗化问题是当代英国社会发展的一大特征。在涉及宗教和社会发展的问题上，"世俗化"（secularization）一词大体有两个方面的意思。第一种观点认为，世俗化指的是社会的"去宗教化"或"非宗教化"，即宗教精神在社会中的地位被世俗理性所取代。这种观点盛行于 20 世纪 80 年代以前，它将传统宗教社会与现代世俗社会对立起来，将世俗化与现代化联系起来，认为社会世俗化是社会现代化的表现和必然结果。第二种常见的看法否定传统世俗化理论中将宗教与社会现代化对立的观点，认为世俗化也可以指宗教的"入世"，即宗教仅在形式上实现"世俗化"。换句话说，宗教可以在去除形式上的宗教性后保留其精神内核，并融入社会现代化进程。这种观点自 20 世纪 90 年代以来得到越来越多的认可，被认为是"新世俗化理论"。英国宗教社会学家格雷思·戴维（Grace Davie）是这一观点的主要支持者之一，他认为，现代化并不必然导致世俗化，人们在宗教形式上的"世俗化"（如参加礼拜人数的大量下降）并不意味着信仰的衰落，而是其性质发生了变化，很多欧洲人不属于任何教会，但他们仍保持着对神圣彼岸的坚定信仰。②

----

　　① Sam Coates & Francis Elliott, "Khan is Elected Mayor Amid Tory Backlash at Goldsmith", *The Times*, 2016 - 5 - 7.

　　② 孙艳燕：《世俗化与当代英国基督宗教》，社会科学文献出版社 2013 年版，第 9 页。

综合上述两种观点，我们不难得出这样的结论："世俗化"具有两个层面的意义：在社会层面上，它是指社会各领域摆脱传统宗教意识形态，转而以世俗的科学理性作为认知方式的变化。在宗教本身的层面上，它是各宗教为适应社会现代化进程，日益脱离传统的宗教形式，吸收现代社会新思潮，并逐渐融入世俗社会的变化。在英国世俗化的潮流中，这两种"世俗化"是互相促进、交错进行的。

结合上述对"世俗化"的认知，不难看出，在宗教本身这一层面上，英国的世俗化应起源于宗教改革时期。16—17世纪，受到欧洲大陆新教主义的影响，英国激进派的新教徒要求废除传统天主教会繁复的宗教形式，并衍生出长达一个世纪之久的清教运动。他们倡导的"真正的新教主义"即是实现人们信仰方式的转变，从凭借教会的宗教形式信仰转向内心信仰。不过，这种宗教本身的"世俗化"倾向并不适应近代早期政治、经济和社会发展的时代背景，最终，保留了传统天主教会宗教形式的安立甘教会击败了奉行"激进新教主义"的各派别，取得了优势地位。1660年以来，新教体制下的国教霸权在保守主义政治的维护下持续运行了一个多世纪。可以说，直到19世纪宗教多元化时代到来后，这种以"去除宗教形式"为特点的宗教世俗化才得到真正发展。

在社会领域，世俗化应起步于18世纪。虽然国教会居于统治地位，宗教力量主导着整个社会的方方面面，但理性主义与自由主义的发展、科技的进步与工业革命的启动都已开始不断地冲击着传统宗教社会。19世纪以后，科技的迅速发展，达尔文进化论的"横空出世"以及工业革命带来的物质文明的巨大成就，都使宗教在人们社会生活中的影响力出现了不可避免的下降趋势。在主流的社会思潮之外，不可知论（agnosticism）、无神论和世俗主义者也正在生发出一种打破传统信仰体系的宏大暗流。但必须承认，由于宗教复兴运动的持续影响力和非国教派的空前活跃，20世纪以前，英国社会仍虔诚地守护着信仰的权威地位。

世俗化真正席卷英国乃是20世纪的事情。1914年和1939年爆发的两次世界大战都以欧洲为策源地和主战场，战争对人们精神的冲击与对物质和肉体的破坏同样严重。基督教在欧洲营造的近两千年的精神体系在战争面前不堪一击。战争之后，人们陷入空前的精神迷茫之中，从而为世俗化倾向提供了一个空前有利的发展空间。英国作为两次世界大战的主要参与者之一，当然未能避免。战后英国世俗化也分为两个层面：一是英国社会的"去宗教化"发展；二是各教会，特别是国教会，谋求融入现世的世俗化改革。

直至今日，英国已经成为西方社会中世俗化最严重的国家之一，英国人口普查中的宗教调查数据最能直观地反映世俗化现状。自 2001 年起，英国每十年进行一次的人口普查中增加了一个可自愿选择的调查项目——宗教取向。结合 2001 年和 2011 年的两次调查结果，不难看出，尽管基督徒在当今仍是英国几乎所有地方行政区中最大的宗教，但基督徒的比例无一例外地都在持续下降。2001—2011 年间，宣称自己是基督徒的人数则从 71.7% 下降到 59.3%，十年间下降了 12.4%。此外，基督徒的比例在一些地区已经下降到 40% 以下，如塔桥自治区的基督徒比例只有 27.1%，已经低于当地穆斯林人口的比例。此外，莱斯特、卡姆登（Camden）、红桥区、哈罗、哈克尼（Hackney）等地的基督徒人口比例也低于 40%。[①]作为一个有着一千多年基督教传统的西方国家，在 20 世纪 60 年代以前，非基督徒群体还只是英国社会中存在的个别现象。仅仅半个世纪后，基督徒的比例就下降到低于 60% 的程度，甚至在个别地区基督徒人数已少于其他宗教人数，这无疑反映了英国社会宗教格局的巨大变迁。

导致英国基督徒比例持续下降的原因是多方面的。最直接的原因如：穆斯林劳工在 20 世纪 60 年代后的大规模涌入；宗教多元化政策推动非基督宗教在英国社会广泛传播，许多基督徒改信其他宗教等。但毋庸置疑，世俗化是导致基督徒比例持续降低的最主要因素。2001—2011 年，英国人口中宣称自己不信仰任何宗教者的比例从 14.8% 上升到 25.1%，十年间比例增加 10.3%。此外，由于宗教问题是唯一的自愿选填项，因而在 2011 年的统计数据中还有 7.2% 的人没有回答这一问题。有理由相信，在没有对宗教问题做出选择的被调查者中，一定有相当比例的人是没有明确宗教信仰的。更深刻反映世俗化发展程度的是，在某些地区，无宗教信仰者的比例已超过 40%，包括诺威奇、布莱顿和霍夫等。威尔士的无宗教信仰比例是英国各地区中最高的，且增长速度也最快。调查显示，威尔士

---

① https://www.ons.gov.uk/peoplepopulationandcommunity/culturalidentity/religion，访问日期：2017 年 1 月 19 日。

的卡尔菲利（Caerphilly）的无宗教信仰者比例从 2001 年的 16.7% 增长到 2011 年的 41%。① 显然，无宗教信仰人口比例的迅速上升正是与基督徒比例的持续下降相对应的。

无宗教信仰人口比例的大幅增长还面临这样一个更加严峻的事实，即相对于年长者，英国年轻人的宗教归属比例更低。的确如此，越来越多的年轻人接受现代社会中完全世俗的生活方式，宗教观念非常淡漠，他们既不参与教堂礼拜活动，也不奉行任何宗教礼仪，完全从祖辈传统的信仰生活中脱离。一份针对圣公会的调查显示：在 18—34 岁的年轻人中，只有 12% 的人宣称自己属于圣公会，而 55 岁以上的被调查者宣称属于圣公会信徒的人数比例则为 40%。② 这种宗教信仰的年龄结构差将在未来数十年中对基督徒人口比例的下降造成加速影响，最终结果对于基督教在英国社会的存在可能是致命性的。

值得一提的是，这种加速发展的世俗化趋势主要出现在基督教的各个教派中，少数派宗教则呈现另外一种景象。调查显示，在过去的数十年中，穆斯林、印度教徒、锡克教徒和佛教徒等主要少数派宗教信徒人口都在持续增长。这种相异的现象既和少数派宗教信徒不断移民进入英国有关，当然也是他们对信仰的热情和坚定高于基督徒的结果。不过，由于少数派宗教信徒人口比例仍然较低，恐怕只有相对较多的穆斯林人口的增长能够对英国社会世俗化的加速趋势产生一定影响。

除了宗教人口统计中反映的世俗化趋势，我们还可以通过考察人们参与宗教活动和奉行宗教礼仪的热情来衡量世俗化的发展。一般来讲，周日参加教堂礼拜是衡量宗教热情的主要标准之一。一项统计显示，自 19 世纪末至 20 世纪末的一个世纪里，基督教徒周日前往教堂做礼拜的人口比例从 30% 下降到不足 10%。③ 人们在洗礼、婚礼和葬礼等事务中，坚持传统基督教礼仪的人数同样呈显著下降趋势。以婚礼为例，英格兰和威尔

---

① https：//www. ons. gov. uk/peoplepopulationandcommunity/culturalidentity/religion，访问日期：2017 年 1 月 19 日。

② 同上。

③ Hugh Mcleod & Werner Ustorf, eds., *The Decline of Christendom in Western Europe*, 1750 – 2000, Cambridge：Cambridge University Press, 2003, p. 31.

士的婚礼中奉行宗教婚礼的比例从 1962 年的 70% 下降到 1997 年的 39%。① 越来越多的人对传统的圣事礼仪不屑一顾,奉行一种自由、世俗的生活理念,这种现象在年轻人中更加普遍。

除了上述统计数据显示出的世俗化趋势外,主流社会对于宗教认知的日益模糊也可视为世俗化强大影响力的表现。许多人虽然宣称自己是基督徒,但对基本的基督教教义缺乏正确的认知,只是简单地认可有"上帝"的存在,但对于"上帝"并没有明确的概念。事实上,他们中的许多人既不去教堂,也不参加任何宗教活动、不奉行任何宗教礼仪,尤以年轻人为甚。虽然 2011 年人口普查中仍有 59.3% 的人宣称自己是基督徒,但真正参与宗教活动的人数远远低于这一比例。例如,有周日前往各派基督教堂参加活动习惯的总人数尚不足总人口的 10%。

与上述世俗化趋势相对应的是,教会神职人员数量的持续下降,教会的地位和社会影响力不断降低。就前者来说,自 1900 年至 2000 年的一个世纪中,英国神职人员总数从 45000 多人下降到 34000 多人,而同时期英国人口总数却翻了近一番。② 如果按照神职人员占总人口比例来计算,那么 100 年间,神职人员比例下降了一半以上。神职人员数量的下降固然与这一时期大量少数派宗教信徒和无宗教信仰者人数的迅速增加有关,同时,神职人员自身的问题也值得深思。一些学者注意到,许多神职人员对其神职工作的意义产生怀疑,更倾向于通过现实的活动践行信仰,而非整日宣讲虚无缥缈的神学教义或从事时常受人质疑、冷淡的教会活动。③ 因此,许多人选择离开教会而去从事他们认为更有意义的事情,如对大众更有影响力的社会活动,或干脆去追求个人世俗物质享受或精神生活。神职人员数量的下降及人们参与宗教活动热情的降低也必然造成教会社会影响力的急剧下降。不仅越来越少的信徒进入教堂参加礼拜活动,而且教会所获得的捐献也越来越难以为继,许多教堂由于无法维持庞大的修缮开销而

---

① C. G. Brown, *The Death of Christian Britain: Understanding Secularisation, 1800 - 2000*, London and New York: Routedge, 2009, pp. 6 - 7.

② Steve Bruce, *God is Dead: Secularisation in the West*, Blackwell Publishing Ltd., 2003, p. 69.

③ P. A. Welsby, *A History of the Church of England 1945 - 1980*, Oxford University Press, 1984, pp. 104 - 105.

不得不关闭。

　　世俗化对教会造成的不利影响也推动它们进行一系列改革，以适应现代社会对自由、平等和民主的诉求。作为英国最大的教会，圣公会继承了天主教的组织制度，其中，自上而下垂直管理的教阶制是基本的组织形式。1970年，圣公会建立了具有现代政治民主性质的圣公会全体会议制度（General Synod）。这一规模小、效率高的机构成为圣公会的最高立法机构，与下层主教会议之间构成了一套民主体系。它与传统教阶体系互为补充，共同构成了当代圣公会的组织体系。

　　此外，教会在男女平权的问题上也取得突破性进展。根据《圣经》和基督教传统，妇女担任圣职是不被认可的。在女权运动高涨和性别平等意识已经深入人心的时代，直到20世纪70年代以前，圣公会都以所谓的"教会传统"为由拒绝承认女性担任圣职的平等权利。观念相对开放的卫理公会在1973年正式任命了第一批女性担任圣职。事实上，卫理公会在18世纪兴起时就已经允许妇女担任布道士。为了适应男女平等的时代呼声，圣公会于1981年正式允许妇女担任最低级的、非正式圣职的助祭职务。尽管反对的声音在教会内外持续不断，但妇女担任更高的正式圣职也已势不可挡。1992年，圣公会全体会议以2/3多数正式批准妇女担任正式圣职的权利，在随后数年内，苏格兰和威尔士也相继批准了这一决议。1994年，第一批圣公会的女牧师在布里斯托尔大教堂得到祝圣，成为英国宗教史上的一个标志性事件。此后，对于是否允许女性担任高级圣职日益成为圣公会历次全体会议的核心议题。2014年1月，在坎特伯雷大主教韦尔比的推动下，教会最终通过了允许女性担任主教职务的决议。随后，圣公会历史上的首位女主教莉比·莱恩（Libby Lane）成为斯托克波特教区的一名主教。不久之后，第二位女性主教艾莉森·怀特也在约克大教堂接受任命成为纽卡斯尔教区的一名主教。有理由相信，未来英国必将诞生一位女性大主教。值得一提的是，同性婚姻等敏感问题也已成为圣公会讨论的焦点问题。

　　当然，"世俗化"问题并不是英国所独有的现象，而是当代西方社会面临的一个共同问题。一些抱有进步史观的学者强调世俗化是西方文明发展的必然趋势，是伴随着近代科学技术的进步与思想解放而迎来的新时代特征。另有一些学者疾呼这一趋势乃是西方社会精神堕落和西方文明走向衰落的表现。由于世俗化现象在古老的欧洲比之于北美等西方国家和地区更为突出，因而这种趋势也被认为是欧洲衰落的重要原因之一。无论世俗化能否作为西方文明兴衰的因素，它都不可避免地冲击着西方传统社会。作为"老牌"西方国家，英国面临的世俗化问题既与其他国家存在共性，也有鲜明的自身特点。它与宗教多元化发展齐头并进，在悄无声息之间塑造了 21 世纪英国文明的历史新纪元。

大事年表

前 55 年，凯撒首次入侵不列颠

前 54 年，凯撒第二次入侵不列颠

43 年，克劳狄皇帝入侵不列颠

65 年，巴思开始修建苏里斯－密涅瓦神庙

77 年，阿古利可拉任不列颠总督

78 年，最后一个督伊德据点被攻破

314 年，不列颠三名主教出席阿尔勒宗教会议

410 年，罗马军团撤出不列颠

429 年，不列颠兴起贝拉基异端运动

597 年，教皇格列高利一世派奥古斯丁到不列颠传教

627 年，诺森伯利亚宫廷皈依基督教

633 年，林第斯法恩岛建立第一座凯尔特派修道院

664 年，诺森伯利亚国王奥斯瓦尔德召开惠特比宗教会议

672 年，坎特伯雷大主教提奥多召开赫特福德宗教会议

731 年，比德完成《英吉利教会史》

960 年，邓斯坦任坎特伯雷大主教

1042 年，"忏悔者"爱德华成为英格兰国王

1066 年，"征服者"威廉击败哈罗德国王；第一批犹太人进入英国

1081 年，英国第一座克吕尼修道院分院——刘易斯修道院建立

1128 年，第一座西多会分院——韦弗利修道院建立

1162 年，托马斯·贝克特任坎特伯雷大主教

1164 年，亨利二世颁布《克拉伦敦宪章》

1170 年，托马斯·贝克特遇刺

1190 年，理查一世率军参加第三次十字军东征

1208 年，英诺森三世对英格兰教会发布禁令

1209 年，英诺森三世开除约翰王教籍

1213 年，约翰王向教皇称臣

1215 年，约翰王签署《大宪章》，承诺保护教会财产

1221 年，多明我会向英国派出托钵修会

1224 年，方济各会创始人弗朗西斯·伯纳多进入英国传道

1290 年，爱德华一世驱逐全国的犹太人

1351—1353 年，议会通过一系列反教皇法令

1375—1379 年，约翰·威克里夫发表一系列宗教改革论著

1382 年，威克里夫被英国教会定为异端

1380 年，罗拉德运动兴起

1395 年，罗拉德派提出《十二条款》

1485 年，亨利七世在博思沃斯战役中击败理查三世，创建都铎王朝

1515 年，约克大主教托马斯·沃尔西成为红衣主教

1516 年，托马斯·莫尔发表《乌托邦》

1517 年，马丁·路德发表《九十五条信纲》

1521 年，教皇利奥九世授予亨利八世"信仰捍卫者"称号

1527 年，亨利八世向教皇提出离婚诉求

1529 年，亨利八世召开第一次宗教改革议会

1532 年，托马斯·克兰默成为坎特伯雷大主教；议会通过《首年俸限制法案》

1533 年，议会通过《限制上诉法》；亨利八世被教皇克莱门特七世开除教籍

1534 年，议会通过《至尊法案》等一系列宗教改革法令

1535 年，托马斯·莫尔因反对宗教改革被亨利八世处死；托马斯·克伦威尔主持编制《教会财产清册》

1536 年，林肯郡爆发"求恩巡礼运动"；《十条信纲》颁布；开始解散全国修道院

1536 年，迈尔斯·科弗代尔完成并出版第一部完整英译本《圣经》

1537 年，约翰·罗杰斯翻译的马太译本《圣经》获亨利八世钦定

出版

　　1539 年,《六条信纲》颁布

　　1540 年,托马斯·克伦威尔被处死;英格兰最后一个修道院被解散

　　1542 年,出生不久的玛丽·斯图亚特成为苏格兰女王

　　1547 年,亨利八世去世,爱德华六世继位

　　1549 年,《第一公祷书》和《信仰划一法》颁布

　　1551 年,第二公祷书颁布,萨莫塞特公爵被处死

　　1553 年,《四十二条信纲》颁布;玛丽一世继位;诺森伯兰公爵被处死

　　1554 年,玛丽一世与西班牙的菲利普结婚;托马斯·怀亚特叛乱;玛丽女王复辟天主教

　　1556 年,托马斯·克兰默等被处死;教皇使节波尔成为坎特伯雷大主教

　　1558 年,玛丽一世去世;伊丽莎白一世继位

　　1559 年,《第二至尊法》《第二信仰划一法》等宗教法令颁布

　　1560 年,苏格兰长老制教会建立

　　1563 年,《三十九条信纲》颁布;清教徒发表纲领性文件《清教六条款》

　　1567 年,苏格兰议会通过《信仰声明》

　　1569 年,北方叛乱

　　1570 年,教皇庇护五世开除伊丽莎白一世教籍

　　1571 年,《三十九条信纲》中关于圣餐问题的条款正式公布

　　1581 年,罗伯特·布朗等人在诺里奇建立了独立教会,清教分离运动兴起

　　1587 年,苏格兰女王玛丽被处死

　　1588 年,英国击败西班牙无敌舰队

　　1589 年,长老派清教徒在剑桥举行第一次全国性正式长老会议

　　1603 年,清教长老派发动千人请愿运动

　　1604 年,詹姆斯一世在汉普顿宫召集宗教会议

　　1605 年,天主教徒策划"火药阴谋案"

　　1620 年,"五月花号"抵达新普利茅斯

　　1624 年,爱德华·赫伯特提出"五条宗教原则"

1628 年，议会通过《权利请愿书》

1630 年，创建马萨诸塞殖民地

1633 年，威廉·劳德成为坎特伯雷大主教

1639 年，第一次主教战争

1640 年，第二次主教战争；长期议会召开

1641 年，爱尔兰天主教大起义

1642 年，爱尔兰天主教联盟成立

1643 年，威斯敏斯特宗教会议召开；主教制度被废除；英国议会与苏格兰签订《神圣同盟与誓约》

1643—1649 年，合称《威斯敏斯特信条》的系列宗教法令颁布

1645 年，劳德大主教被处死

1647 年，《人民公约》发表；魏尔兵变

1648 年，普莱德清洗，残缺议会成立

1649 年，查理一世被处死；共和国成立；克伦威尔远征爱尔兰

1656 年，犹太人被默许在英国定居

1660 年，斯图亚特王朝复辟；查理二世发布《布列达宣言》

1661 年，议会通过《市政法》

1662 年，议会通过《信仰划一法》；恢复使用《公祷书》；"大驱逐"事件

1664 年，议会通过《宗教集会法》

1665 年，议会通过《五英里法》

1670 年，查理二世与法王路易十四达成《多佛密约》

1672 年，查理二世发布《信仰自由宣言》

1673 年，议会通过《宣誓法》

1678 年，"天主教阴谋案"

1679 年，议会通过《人身保护法》；"排斥危机"爆发

1683 年，"黑麦堡阴谋案"

1686 年，"戈登诉黑尔斯案"

1687 年，牛顿发表《自然哲学的数学原理》，提出万有引力和三大运动定律

1687 年，詹姆斯二世发布第一个《信仰自由宣言》

1688 年，詹姆斯二世发布第二个《信仰自由宣言》；"七主教案"；光荣革命爆发

1689 年，议会通过《权利法案》

1689 年，议会通过《宽容法案》

1695 年，约翰·洛克出版《基督教的合理性》

1696 年，约翰·托兰德出版《基督教并不神秘》

1700 年，议会通过《进一步限制天主教复兴法案》

1701 年，议会通过《1701 年王位继承法》

1706 年，苏格兰议会通过《确保新教信仰及长老制教会安全法案》

1707 年，苏格兰议会和英格兰议会先后通过《合并法案》

1711 年，议会通过《偶然遵从国教法》

1714 年，议会通过《教会分裂法》

1715 年，苏格兰贵族马尔伯爵打着"詹姆斯党人"旗帜在苏格兰发动叛乱

1719 年，议会废除《偶然遵从国教法》和《教会分裂法》

1729 年，约翰·卫斯理加入牛津圣社，成为该团体领袖

1730 年，马修·廷得尔出版《基督教与创世同龄：或福音，自然宗教的再发布》

1738 年，约翰·卫斯理实现转化

1739 年，约翰·卫斯理在布里斯托尔矿区开始首次户外布道

1745 年，"小僭位者"查理·爱德华登陆苏格兰，在法国支持下发动叛乱

1751 年，休谟出版《自然宗教对话录》

1753 年，英国议会通过《犹太人归化法》，当年又废除

1791 年，约翰·卫斯理去世

1795 年，循道派正式脱离国教会

1799 年，威尔士循道派正式脱离国教会

1801 年，爱尔兰并入联合王国

1828 年，议会废除《宣誓法》与《市政法》

1829 年，议会通过《天主教解放法案》

1832 年，议会通过《议会改革法案》

1833 年，约翰·基布尔在牛津大学圣玛丽教堂做题为《举国叛道》的布道；约翰·亨利·纽曼发表《公元四世纪的阿里乌派》

1835 年，书册派反对取消大学宗教考察的斗争取得胜利

1840 年，英国和普鲁士在耶路撒冷共同任命一名新教主教

1844 年，爱尔兰大饥荒爆发

1845 年，纽曼皈依罗马天主教，牛津运动结束

1847 年，纽曼被教皇任命为拉特朗圣约翰教堂牧师

1847 年，犹太富豪利奥内尔·内森·德·罗斯柴尔德当选伦敦自由党议员

1850 年，罗马教皇庇护九世颁布谕令，英国重建天主教会

1857 年，议会通过《婚姻诉讼法》，离婚合法化

1858 年，议会通过《犹太人解放法》

1868 年，犹太裔政治家本杰明·迪斯雷利出任首相

1869 年，议会废除安立甘教会在爱尔兰的国教地位

1869 年，达尔文正式提出进化论

1878 年，天主教会在苏格兰重建

1880 年，无神论者查尔斯·布雷德洛当选下院议员

1885 年，纳撒尼尔·罗斯柴尔德被维多利亚女王册封为爵士

1893 年，独立工党成立

1910 年，爱丁堡召开基督教新教第一届普世宣教会议；普世教会运动开始

1914 年，议会通过《爱尔兰自治法》

1919 年，爱尔兰共和军成立

1921 年，爱尔兰自由邦成立

1933 年，德国柏林发生“水晶之夜”事件

1948 年，爱尔兰共和国成立，并脱离英联邦

1965 年，英国通过第一个《种族关系法》

1969 年，北爱尔兰危机，英国实施军事管理

1970 年，穆斯林组织联盟（UMO）成立

1973 年，蒙巴顿公爵被爱尔兰共和军刺杀

1984 年，爱尔兰共和军袭击保守党年会驻地

1991 年，爱尔兰共和军袭击唐宁街 10 号

1993 年，英国与爱尔兰共和国共同发表《唐宁街宣言》

1997 年，英国穆斯林理事会（MCB）成立

1997 年，英国议会诞生首位穆斯林议员

1998 年，《受难日和平协议》达成

2005 年，伦敦"七七连环爆炸案"

2014 年，苏格兰独立公投，继续留在英国

2014 年，圣公会产生首位女主教

2016 年，萨迪克·汗当选伦敦历史上首位穆斯林市长

核心术语英汉对照

贝拉基主义　（Pelagianism）

督伊德教　（Druid religion）

帝王崇拜　（Emperor Worship）

第一次尼西亚公会议　（First Council of Nicaea）

卡尔西顿公会议　（Council of Chalcedon）

惠特比宗教会议　（Synod of Whitby）

《教皇敕令》　（*Dictatus Papae*）

大主教　（archbishop）

大主教区　（Archdiocese）

主教　（bishop）

主教区　（diocese）

执事长　（archdeacon）

堂区　（parish）

主教座堂　（cathedral）

主教座堂教士团　（cathedral chapter）

教职会议　（ecclesiastical convocation）

阿奇兹法庭　（Court of Arches）

西多会　（Cistercian Order）

普雷蒙特里修会　（Premonstratensian Order）

加尔都西修会　（Carthusian Order）

吉尔伯特修会　（Gilbertine Order）

方济各会　（Franciscans）

多明我会　（Dominicans）

加默尔会 （Carmelites）

奥古斯丁会 （Hermits of St. Augustine）

彼得便士 （Peter's Pence）

什一税 （tithe）

罗拉德运动 （Lollardism）

康斯坦茨公会议 （Council of Constance）

求恩巡礼运动 （Pilgrimage of Grace）

新教主义 （Protestantism）

《十条信纲》 （*The Ten Articles*）

《六条信纲》 （*Six Articles*）

《信仰划一法》 （*Act of Uniformity*）

《公祷书》 （*Book of Common Prayer*）

《四十二条信纲》 （*Forty-two Articles*）

怀亚特叛乱 （Wyatt's rebellion）

《至尊法》 （*Act of Supremacy*）

里多尔菲阴谋 （Ridolfi plot）

清教主义 （Puritanism）

清教运动 （Puritan Movement）

《戒律书》 （*Book of Discipline*）

高等教务法庭 （High Commission Court）

千人请愿 （The Millenary Petition）

道德改革运动 （The Reformation of Manners）

高教会派 （The High Church）

《珀斯五项规章》 （*Five Articles of Perth*）

威斯敏斯特宗教会议 （The Westminster Assembly）

《威斯敏斯特信条》 （*Westminster Confession of Faith*）

《公众礼拜指南》 （*Directory of Public Worship*）

《威斯敏斯特大教理问答》 （*Westminster Larger Catechism*）

《威斯敏斯特小教理问答》 （*Westminster shorter Catechism*）

普莱德清洗 （Pride's Purge）

詹姆斯党人 （Jacobites）

《人民公约》　　（An Agreement of the People）

普特尼辩论　　（Putney Debates）

魏尔兵变　　（Ware Mutiny）

劳德派　　（Laudians）

《克拉伦敦法典》　　（Code of Clarendon）

《信仰自由宣言》　　（Royal Declaration of Indulgence）

《宣誓法》　　（Test Act）

《市政法》　　（Corporation Act）

天主教阴谋案　　（Case of Popish Plot）

《宗教宽容法》　　（Act of Toleration）

《贵格会解放法案》　　（Act in relief of Quakers）

《偶然遵从国教法》　　（Occasional Conformity Act）

《反教会分裂法》　　（Schism Act）

《宗教信仰法》　　（Religious Worship Act）

自然神论　　（Deism）

阿里乌主义　　（Arianism）

索齐尼主义　　（Socinianism）

机械论　　（machanism）

福音派　　（Evangelical Religion）

圣社　　（Holy Club）

循道派　　（Methodists）

圣经主义　　（biblicism）

虔敬主义　　（Pietism）

摩拉维亚教派　　（Moravian Church）

克拉彭派　　（The Clapham Saints）

广教派　　（Broad Church）

《天主教解放法》　　（Roman Catholic Relief Act）

埃拉斯都主义　　（Erastianism）

诺伊底派　　（Noetic Groups）

崇礼派　　（Ritualists）

犹太财务署　　（Jewish Exchequer）

犹太监察长老　（Presbyter Judaeorum）

犹太复国运动　（Zionist movement）

锡安联盟　（Zionist Federation of Great Britain）

1917 年贝尔福宣言　（*Balfour Declaration of* 1917）

水晶之夜　（Crystal Night）

《犹太人归化法》　（*Jewish Naturalization Act*）

《犹太人解放法》　（*Jewish Relief Act*）

穆斯林理事会　（MCB）

穆斯林组织联盟　（UMO）

新芬党　（Sinn Féin）

自由长老教会　（Free Presbyterian Church）

新教统一党　（Protestant Unionist Party）

《受难日和平协议》　（*Good Friday Agreement*）

种族平等委员会　（Commission for Racial Equality）

伊斯兰恐惧症　（Islamophobia）

不列颠民族党　（British National Party）

世俗化　（secularization）

附表　历任坎特伯雷大主教
与教皇/君主对照表^①

附表1　　　　　坎特伯雷大主教与教皇对照表（597—1070）

任数	坎特伯雷大主教	罗马教皇
1	奥古斯丁（Augustine，597—604?）	格列高利一世（Gregory Ⅰ，590—604）
2	劳伦斯（Laurence，604?—619）	萨比尼安（Sabinian，604—606）
		卜尼法斯三世（Boniface Ⅲ，607）
		卜尼法斯四世（Boniface Ⅳ，608—615）
		阿狄乌达一世（Deusdedit Ⅰ，615—618）
3	梅利图斯（Mellitus，619—624）	卜尼法斯五世（Boniface Ⅴ，619—625）
4	尤斯图斯（Justus，624—627?）	
5	霍诺里厄斯（Honorius，627?—653）	洪诺留一世（Honorius，625—638）
		塞维林（Severinus，640）
		约翰四世（Joannes Ⅳ，640—642）
		提奥多一世（Theodore Ⅰ，642—649）
6	阿狄乌达（Deusdedit，655—664）	马丁一世（Martin Ⅰ，649—655）
		尤金一世（Eugene Ⅰ，654—657）
		维塔利安（Vitalian，657—672）
		阿狄乌达二世（Deusdedit Ⅱ，672—676）

---

① 括号内的年份为坎特伯雷大主教/教皇/国王的在位起止年。

任数	坎特伯雷大主教	罗马教皇
7	提奥多 （Theodore，668—690）	多努斯 （Donus，676—678）
		阿加笃 （Agatho，678—681）
		利奥二世 （Leo Ⅱ，682—683
		本笃二世 （Benedict Ⅱ，684—685）
		约翰五世 （Joannes Ⅴ，685—686）
		柯农 （Conon，686—687）
8	伯特瓦尔德 （Berhtwald，693—731）	塞吉乌斯一世 （Sergius Ⅰ，687—701）
		约翰六世 （Joannes Ⅵ，701—705）
		约翰七世 （Joannes Ⅶ，705—707）
		西昔尼乌 （Sisinnius，708）
		君士坦丁一世 （Constantine Ⅰ，708—715）
		格列高利二世 （Gregory Ⅱ，715—731）
9	泰特万 （Tatwine，731—734）	格列高利三世 （Gregory Ⅲ，731—741）
10	诺思埃尔姆 （Nothelm，735—739）	
11	卡斯伯特 （Cuthbert，740—760）	札迦利 （Zachary，741—752）
		斯蒂芬二世 （Stephen Ⅱ，752—757）
12	布莱格万 （Bregowine，761—764）	保罗一世 （Paul Ⅰ，757—767）
13	詹姆伯特 （Jambert，765—792）	斯蒂芬三世 （Stephen Ⅲ，768—772）
14	埃塞尔哈德 （Ethelhard，793—805）	阿德里安一世 （Adrian Ⅰ，772—795）
		利奥三世 （Leo Ⅲ，795—816）
15	沃尔弗雷德 （Wulfred，805—832）	斯蒂芬四世 （Stephen Ⅳ，816—817）
		帕斯卡一世 （Paschal Ⅰ，817—824）
		尤金二世 （Eugene Ⅱ，824—827）
		瓦伦丁 （Valentine，827）

续表

任数	坎特伯雷大主教	罗马教皇
16	费奥洛吉尔德（Feologeld，832）	格列高利四世（Gregory Ⅳ，827—844）
17	切奥尔诺斯（Ceolnoth，833—870）	塞吉乌斯二世（Sergius Ⅰ，844—847）
		利奥四世（Leo Ⅳ，847—855）
		本笃三世（Benedict Ⅲ，855—858）
		尼古拉一世（Nicholas Ⅰ，858—867）
18	埃塞尔雷德（Ethelred，870—888）	阿德里安二世（Adrian Ⅱ，867—872）
		约翰八世（Joannes Ⅷ，872—882）
		马林一世（Marinus Ⅰ，882—884）
		阿德里安三世（Adrian Ⅲ，884—885）
19	普莱格蒙德（Plegmund，890—923）	斯蒂芬五世（Stephen Ⅴ，885—891）
		福尔摩赛（Formosus，891—896）
		卜尼法斯六世（Boniface Ⅵ，896）
		斯蒂芬六世（Stephen Ⅵ，896—897）
		罗马诺（Romanus，897）
		提奥多二世（Theodore Ⅱ，897）
		约翰九世（Joannes Ⅸ，898—900）
		本笃四世（Benedict Ⅳ，900—903）
		利奥五世（Leo Ⅴ，903）
		塞吉乌斯三世（Sergius Ⅲ，904—911）
		阿纳斯塔斯三世（Anastasius Ⅲ，911—913）
		兰多（Lando，913—914）
20	埃塞尔姆（Athelm，923—926）	约翰十世（Joannes Ⅹ，914—928）
21	伍尔夫海姆（Wulfhelm，926—941）	利奥六世（Leo Ⅵ，928）
		斯蒂芬七世（Stephen Ⅶ，928—931）
		约翰十一世（Joannes Ⅺ，931—935）
		利奥七世（Leo Ⅶ，936—939）
		斯蒂芬八世（Stephen Ⅷ，939—942）

任数	坎特伯雷大主教	罗马教皇
22	奥达（Oda, 941—958）	马林二世（Marinus II, 942—946）
		阿格丕二世（Agapetus II, 946—955）
23	伯塞尔姆（Birthelm, 959）	约翰十二世（Joannes XII, 955—964）
24	埃尔夫辛（Aelfsige, 959）	
25	邓斯坦（Dunstan, 959—988）	利奥八世（Leo VIII, 963—965）
		本笃五世（Benedict V, 964—966）
		约翰十三世（Joannes XIII, 965—972）
		本笃六世（Benedict VI, 973—974）
		本笃七世（Benedict VII, 974—983）
		约翰十四世（Joannes XIV, 983—984）
26	埃塞尔加（Ethelgar, 988—990）	约翰十五世（Joannes XV, 985—996）
27	西杰里克（Sigeric, 990—994）	
28	埃尔福里克（Aelfric, 995—1005）	格列高利五世（Gregory V, 996—999）
		西尔维斯特二世（Silvester II, 999—1003）
		约翰十七世（Joannes XVII, 1003）
29	埃尔夫吉（Alphege or Elphege, 1006—1012）	约翰十八世（Joannes XVIII, 1004—1009）
		塞吉乌斯四世（Sergius IV, 1009—1012）
30	莱夫因（Lyfing, 1013—1020）	本笃八世（Benedict VIII, 1012—1024）
31	埃塞尔诺斯（Aethelnoth, 1020—1038）	
		约翰十九世（Joannes XIX, 1024—1032）
32	埃德辛（Eadsige or Eadsin, 1038—1050）	本笃九世（Benedict IX, 1032—1044）
		西尔维斯特三世（SIlvester III, 1045）
		格列高利六世（Gregory VI, 1045—1046）
		克莱门特二世（Clement II, 1046—1047）
		本笃九世（Benedict IX, 1047—1048）
		达马苏二世（Damasus II, 1048）

续表

任数	坎特伯雷大主教	罗马教皇
33	罗伯特·钱伯特（Robert Chambert, 1051—1052）	利奥九世（Leo Ⅸ, 1049—1054）
34	斯蒂甘德（Stigand, 1052—1070）	维克托二世（Victor Ⅱ, 1055—1057） 斯蒂芬九世（Stephen Ⅸ, 1057—1058） 尼古拉二世（Nicholas Ⅱ, 1059—1061） 亚历山大二世（Alexander Ⅱ, 1061—1073）

附表 2　　坎特伯雷大主教与教皇/君主对照表（1070—1632）

任数	坎特伯雷大主教	对应教皇	对应君主
35	兰弗朗克（Lanfranc, 1070—1089）	亚历山大二世（Alexander Ⅱ, 1061—1073） 格列高利七世（Gregory Ⅶ, 1073—1085） 维克托三世（Victor Ⅲ, 1086—1087）	威廉一世（William Ⅰ, 1066—1087）
36	安瑟伦（Anselm, 1093—1109）	乌尔班二世（Urban Ⅱ, 1088—1099） 帕斯卡二世（Paschal Ⅱ, 1099—1118）	威廉二世（William Ⅱ, 1087—1100）
37	拉尔夫·德埃斯克（Ralph d'Escures, 1114—1122）	杰拉斯二世（Gelasius Ⅱ, 1118—1119） 加里斯都二世（Callistus Ⅱ, 1119—1124）	亨利一世（Henry Ⅰ, 1100—1135）
38	威廉·德·科尔贝（William de Corbeil, 1123—1136）	洪诺留二世（Honorius Ⅱ, 1124—1130） 英诺森二世（Innocent Ⅱ, 1130—1143）	

续表

任数	坎特伯雷大主教	对应教皇	对应君主
39	贝克的西奥博德（Theobald of Bec, 1139—1161）	西莱斯廷二世（Celestine Ⅱ, 1143—1144）	斯蒂芬王（King Stephen, 1135—1154）
		卢修斯二世（Lucius Ⅱ, 1144—1145）	
		尤金三世（Eugene Ⅲ, 1145—1153）	
		阿纳斯塔斯四世（Anastasius Ⅳ, 1153—1154）	
		阿德利安四世（Adrian Ⅳ, 1154—1159）	亨利二世（Henry Ⅱ, 1154—1189）
40	托马斯·贝克特（Thomas Becket, 1162—1170）	亚历山大三世（Alexander Ⅲ, 1159—1181）	
41	多佛的理查德（Richard of Dover, 1174—1184）		
		卢修斯三世（Lucius Ⅲ, 1181—1185）	
42	福德的鲍德温（Baldwin of Forde, 1184—1190）	乌尔班三世（Urban Ⅲ, 1185—1187）	
		格列高利八世（Gregory Ⅷ, 1187）	
		克雷芒三世（Clement Ⅲ, 1187—1191）	
43	胡伯特·沃尔特（Hubert Walter, 1193—1205）	西莱斯廷三世（Celestine Ⅲ, 1191—1198）	理查二世（Richard Ⅰ, 1189—1199）
		英诺森三世（Innocent Ⅲ, 1198—1216）	约翰王（King John, 1199—1216）
44	斯蒂芬·兰顿（Stephen Langton, 1207—1228）	洪诺留三世（Honorius Ⅲ, 1216—1227）	亨利三世（Henry Ⅲ, 1216—1272）
45	理查德·格兰特（Richard Grant, 1229—1231）	格列高利九世（Gregory Ⅸ, 1227—1241）	
46	爱德蒙·里奇（Edmund Rich, 1234—1240）		

续表

任数	坎特伯雷大主教	对应教皇	对应君主
47	萨瓦的卜尼法斯（Boni-face of Savoy，1241—1270）	西莱斯廷四世（Celestine Ⅳ，1241—1241）	亨利三世（Henry Ⅲ，1216—1272）
		英诺森四世（Innocent Ⅳ，1243—1254）	
		亚历山大四世（Alexander Ⅳ，1254—1261）	
		亚历山大四世（Alexander Ⅳ，1254—1261）	
		乌尔班四世（Urban Ⅳ，1261—1264）	
		克雷芒四世（Clement Ⅳ，1265—1268）	
48	罗伯特·基尔沃比（Robert Kilwardby，1273—1278）	格列高利十世（Gregory Ⅹ，1271—1276）	
		英诺森五世（Innocent Ⅴ，1276）	
		阿德利安五世（Adrian Ⅴ，1276）	
		约翰二十一世（John ⅩⅪ，1276—1277）	
		尼古拉三世（Nicholas Ⅲ）1277—1280	
49	约翰·佩卡姆（John Peckham，1279—1292）	马丁四世（Martin Ⅳ，1281—1285）	爱德华一世（Edward Ⅰ，1272—1307）
		洪诺留四世（Honorius Ⅳ，1285—1287）	
		尼古拉四世（Nicholas Ⅳ，1288—1292）	

任数	坎特伯雷大主教	对应教皇	对应君主
50	罗伯特·温切尔西（Robert Winchelsey, 1294—1313）	西莱斯廷五世（St. Celestine Ⅴ, 1294—1294）	
		卜尼法斯八世（Boniface Ⅷ, 1294—1303）	
		本笃十一世（Benedict Ⅺ, 1303—1304）	
		克雷芒五世（Clement Ⅴ, 1305—1314）	
51	沃尔特·雷诺兹（Walter Reynolds, 1313—1327）	西莱斯廷五世（St. Celestine Ⅴ, 1294—1294）	爱德华二世（Edward Ⅱ, 1307—1327）
		卜尼法斯八世（Boniface Ⅷ, 1294—1303）	
		本笃十一世（Benedict Ⅺ, 1303—1304）	
		克雷芒五世（Clement Ⅴ, 1305—1314）	
52	西蒙·梅珀姆（Simon Meopha, 1328—1333）	约翰二十二世（John ⅩⅫ, 1316—1334）	
53	约翰·德·斯特拉福（John de Stratford, 1333—1348）	本笃十二世（Benedict Ⅻ, 1334—1342）	
54	西蒙·伊斯利普（Simon Islip, 1349）	克雷芒六世（Clement Ⅵ, 1342—1352）	爱德华三世（Edward Ⅲ, 1327—1377）
55	托马斯·布拉德沃丁（Thomas Bradwardine, 1349—1366）	英诺森六世（Innocent Ⅵ, 1352—1362）	
		乌尔班五世（Urban Ⅴ, 1362—1370）	

续表

任数	坎特伯雷大主教	对应教皇	对应君主
56	西蒙·兰厄姆（Simon Langham，1366—1368）	格列高利十一世（Gregory XI，1370—1378）	
57	威廉·惠特尔西（William Whittlesey，1368—1374）		
58	西蒙·萨德伯里（Simon Sudbury，1375—1381）	乌尔班六世（Urban VI，1378—1389）	理查二世（Richard II，1377—1399）
59	威廉·考特尼（William Courtenay，1381—1396）		
60	托马斯·阿伦德尔（Thomas Arundel，1396—1397）	卜尼法斯九世（Boniface IX，1389—1404）	
61	罗杰·沃尔登（Roger Walden，1397—1399）		
60	托马斯·阿伦威尔（Thomas Arundel，1399—1414）（复位）	英诺森七世（Innocent VII，1404—1406）	亨利四世（Henry IV，1399—1413）
		格列高利十二世（Gregory XII，1406—1409）	
		亚历山大五世（Alexander V，1409—1410）	
		约翰二十三世（John XXIII，1410—1415）	亨利五世（Henry V，1413—1422）
62	亨利·奇切利（Henry Chichele，1414—1443）	马丁五世（Martin V，1417—1431）	
		尤金四世（Eugene IV，1431—1447）	亨利六世（Henry VI，1422—1461）
63	约翰·斯特拉福（John Stafford，1443—1452）		
64	约翰·肯普（John Kempe，1452—1454）	尼古拉五世（Nicholas V，1447—1455）	

任数	坎特伯雷大主教	对应教皇	对应君主
65	托马斯·鲍彻（Thomas Bourchier, 1454—1486）	卡利克斯特三世（Calixtus Ⅲ, 1455—1458）	爱德华四世（Edward Ⅳ, 1461—1483）
		庇护二世（Pius Ⅱ, 1458—1464）	
		保罗二世（Paul Ⅱ, 1464—1471）	
		西斯科特四世（Sixtus Ⅳ, 1471—1484）	爱德华五世（Edward Ⅴ, 1483）
			理查三世（Richard Ⅲ, 1483—1485）
66	约翰·莫顿（John Morton, 1486—1500）	英诺森八世（Innocent Ⅷ, 1484—1492）	
67	亨利·迪恩（Henry Deane, 1501—1503）	亚历山大六世（Alexander Ⅵ, 1492—1503）	亨利七世（Henry Ⅶ, 1485—1509）
68	威廉·沃勒姆（William Warham, 1503—1532）	庇护三世（Pius Ⅲ, 1503）	
		尤利乌二世（Julius Ⅱ, 1503—1513）	
		利奥十世（Leo Ⅹ, 1513—1521）	亨利八世（Henry Ⅷ, 1509—1547）
		阿德利安六世（Adrian Ⅵ, 1522—1523）	
		克雷芒七世（Clement Ⅶ, 1523—1534）	

附表3　　　　坎特伯雷大主教与君主对照表（1533—2017）

任数	坎特伯雷大主教①	对应君主
69	托马斯·克兰默（Thomas Cranmer, 1533—1555）	亨利八世（Henry Ⅷ, 1509—1547） 爱德华六世（Edward Ⅵ, 1547—1553）
70	雷吉纳尔德·波尔②（Reginald Pole, 1556—1558）	玛丽一世（Mary Ⅰ, 1553—1558）
71	马修·帕克（Matthew Parker, 1559—1575）	伊丽莎白一世（Elizabeth Ⅰ, 1558—1603）
72	爱德蒙·格林达尔（Edmund Grindal, 1575—1583）	
73	约翰·惠特吉夫特（John Whitgift, 1583—1604）	
74	理查德·班克罗夫特（Richard Bancroft, 1604—1610）	詹姆斯一世（James Ⅰ, 1603—1625）
75	乔治·艾伯特（George Abbot, 1611—1633）	
76	威廉·劳德（William Laud, 1633—1645）	查理一世（Charles Ⅰ, 1625—1649）
77	威廉·贾克森（William Juxon, 1660—1663）	查理二世（Charles Ⅱ, 1660—1685）
78	吉尔伯特·谢尔登（Gilbert Sheldon, 1663—1677）	
79	威廉·桑克罗夫特（William Sancroft, 1678—1690）	詹姆斯二世（James Ⅱ, 1685—1688）
80	约翰·蒂洛森（John Tillotson, 1691—1694）	威廉三世与玛丽二世（William Ⅲ and Mary Ⅱ, 1689—1694）

① 英国国教会（圣公会）坎特伯雷大主教。
② 由于玛丽一世复辟天主教，波尔的正式身份应是罗马天主教会的坎特伯雷大主教。

续表

任数	坎特伯雷大主教	对应君主
81	托马斯·特尼森（Thomas Tenison, 1694—1715）	威廉三世（William Ⅲ, 1694—1702）
		安妮女王（Queen Anne, 1702—1714）
82	威廉·威克（William Wake, 1715—1737）	乔治一世（George Ⅰ, 1714—1727）
83	约翰·波特（John Potter, 1737—1747）	乔治二世（George Ⅱ, 1727—1760）
84	托马斯·赫林（Thomas Herring, 1747—1757）	
85	马修·赫顿（Matthew Hutton, 1757—1758）	
86	托马斯·塞克（Thomas Secker, 1758—1768）	
87	弗雷德里克·康沃利斯（Frederick Cornwallis, 1768—1783）	乔治三世（George Ⅲ, 1760—1820）
88	约翰·摩尔（John Moore, 1783—1805）	
89	查尔斯·曼纳斯·萨顿（Charles Manners Sutton, 1805—1828）	乔治四世（George Ⅳ, 1820—1830）
90	威廉·豪利（William Howley, 1828—1848）	威廉四世（William Ⅳ, 1830—1837）
91	约翰·伯德·萨姆纳（John Bird Sumner, 1848—1862）	维多利亚女王（Queen Vitoria, 1837—1901）
92	查尔斯·托马斯·朗雷（Charles Thomas Longley, 1862—1868）	
93	阿奇博尔德·坎贝尔·泰特（Archibald Campbell Tait, 1868—1882）	
94	爱德华·怀特·本森（Edward White Benson, 1883—1896）	

续表

任数	坎特伯雷大主教	对应君主
95	弗雷德里克·泰普尔（Frederick Temple，1896—1902）	爱德华七世（Edward Ⅶ，1901—1910）
96	蓝道尔·托马斯·戴维森（Randall Thomas Davidson，1903—1928）	
97	科斯摩·戈登·朗（Cosmo Gordon Lang，1928—1942）	乔治五世（George Ⅴ，1910—1936）
		爱德华八世（Edward Ⅷ，1936）
98	威廉·汤朴（William Temple，1942—1944）	乔治六世（George Ⅵ，1936—1952）
99	杰弗瑞·弗朗西斯·费希尔（Geoffrey Francis Fisher，1945—1961）	伊丽莎白二世（Elizabeth Ⅱ，1952—　）
100	亚瑟·迈克尔·拉姆齐（Arthur Michael Ramsey，1961—1974）	
101	弗雷德里克·唐纳德·科根（Frederick Donald Coggan，1974—1980）	
102	罗伯特·亚历山大·肯尼迪·朗西（Robert Alexander Kennedy Runcie）1980—1991	
103	乔治·伦纳德·凯里（George Leonard Carey，1991—2002）	
104	罗云·威廉斯（Rowan Williams，2002—2012）	
105	贾斯汀·韦尔比（Justin Welby，2013—　）	

参 考 文 献

一 英文文献

[1] Abbott, W. C. , *The Writings and Speeches of Oliver Cromwell*, Vol. Ⅱ, Cambridge (Mass.): Harvard University Press, 1939.

[2] Adams, G. B. & Stephens, H. M. , eds, *Select Documents of English Constitutional History*, New York: Macmillan, 1919.

[3] Ahlstrom, S. E. , *A Religious History of the American People*, New Haven: Yale University Press, 1972.

[4] Alford, Stephen, *Kingship and Politics in the Reign of Edward Ⅵ*, Cambridge: Cambridge University Press, 2002.

[5] Ansari, Humayun, *Muslims in Britain*, London: Minority Rights Group, 2002.

[6] Aptheker, Herbert, *A History of the American People: the Colonial Era*, New York: International Publishers, 1959.

[7] Barlow, Frank, *The Feudal Kingdom of England*, *1042 – 1216*, Harlow: Pearson Education, 1999.

[8] Bebbington, D. W. , *Evangelicalism in Modern Britain: A History from the 1730s to the 1980s*, London: Unwin Hyman Ltd. , 1989.

[9] Best, Geoffrey, *Mid-Victorian Britain*, *1851 – 1875*, London, Weidenfeld and Nicolson, 1971.

[10] Birley, Anthony, *The People of Roman Britain*, London: Batsford, 1980.

[11] Blitzer, Charles, ed. *The Commonwealth of England: Documents of the English Civil Wars*, *the Commonwealth and Protectorate 1641 – 1660*,

New York: G. P. Putnam's Sons, 1963.

[12] Brothwell, Don, *The Bogman and the Archaeology of People*, London: British Museum Publications, 1986.

[13] Brooks, Nicholas, *The Early History of the Church of Canterbury*, Leicester: Leicester University Press, 1984.

[14] Browning, Andrew, ed. , *English Historical Documents 1600 – 1714*, London: Taylor & Francis, 1996.

[15] Brown, C. G. , *The Death of Christian Britain: Understanding Secularisation 1800 – 2000*, Routedge, 2009.

[16] Bruce, Steve, *God is Dead: Secularisation in the West*, Blackwell Publishing Ltd. , 2003.

[17] Burns, J. H. , ed. , *The Cambridge History of Political Thought 1450 – 1700*, Cambridge: Cambridge University Press, 1991.

[18] Campbell, the Lord, *The Lives of the Chief Justices of England*, Vol. Ⅱ, London: John Murray, 1849.

[19] Canny, Nicholas, ed. , *The Origins of Empire*, Oxford: Oxford University Press, 1998.

[20] Careless, Sue, *Discovering the Book of Common Prayer*, Vol. 1, Toronto: Anglican Book Centre Publishing, 2003.

[21] Cheyney, E. P. , *A Short History of England*, New York: Ginn and Co. , 1932.

[22] Christie, Ian R. , Wars and Revolution, Britain *1760 – 1815*, Edward Arnold Ltd. , 1982.

[23] Coates, Sam & Francis Elliott, "Khan is Elected Mayor Amid Tory Backlash at Goldsmith", *The Times*, 2016 – 5 – 7.

[24] Coffey, John, *Persecution and Toleration in Protestant England 1558 – 1689*, Harlow: Pearson Education Limited, 2000.

[25] Colgrave, Bertram, ed. , *The Earliest Life of Gregory the Great*, Cambridge: Cambridge University Press, 2007.

[26] Collinson, Patrick, *The Elizabethan Puritan Movement*, New York: Methuen, 1982.

[27] Collinson, Patrick & John Craig, eds. , *The Reformation in English Towns 1500 – 1640*, London: Macmillan, 1998.

[28] Collinson, Patrick, *The Elizabethan Puritan Movement*, New York: Methuen, 1982.

[29] Cook, Chris, *The Routledge Companion to Britain in the Nineteenth Century*, *1815 – 1914*, London and New York: Routledge, 2005.

[30] Coward, Barry, *The Stuart Age: A History of England*, *1603 – 1714*, New York: Longman, Inc. , 1980.

[31] Cross, F. L. & E. A. Livingstone, eds. , *Oxford Dictionary of the Christian*, Oxford: Oxford University Press, 1997.

[32] Curtis, Edmund, *A History of Ireland*, London: Methuen, 1957.

[33] Dickens, A. G. , *The English Reformation*, London: Batsford, 1964.

[34] Doran, Susan & Glenn Richardson, eds. , *Tudor England and Its Neighbors*, London and New York: Palgrave Macmillan, 2005.

[35] Driver, Stephen, *Understanding British Party Politics*, Cambridge: Cambridge University Press, 2011.

[36] Duffy, Eamon, *The Stripping of the Altars: Traditional Religion in England* 1400 – 1580, New Haven: Yale University Press, 1994.

[37] Durston, C. & J. Eales, eds. , *The Culture of English Puritanism* 1560 – 1700, London: Macmillan, 1996.

[38] Dykes, D. W. , *Alan Sorrell: Early Wales Re-created*, Cardiff: National Museum of Wales, 1981.

[39] Elton, G. R. , *The Tudor Constitution: Documents and Commentary*, Cambridge: Cambridge University Press, 1982.

[40] Elton, G. R. , *Reform and Reformation: England*, *1509 – 1558*, London: Edward Arnold, 1977.

[41] Earle, Peter, *The Life and Times of James Ⅱ* , London: Weidenfeld & Nicolson, 1972.

[42] Firth, C. H. , & R. S. Rait, eds. , *Acts and Ordinances of the Interregnum 1642 – 1660*, Vol. Ⅱ , London: H. M. Stationery Office, 19 – 11.

[43] Fisher, H. A. L. , *The Political History of England: from the Accession*

of *Henry VII to the Death of Henry VIII, 1485 – 1547*, London: Long-
mans, Green & Co. , 1906.

[44] Gardiner, S. R. , *The First Two Stuarts and the Puritan Revolution 1603 –
1660*, New York: Charles Scribner's Sons, 1898.

[45] Gardiner, S. R. , *History of the Great Civil War 1642 – 1649*, Vol. I,
London: Longman, 1886.

[46] Gilbert, A. D. , *Religion and Society in Industrial England: Church,
Chapel and Social Change, 1740 – 1914*, London: Longman, 1976.

[47] Gilley, Sheridan & W. J. Sheils, eds. , *A History of Religion in Britain:
Practice and Belief from Pre-Roman Times to the Present*, Blackwell Pub-
lishers, 1994.

[48] Gradel, Ittai, *Emperor Worship and Roman Religion*, Oxford: Claren-
don Press, 2002.

[49] Gunn, S. J. , *Early Tudor Government* 1485 – 1558, London: Macmil-
lan, 1995.

[50] Halevy, Elle, *England in* 1815, London: Ernest Benn Ltd, 1949.

[51] Halpin, James, *From Columbus to Cromwell: Ireland, England and
Europe from about* 1450 *to* 1660, Dublin: Gill and Macmillan, 1978.

[52] Hamilton, J. T. & K. G. Hamilton, *History of the Moravian Church: The
Renew Unitas Fratrum, 1722 – 1957*, Bethlehem, PA: Interprovincial
Board of Christian Education, Moravian Church in America, 1967.

[53] Harvey, Graham, *Listening People, Speaking Earth: Contemporary Pa-
ganism*, London: Hurst & Company, 2007.

[54] Haswell, Jock, *James II*, London: Hamish Hamilton, 1972.

[55] Henderson, E. F. , *Selected Historical Documents of the Middle Ages*,
London: George Bell and Sons, 1910.

[56] Hill, Christopher, *God's Englishman: Oliver Cromwell and the English
Revolution*, New York: Dial Press, 1970.

[57] Hill, Christopher, *Puritanism and Revolution: Studies in Interpretation
of the English Revolution of the* 17th *Century*, London: Secker & War-
burg, 1958.

［58］ Hill, Christopher, *Society and Puritanism in Pre-Revolutionary England*, New York: Schocken Books, 1967.

［59］ Hilton, Boyd, *A Mad, Bad, and Dangerous People? England, 1783 – 1846*, Oxford: Clarendon Press, 2006.

［60］ Hudson, Anne, ed., *Selections form English Wycliffe Writings*, Cambridge: Cambridge University Press, 1978.

［61］ Hughes, P. L. & R. F. Fries eds., *Crown and Parliament of Tudor and Stuart England: A Documentary constitutional 1485 – 1714*, New York: G. P. Putnam's Sons, 1959.

［62］ Hulbert, Eri B., *The English Reformation and Puritanism*, Chicago: Chicago University Press, 1908.

［63］ Hunt, William, *The Puritan Moment: the Coming of the Revolution in an English Country*, Cambridge (Mass.): Harvard University Press, 1983.

［64］ Hussey, W. D., *The British Empire and Commonwealth*, Cambridge: Cambridge University Press, 1963.

［65］ Hutchinson, John & Smith, A. D., eds., *Nationalism*, Oxford: Oxford University Press, 1994.

［66］ Hutton, Ronald, *The Druids*, London: Hambledon Continuum, 2007.

［67］ Hutton, Ronald, *Pagan Britain*, New Haven: Yale University Press, 2013.

［68］ Ireland, Stanley, *Roman Britain: A Sourcebook*, 2nd ed., London and New York: Routledge, 1996.

［69］ Jackson, Alvin, *Home Rule: An Irish History, 1800 – 2000*, Oxford: Oxford University Press, 2004.

［70］ Jackson, Thomas, *The Works of John Wesley*, Vol. Ⅲ, London: Wesleyan Methodist Book Room, 1872.

［71］ Jones, J. R. ed., *The Restored Monarchy 1660 – 1688*, Totowa (N. J.): Rowman and Littlefield, 1979.

［72］ Joy, Jody, *Lindow Man*, London: British Museum Press, 2009.

［73］ Katz, D. S., *The Jews in the History of England 1485 – 1850*, Oxford

University Press, 1996.

[74] Kamen, Henry, *Inquisition and Society In Spain in the Sixteenth and Seventeenth Centuries*, Bloomington: Indiana University Press, 1985.

[75] Keble, John, *The Christian Year*, *Lyra Innocentium and Other Poems together with His Sermon on "National Apostasy"*, London: Oxford University Press, 1914.

[76] Kenny, Kevin, eds., *Ireland and the British Empire*, Oxford: Oxford University Press, 2004.

[77] Kenyon, J. P., ed., *The Stuart Constitution: Documents and Commentary, 1603 - 1688*, Cambridge: Cambridge University Press, 1966.

[78] Kidd, Colin, *British Identities before Nationalism*, *Ethnicity and Nationhood in the Atlantic World 1600 - 1800*, Cambridge: Cambridge University Press, 2004.

[79] Kishlansky, M. A., *A Monarchy Transformed Britain 1603 - 1714*, London: Penguin, 1997.

[80] Knowles, David, *The Religious Orders in England*, Vol. II: *The End of the Middle Ages*, London: Cambridge University Press, 1979.

[81] Koenigsberger, H. G. & G. L. Mosse, *Europe in the Sixteenth Century*, London: Longman, 1968.

[82] Kumar, Krishan, *The Making of English National Identity*, Cambridge: Cambridge University Press, 2003.

[83] Lapidge, Michael, et al., eds., *The Blackwell Encyclopaedia of Anglo-Saxon England*, Malden, M. A.: Blackwell Publishing, 2001.

[84] Laffan, Michael, *The Resurrection of Ireland: the Sinn Féin Party, 1916 - 1923*, Cambridge: Cambridge University Press, 1999.

[85] Larkin, J. F. & Hughes, P. L., eds., *Tudor Royal Proclamations*, Vol. II: The Later Tudors, *1558 - 1587*, no. 667, New Haven: Yale University Press, 1969.

[86] Lerner, Hanna, *Making Constitutions in Deeply Divided Societies*, Cambridge: Cambridge University Press, 2011.

[87] Levack, B. P., *The Formation of the British State*, Oxford: Clarendon

Press, 1987.

[88] Loades, David, *John Dudley, Duke of Northumberland, 1504 – 1533*, Oxford: Oxford University Press, 1996.

[89] Locke, John, *Two Tracts on Government*, ed. by Philip Abrams, Cambridge: Cambridge University Press, 1967.

[90] Lockyer, Roger, *Tudor and Stuart Britain 1471 – 1714*, Harlow: Longman, 1964.

[91] Low, S. J. & Pulling, F. S. , eds. *The Dictionary of English History*, London: Cassell and Company, Ltd. , 1910.

[92] Lyon, Ann, *Constitutional History of the UK*, London: Cavendish Publishing Limited, 2003.

[93] MacCulloch, Diarmaid, *Thomas Cranmer: A Life*, New Haven: Yale University Press, 1996.

[94] Macinnes, A. I. , *The British Revolution 1629 – 1660*, New York: Palgrave Macmillan, 2005.

[95] Maitland, F. W. , *The Constitutional History of England: A Course of Lectures Delivered*, Cambridge: Cambridge University Press, 1919.

[96] McCord, Norman & Bill Purdue, *British History, 1815 – 1914*, Oxford: Oxford University Press, 2007.

[97] Mcleod, Hugh & Werner Ustorf, eds. , *The Decline of Christendom in Western Europe, 1750 – 2000*, Cambridge: Cambridge University Press, 2003.

[98] McKisack, May, *The Fourteenth Century 1307 – 1399*, Oxford: Oxford University Press, 1959.

[99] Miller, John, *Popery and Politics in England 1660 – 1688*, Cambridge: Cambridge University Press, 1973.

[100] Miller, P. & Johnson, T. H. , *The Puritans*, New York: Harper & Row, 1963.

[101] Morgan, K. O. , *The Oxford Illustrated History of Britain*, Oxford: Oxford University Press, 1984.

[102] Myers, A. R. , *English Historical Documents 1327 – 1485*, London:

Eyre & Spottiswoode, 1996.

[103] M C. , John, & James Strong, eds. , *Cyclopædia of Biblical*, *Theological*, *and Ecclesiastical Literature*, Vol X , New York: Harper & Brothers, 1894.

[104] Newman, J. H. , Apologia Pro Vita Sua: Being a History of His Religious Opinions, Oxford: Oxford University Press, 1964.

[105] Nichols, J. G. , ed. , *Literary Remains of King Edward the Sixth*, Vol II, London: J. B. Nichols and Sons, 1857.

[106] O'Connell, Marvin R. , *The Oxford Conspirators: A History of the Oxford Movement 1833 – 1845*, London: Macmillan, 1969.

[107] O'Grady, J. F. , *The Roman Catholic Church: Its Origins and Nature*, New York: Paulist Press, 1997.

[108] Pliny the Elder, *Natural History*, Vol. III, London: Henry G. Bohn, 1855.

[109] Powicke, Maurice, *The Thirteenth Century 1216 – 1307*, Oxford: Clarendon Press, 1985.

[110] Procter, Francis, & Frere, W. H. , *A New History of the Book of Common Prayer*, New York: St. Martin's Press, 1965.

[111] Pryde, G. S. , *The Treaty of Union of Scotland and England 1707*, London: Thomas Nelson and Sons Ltd. , 1950.

[112] Quinn, D. B. & Ryan, A. N. , *England's Sea Empire 1550 – 1642*, London: George Allen & Unwin, 1983.

[113] Rex, Richard, *Henry VIII and the English Reformation*, New York: St. Martin's Press, 1993.

[114] Roth, Cecil, *A History of the Jews in England*, Oxford: Clarendon Press, 1941.

[115] Ridley, Jasper, *Thomas Cranmer*, Oxford: Clarendon Press, 1962.

[116] Robertson, C. G. ed. , *Select Statutes Cases and Documents to Illustrate English Constitutional History 1660 – 1832*, London: Methuen, 1923.

[117] Russell, Bertrand, *A History of Western Philosophy*, London: Routledge, 2004.

[118] Schaff, Philip, *The New Schaff-Herzog Encyclopedia of Religious Knowledge*, Vol XI: *Son of Man-Tremellius*, Grand Rapids, M. I. : Christian Classics Ethereal Library, 1953.

[119] Schneer, Jonathan, *The Balfour Declaration*: *The Origins of the Arab-Israeli Conflict*, New York: Random House, 2010.

[120] Simon, J. S. , *John Wesley and the Methodist Societies*, London: Epworth Press, 1952.

[121] Simmons, R. C. , *The American Colonies*: *from Settlement to Independence*, Longman, 1976.

[122] Smith, Alan G. R. , *The Emergence of a Nation State*, New York: Longman, 1984.

[123] Smith, K. H. , *Christianity in England from Roman Times to the Reformation*, Vol. I , London: SCM Press, 1999.

[124] Spinka, Matthew, *Advocates of Reform*: *Form Wycliffe to Erasmus*, Philadelphia: Westminster Press, 1953.

[125] Spurr, John, *English Puritanism 1603 – 1689*, London: Macmillan, 1998.

[126] Stephenson, Carl & F. G. Marcham, eds. , *Sources of English Constitutional History*, New York: Harper & Row, 1937.

[127] Stoughton, John, *Ecclesiastical History of England 1640—1660*, Vol. 2, London: Jackson, Walford & Hodder, 1867.

[128] Sykes, Stephen & John Booty, eds. , *The Study of Anglicanism*, London: SPCK and Fortress Press, 1988.

[129] Tanner, J. R. , ed. , *The Constitutional Documents 1485 – 1603*, *With Historical Commentary*, Cambridge: Cambridge University Press, 1951.

[130] Tanner, J. R. , ed. , *Constitutional Documents of the Reign of James I* , Cambridge: Cambridge University Press, 1960.

[131] Tanner, J. R. , *English Constitutional Conflicts in* 17th *Century*, Cambridge: Cambridge University Press, 1951.

[132] Thomson, J. A. F. , *The Later Lollards*, *1414 – 1520*, Oxford: Oxford University Press, 1965.

[133] Thurston, Herbert, *The Catholic Encyclopedia*, Vol. 16, New York:

The Encyclopedia Press, 1914.

[134] Tierney, Brian, *The Crisis of the Church and State 1050 - 1300*. Toronto: University of Toronto Press, 1964.

[135] Tomkins, Stephen, *The Clapham Sect: How Wilberforce's Circle Changed Britain*, Oxford: Lion Hudson, 2010.

[136] Trevelyan, G. M. , *England in the Age of Wycliffe*, Montana: Kessinger Publishing, 2006.

[137] Tuchman, B. W. , *A Distant Mirror: The Calamitous 14th Century*, New York: Knopf Publishing House, 1978.

[138] Tyacke, Nicholas, ed. , *England's Long Reformation 1550 - 1800*, London: UCL Press, 1988.

[139] Tytler, P. F. , *The Life of John Wycliffe*, Edinburgh: William Whyte & Co. and Maclachlan and Stewart, 1842.

[140] Vertovec, Steven & Ceri Peach, eds. , *Islam in Europe: The Politics of Religion and Community*, Basingstoke: Palgrave Macmillan, 1997.

[141] Vital, David, *Zionism: The Formative Years*, Clarendon Press, 1982.

[142] Wacher, John, *The Towns of Roman Britain*, London: Batsford, 1974.

[143] Waller, G. M. , ed. , *Puritanism in Early America*, Lexington: D. C. Heath and Co. , 1973.

[144] Waller, Maureen, *Ungrateful Daughters: The Stuart Princesses, Who Stole Their Father's Crown*, New York: St. Martin's Griffin, 2002.

[145] Waring, E. G. , *Deism and Natural Religion: a Source Book*, New York: Frederick Ungar Publishing Co. , 1967.

[146] Webster, Tom, "Early Stuart Puritanism", in John Coffey & Paul C. H. Lim, eds. , *The Cambridge Companion to Puritanism*, Cambridge: Cambridge University Press, 2008.

[147] Weir, Alison, *The Six Wives of Henry VIII*, New York: Grove Press, 1992.

[148] Welsby, P. A. , *A History of the Church of England 1945 - 1980*, Oxford University Press, 1984.

[149] Williams, C. H. , ed. , *English Historical Documents 1485 - 1558*,

London: Routledge, 1996.

[150] Williams, Neville, *The Life and Times of Elizabeth I*, London: Book Club Associates, 1972.

[151] Wilson, Roger, *A Guide to the Roman Remains in Britain*, London: Constable, 1988.

　　二　中文文献:

[1]〔法〕约翰·加尔文:《基督教要义》,钱曜诚等译,生活·读书·新知三联书店 2010 年版。

[2]〔古罗马〕凯撒:《高卢战记》,任炳湘译,商务印书馆 1979 年版。

[3]〔古罗马〕塔西佗:《阿古利可拉传·日耳曼尼亚志》,马雍、傅正元译,商务印书馆 1985 年版。

[4]〔美〕布莱福特:《"五月花号公约"签订始末》,王军伟译,华东师范大学出版社 2006 年版。

[5]〔美〕布鲁斯·雪莱:《基督教会史》,刘平译,北京大学出版社 2004 年版。

[6]〔美〕约翰·奥尔:《英国自然神论:起源与结果》,武汉大学出版社 2008 年版。

[7]〔美〕克里斯托弗·A. 斯奈德:《不列颠人:传说与历史》,范勇鹏译,北京大学出版社 2009 年版。

[8]〔美〕美国不列颠百科全书公司编著:《大不列颠百科全书》第 1—14 卷,不列颠百科全书编辑部编译,中国大百科全书出版社 1999 年版。

[9]〔美〕威尔·杜兰:《世界文明史》第 6 卷,《宗教改革》,幼狮文化公司译,东方出版社 1999 年版。

[10]〔苏联〕谢·亚·托卡列夫:《世界各民族历史上的宗教》,魏庆征译,中国社会科学出版社 1985 年版。

[11]〔英〕A. 肯尼:《威克里夫》,周晓亮译,中国社会科学出版社 1992 年版。

[12]〔英〕E. P. 汤普森:《英国工人阶级的形成》,钱乘旦等译,译林出版社 2001 年版。

[13] [英] F. E. 霍利迪：《简明英国史》，洪咏珊译，江西人民出版社 1985 年版。

[14] [英] J. E. 尼尔：《女王伊丽莎白一世传》，聂文杞译，商务印书馆 1992 年版。

[15] [英] J. C. D. 克拉克：《1660—1832 年的英国社会：旧制度下的宗教信仰、观念形态和政治生活》，姜德福译，商务印书馆 2014 年版。

[16] [英] 阿·莱·莫尔顿：《人民的英国史》（上），谢琏造等译，生活·读书·新知三联书店 1958 年版。

[17] [英] 阿利斯特·麦格拉斯：《福音派与基督教的未来》，董江阳译，中央编译出版社 2004 年版。

[18] [英] 安塔拉·席迪格：《英国穆斯林的过去和现在》，罗强译，《世界宗教文化》2006 年第 3 期。

[19] [英] 比德：《英吉利教会史》，陈维振、周清民译，商务印书馆 1991 年版。

[20] [英] 柏克：《法国革命论》，何兆武等译，商务印书馆 1998 年版。

[21] [英] 丹宁勋爵：《法律的未来》，刘庸安、张文镇译，法律出版社 2011 年版。

[22] [英] 费尔南·布罗代尔：《菲利普二世时代的地中海和地中海世界》第二卷，吴模信译，商务印书馆 1996 年版。

[23] [英] 詹姆斯：《国王詹姆斯政治著作选》（影印本），中国政法大学出版社 2003 年版。

[24] [英] 托马斯·莫尔：《乌托邦》，戴镏龄译，商务印书馆 2006 年版。

[25] [英] 西塞尔·罗斯：《简明犹太民族史》，黄福武等译，山东大学出版社 1997 年版。

[26] [英] 马丁·吉尔伯特：《英国历史地图》，王玉菡译，中国青年出版社 2009 年版。

[27] [英] 丘吉尔：《英语民族史》第二卷，薛力敏、林林译，南方出版社 2007 年版。

[28] [英] 威廉·劳：《敬虔与圣洁生活的严肃呼召》，杨基译，生活·

读书·新知三联书店 2013 年版。

[29] ［英］约翰·卫斯理：《约翰·卫斯理日记》，许碧瑞译，宗教文化出版社 2012 年版。

[30] ［英］约翰·亨利·纽曼：《论基督教教义的发展》，生活·读书·新知三联书店 2014 年版。

[31] ［英］约翰·福克斯：《殉道史》，苏欲晓、梁鲁晋译，生活·读书·新知三联书店 2011 年版。

[32] ［英］钟马田等：《清教徒的脚踪》，梁素雅等译，华夏出版社 2011 年版。

[33] ［以色列］阿巴·埃班：《犹太史》，阎瑞松译，中国社会科学出版社 1986 年版。

[34] 毕竞悦、泮伟江主编：《英国革命时期法政文献选编》，毕竞悦等编译，清华大学出版社 2016 年版。

[35] 蔡骐：《英国宗教改革研究》，湖南师范大学出版社 1997 年版。

[36] 柴惠庭：《英国清教》，上海社会科学院出版社 1994 年版。

[37] 戴康生、彭耀主编：《宗教社会学》，社会科学文献出版社 2006 年版。

[38] 董小川：《现代欧美国家宗教多元化的历史与现实》，上海三联书店 2008 年版。

[39] 洪霞：《当代英国的穆斯林问题》，《南京大学学报》2006 年第 2 期。

[40] 姜守明：《从玛丽女王失败看英国民族主义的兴起》，《历史教学》2011 年第 9 期。

[41] 金宜久主编：《当代宗教与极端主义》，中国社会科学出版社 2008 年版。

[42] 刘城：《英国中世纪教会研究》，首都师范大学出版社 1996 年版。

[43] 刘城：《英国中世纪教会法院与国王法庭的权力关系》，《世界历史》1998 年第 3 期。

[44] 刘城：《圣经研读会——伊丽莎白时代国教会内的一场冲突》，《北京师范大学学报》1992 年第 2 期。

[45] 刘城：《"谏言书之争"与神权政治》，《历史研究》1995 年第 5 期。

[46] 刘金源：《北爱尔兰问题的历史由来》，《世界历史》1996 年第 2 期。

[47] 刘金源：《布莱尔当政后的北爱尔兰和平进程》，《世界民族》2005 年第 1 期。

[48] 李丽颖：《英格兰、苏格兰合并过程中的宗教问题》，《世界宗教研究》2011 年第 2 期。

[49] 李义中：《18 世纪英国国教会述析》，《北京大学学报》2013 年第 4 期。

[50] 毛丽娅：《英国罗拉德派运动性质初探》，《宗教学研究》1998 年第 2 期。

[51] 莫玉梅：《中世纪英国犹太财政署初探》，《世界历史》2009 年第 2 期。

[52] 钱乘旦主编：《英国通史》，江苏人民出版社 2016 年版。

[53] 钱乘旦、许洁明：《英国通史》，上海社会科学院出版社 2002 年版。

[54] 孙艳燕：《世俗化与当代英国基督宗教》，社会科学文献出版社 2013 年版。

[55] 孙艳萍：《原始督伊德教初探》，《安徽史学》2006 年第 6 期。

[56] 邵政达：《英国清教运动衰亡原因探微》，《学海》2016 年第 5 期。

[57] 邵政达、姜守明：《近代早期英国海外殖民的宗教动因》，《历史教学》2012 年第 12 期。

[58] 寿纪瑜译，《盎格鲁－撒克逊编年史》，商务印书馆 2004 年版。

[59] 文庸、乐峰、王继武主编：《基督教词典》，商务印书馆 2005 年版。

[60] 王爱菊：《理性与启示：英国自然神论研究》，人民出版社 2012 年版。

[61] 王本立：《论英国犹太人的解放》，《世界历史》2010 年第 6 期。

[62] 王玉鹏：《牛津运动中书册派对安立甘教派身份认同的重构》，《世界宗教研究》2014 年第 1 期。

[63] 许燕：《英国穆斯林移民研究》，博士学位论文，中央民族大学，2011 年。

[64] 叶建军：《评 19 世纪英国的牛津运动》，《世界历史》2007 年第 6 期。

［65］阎照祥：《英国史》，人民出版社 2004 年版。

［66］邹穗：《英国工业革命中的福音运动》，《世界历史》1998 年第
　　　3 期。

［67］张倩红、朱晓：《试析爱德华一世驱逐犹太人的原因》，《学海》
　　　2011 年第 3 期。

三　网络资源：

英国国家统计局官网，https：//www. ons. gov. uk。

英国国家档案馆立法网，http：//www. legislation. gov. uk。

后　记

　　当我决定收笔写一篇后记的时刻，窗外席卷全国的雾霾还没有散去，连我所在的这座北方美丽的海滨城市也笼罩在一片灰蒙之下。隔着紧闭的窗户，望向大海的方向，朦胧不见海天一色的往常景象，惊异于凌厉的海风竟洗涤不了天空的"污渍"。想起千百年来基督徒们凝望苍穹时惯常的困惑：世间的一切是否都是上帝的旨意？"他"在创造了世界后，是否还在一直关心这个世界？如果真的像"自然神论"者们所认为的那样——上帝已退居幕后，不再过问世间一切，那么，缺少上帝的特殊关怀，人类的最终灭绝会不会像其他万千物种一样，也是自然规律的一部分？想着这些，窗外的雾霾仿佛更浓重了，依稀只能看到港口船坞中巨大的黑色金属吊臂，索性拉上窗帘，背一句海子的诗自我慰藉——"今夜我不关心人类，我只想你"。或许，上帝也是这么做的。

　　从计划写作到完成本书，算来也已数年光景。虽然按照最初的提纲设计完成了写作计划，但越来越发现太多的问题尚未认真思考和详细阐述，甚至有许多问题限于篇幅而被迫忽略。英国宗教的发展史在时间上跨越两千多年，内容庞杂，牵连广泛，在一定意义上可以说就是半个英国文明史。本书试图把诸多方面归拢于数条发展主线之中，因而，不免在取舍间剔除了许多本属于宗教史的内容。笔者不揣谫陋，用意在抛砖引玉，错漏之处，还望学界同仁多多批评指正。

　　在此，要特别向几位学界前辈致谢。首先要感谢我的两位导师姜守明教授和刘金源教授。姜老师是国内研究英国宗教史的专家，正是在他的引导下，我才得以进入英国宗教史研究领域。本书的完成离不开姜老师和刘老师不辞辛劳的督促和指导。还要感谢大连大学姜德福教授和安庆师范大学李义中教授的帮助。姜德福老师耳提面命的时刻教导是我完成这项艰巨任务不可缺少的动力。李义中教授为本书的写作提供了至关重要的研究资料和学术指导。此外，还要特别感谢我的父母、妻子以及邵丁默小朋友的鼎力支持，没有他们的支持，我也不可能有如此多的时间用来研究和写作。最后，需要强调的是，本书对英国宗教发展史的讨论建立在国内外诸多学者已经取得的研究成果之上，在此一并致以诚挚的谢意！

邵政达

2017 年 2 月 14 日于大连